BESTSELLER

Baltasar Garzón nació en Torres (Jaén) el 26 de octubre de 1955. Es licenciado en Derecho por la Universidad de Sevilla y en 1980 ingresó en la carrera judicial. En febrero de 1988 tomó posesión como magistrado del juzgado central de instrucción número cinco de la Audiencia Nacional. Ha recibido quince doctorados *honoris causa* y colabora con diversos programas de apoyo a los pueblos indígenas. También es asesor de distintos organismos, entre ellos de la ONU.

BALTASAR GARZÓN

Un mundo sin miedo

DEBOLSILLO

Papel certificado por el Forest Stewardship Council®

Tercera edición: junio de 2011
Cuarta reimpresión: julio de 2024

© 2005, Baltasar Garzón
© 2005, Penguin Random House Grupo Editorial, S. A. U.
Travessera de Gràcia, 47-49. 08021 Barcelona
Diseño de la cubierta: Penguin Random House Grupo Editorial
Fotografía de la cubierta: © Anna Lösher

Penguin Random House Grupo Editorial apoya la protección del *copyright*.
El *copyright* estimula la creatividad, defiende la diversidad en el ámbito de las ideas
y el conocimiento, promueve la libre expresión y favorece una cultura viva.
Gracias por comprar una edición autorizada de este libro y por respetar las leyes del *copyright*
al no reproducir, escanear ni distribuir ninguna parte de esta obra por ningún medio sin permiso.
Al hacerlo está respaldando a los autores y permitiendo que PRHGE continúe publicando libros
para todos los lectores. Diríjase a CEDRO (Centro Español de Derechos Reprográficos,
http://www.cedro.org) si necesita fotocopiar o escanear algún fragmento de esta obra.

Printed in Spain – Impreso en España

ISBN: 978-84-9793-858-7
Depósito legal: B-24.415-2011

Compuesto en Lozano Faisano, S. L.

Impreso en Liberdúplex
Sant Llorenç d'Hortons (Barcelona)

P 8 3 8 5 8 C

ÍNDICE

El juez 9
Las víctimas 139
Crimen organizado 205
Terrorismo 273
Del miedo a la esperanza 347

EL JUEZ

Todo tiene un comienzo y este libro también. En cualquier momento y lugar puede surgir una idea. Algo te estimula. Te impulsa a emprender un proyecto que no te habías planteado. Esto puede ocurrir en cualquier parcela de la vida: en el trabajo, el amor y la amistad. A veces, después de haber tomado una decisión y a pesar de haberla meditado mucho, te preguntas –al menos yo lo hago– por qué no elegiste otra. Qué fue lo que te impulsó en un sentido y no en otro.

Muchas veces me han preguntado por qué decidí ser juez y ejercer en Madrid. Una ciudad que no me gustaba y a la que sólo había ido en contadas ocasiones. Sin embargo, ahora me es tan vital como el aire, más o menos contaminado, que respiramos los que aquí vivimos.

Quien no conozca Madrid no ha completado su ciclo vital. Madrid debes vivirla, sufrirla, disfrutarla, amarla y no olvidarla. ¡Cuántas veces he echado de menos la vida de sus calles y la alegría de sus gentes en las decenas de hermosas capitales de todo el mundo en las que he estado a lo largo de los años, como Roma, París y Nueva York! Sin embargo, Madrid es incomparable. Sus calles abigarradas, edificios neoclásicos, jardines, palacios, plazas y, sobre todo, sus tejados y el cielo la hacen especial. Más si se la contempla a vista de pájaro.

Con todo, y aunque ese análisis retrospectivo suele ser inútil porque no puedes cambiar nada –como no sea en la fantasía y la imaginación de lo que pudo haber sido y no fue–, les confieso que si pudiera borraría tantas páginas de la humanidad, por llamarla de alguna forma, que correría el riesgo de quedarme sin hojas. Pero no puedo, y por eso voy a analizarlas, estudiarlas y sacar consecuencias positivas. Aunque, a pesar del intento, no consiga cambiar la realidad.

La condición humana consiste en luchar constante y permanentemente para cambiar el mundo y mejorar nuestra propia existencia, en el sentido de reducir o eliminar la explotación de unos seres humanos por otros, en todos los frentes, desde los políticos a los criminales, o al menos así debería ser.

Si busco los recuerdos en esos lugares recónditos de la memoria, que de una forma incomprensible almacenamos durante toda la vida, y que a veces surgen de forma inopinada y otras controlada y racionalmente, quizá pueda aventurar las razones que me llevaron a estudiar la carrera de derecho y luego a ser juez. Yo, hijo de un campesino andaluz de Jaén, sin ningún antecedente en el ejercicio del derecho ni en la judicatura, me atreví, como tantos otros jóvenes de mi generación, a iniciar la aventura universitaria. Fui el primero en mi familia.

El día que comuniqué la decisión a mis padres, a quienes nunca agradeceré bastante el amor sincero que siempre me dispensaron, se sorprendieron y pensaron que había perdido la cabeza. En 1972, los hijos de la generación de la guerra todavía no lo tenían fácil. Una familia de clase media agrícola tenía sus límites. En el caso de mi padre eran unas setenta mil pesetas al mes, mujer y cinco hijos. Por tanto, no era normal que quebrantáramos esas reglas no escritas.

Afortunadamente, miles de familias lo hicimos y así comenzó a producirse un cambio generacional que revolucionó las estructuras sociales, culturales y políticas de España. Éramos los que sin haber vivido la Guerra Civil española la aprendimos en la manipulada historia de la dictadura franquista, o bien a golpe de la historia macabra de sus protagonistas.

Éste fue mi caso, al disponer de los relatos –que todavía escucho– de boca de uno de sus protagonistas: mi tío Gabriel, hermano mayor de mi madre. Son tantas las historias y las injusticias relatadas que, de alguna forma, quedaron grabadas en mi memoria infantil y decidí hacer algo para que esa etapa no volviera a repetirse.

Esa toma de posición, así como mi paso por el seminario –del que guardo un sabor agridulce–, influyeron para que optara por la carrera de derecho. Y luego por la profesión de juez después de que un magistrado, padre de un compañero de habitación del colegio San Felipe Neri, nos transmitiera la pasión que despertaba en él su dedicación a la justicia. A partir de ese momento, tuve claro que quería prestar ese servicio público a los ciudadanos y supe, no sé muy bien por qué, que lo conseguiría a pesar de todas las dificultades.

Debo reconocer que, para un ex seminarista de diecisiete años, iniciar la universidad, dejar Jaén e irme a Sevilla, donde no conocía a nadie, era toda una aventura. Si a eso unimos mi natural timidez y el miedo a llamar la atención, por desconocer las reglas sociales de la época, es fácil imaginar cómo fue mi entrada en la universidad. Los dos primeros meses no hablé con nadie. No tenía ganas. No veía reciprocidad en mis compañeros, muchos de ellos vinculados a la carrera de derecho, y eso, para mí, constituía una barrera casi infranqueable. Tenía pánico a que me preguntaran a qué se dedicaba mi padre, en qué trabajaba.

Aún me arrepiento de que cuando me hacían la pregunta fatal no fuera capaz de decir lisa y llanamente que mi padre despachaba gasolina en una estación de servicio llamada el Cerro del Fantasma. Allí había ido a parar desde sus amadas tierras jienenses, emigrando cuando ya tenía cuarenta y nueve años para que sus hijos pudieran estudiar.

No obstante, aquello duró poco. Tras una auténtica autocrítica, decidí que por nada del mundo cambiaría ni un solo segundo de mi vida y del amor de mis padres por algo que ni era mío ni lo necesitaba. Yo pertenecía a mi gente: trabajadores y honrados campesinos para los que darse la mano era un compromiso más firme que cualquier escritura notarial. Así me habían educado, y así debería mostrarme siempre. Por eso erradiqué cualquier tentación de disimular lo que era, por lo que luchaba y sigo luchando. Una forma de vida que transmito a mis hijos: tolerancia, disciplina, solidaridad con el más débil, responsabilidad, respeto a la ley, convicciones democráticas y la firme creencia de que la violencia no es ninguna solución.

De modo que, como todas las construcciones tienen un comienzo y un final, yo inicié la mía trabajando en los más diversos empleos, como albañil o camarero, y ayudando a mi padre a despachar gasolina por las noches, estudiando en los ratos libres de la madrugada y acudiendo a la Facultad de Derecho por las mañanas.

Debo decir que disfruté aprendiendo las diversas materias que integraron la carrera universitaria. Estudiaba todo lo que se me ponía al alcance para, por qué no decirlo, ser el mejor. Pensaba que era la única manera de que la falta de vinculación familiar a la carrera del derecho no se convirtiera en un lastre para mí.

La base de cualquier porvenir se labra en esos años de adolescencia y en ellos el estudio diario, la diversión responsable y una buena dosis de deporte son los elementos fundamentales para la formación del carácter y el éxito posterior. Bien organizados da tiempo para casi todo y a prestar atención a la evolución de los acontecimientos políticos e incluso participar en ellos.

Conforme se cumplen años, uno se vuelve como los abuelos que siempre cuentan las mismas historias de juventud y de la niñez. En mi caso, vuelven con relativa frecuencia aquellas imágenes de la universidad siempre en pie de protesta contra el régimen franquista que, si ominoso había sido en los años precedentes, ahora que podías hacer oír tu voz, aunque fuera a gritos, se convertía en absolutamente insoportable. En aquellos días colocar un cartel, hacer una pintada o correr en una manifestación era una necesidad vital y también un riesgo de ir a la cárcel. Era nuestra forma de cambiar el mundo, de contribuir a que la sociedad española pasara de ser sumisa y obediente, constreñida por el miedo inducido desde el poder, a una estructura que marcara su propio destino.

También es cierto que a veces fuimos injustos con personas que después se ha demostrado que fueron auténticos e imprescindibles baluartes y motores de la nueva democracia española. Éste fue el caso de Adolfo Suárez, a quien, a la vuelta de los años, conocí y a quien quiero como amigo, y admiro como político. España ha sido muy injusta con este gran hombre, y nosotros en aquellos años de rebeldía también lo fuimos. Pero precisamente para eso está la juventud, para luchar, equivocarse, e incluso para morir por la libertad y la democracia, como ocurrió con varios compañeros en todo el país, o como sucedió con grandes hombres y líderes, como Salvador Allende y los miles de hombres y mujeres asesinados, torturados, desaparecidos o exiliados por personas como el dictador Augusto Pinochet o los dictadores argentinos, guatemaltecos, uruguayos, paraguayos y de tantas otras partes del mundo.

Aunque también pudimos disfrutar de algunas alegrías como la Revolución de los Claveles en Portugal, el 25 de abril de 1974. Quizá fue la primera ocasión en la que me enfrenté con la policía armada española, que pretendía arrebatarme el clavel rojo que llevaba sujeto entre las hojas del libro de derecho civil. De todas formas, comenzábamos a respirar los primeros aires de libertad, pero ya hacíamos alardes de insumisión con la música, los libros y las revistas. Llevar la revista *Triunfo* bajo el brazo era todo un desafío. Oír las canciones de Paco Ibáñez, Lluís Llach o Raimon te hacía sentir que los tiempos estaban cambiando. Leer los poemas de Pablo Neruda, Federico García Lorca o Miguel Hernández era como recuperar el tiempo perdido:

> *Aunque estoy para vivir,*
> *mientras el alma me suene*
> *y aquí estoy para morir*
> *cuando la hora me llegue,*
> *en los veneros del pueblo*
> *desde ahora y desde siempre*
> *varios tragos es la vida*
> *y un solo trago la muerte.*

Incluso ocurría con la Iglesia. Por fin, la Iglesia desarrolló el papel que siempre he creído que debía tener: junto a los obreros y los desprotegidos. Después de cuarenta años de sumisión y entrega fascista ya era hora de que cambiara de posición social y siguiera la marcada, ni más ni menos, por el Concilio Vaticano II. Veía una iglesia obrera, militante y comprometida con los más débiles. Y lo mejor es que este movimiento comenzaba desde la base. Luego las cosas, como casi siempre ocurre, serían diferentes.

Ahora, con el paso del tiempo, me arrepiento de no haberme implicado más en todos los acontecimientos que iban sucediéndose. Pero mi contención fue producto de la firme decisión de hacerme juez, profesión vocacional donde las haya y que implicaba, ya entonces, preparar la mente para el ejercicio independiente del derecho en la justicia.

El año 1975 fue especialmente conflictivo. Los cierres de las universidades en toda España se sucedían al ritmo al que las huelgas se convocaban. Fue en febrero de ese año cuando volví a enfrentarme directamente con la policía, primero en la Facultad de Derecho y luego en la de Medicina donde nos hicieron una encerrona con caballos, jeeps y material antidisturbios. Una persona murió aquel día en Sevilla. Era el precio de la lucha por la libertad.

También en ese año tuvieron lugar en España las últimas ejecuciones por fusilamiento tras la correspondiente condena a muerte. Un régimen que había comenzado con sangre tras un golpe de Estado y que había desarrollado una represión atroz no podía acabar de otra forma, es decir, con el ejercicio de la crueldad más gratuita que existe desde la legalidad, la pena de muerte. El 27 de septiembre de 1975 es una de las fechas que ningún ciudadano español debe olvidar para reafirmar que la pena de muerte, aun cuando se ejecute sobre personas responsables de actos terroristas, no ha sido ni será una solución adecuada para combatir la violencia. Sólo fue una manifestación, la más grave de la venganza y de la impotencia humana, que demostraba el fracaso del modelo social por el que nos regíamos.

Ni las manifestaciones ni la Iglesia, con el Papa a la cabeza, ni los líderes de otros países consiguieron aplacar a la bestia y a sus secuaces. Al amanecer del día 27 todo se consumó y tuve miedo de que regresáramos al túnel del tiempo, cuando el final se vislumbraba tan próximo. Ese día, en Sevilla, fue bastante especial: frío, húmedo y con niebla, como si no quisiera que se supiese lo que estaba ocurriendo. Especialmente fue un día triste, que se prolongó hasta el día 1 de octubre, cuando más de un millón de personas se manifestaron en exaltación del dictador en la Plaza de Oriente de Madrid.

Todavía me pregunto cómo fue posible que esa masa de madrileños que tanto habían sufrido ahora, en los estertores de un régimen manchado de sangre, acudiera a esta cita de esa manera tan abrumadora. ¿Era el mismo Madrid al que con versos encendidos cantara Pablo Neruda después de los bombardeos sobre esta capital?

¡Frente a vosotros he visto la sangre
de España levantarse
para ahogaros en una sola ola
de orgullo y de cuchillos!
Generales traidores:
mirad mi casa muerta,
mirad España rota.

No, ése no era el Madrid que había visto correr por sus venas sangre inocente y que muchos años después, como una macabra rememoración, volvería a sufrir el 11 de marzo de 2004. Ya no representaba a los que habíamos decidido expulsar al miedo del cómodo asiento en el que había reposado durante casi cuarenta años. Sólo una gran dosis de pánico, generada por tantos años de represión desde el poder y desde los medios de comunicación oficiales, podía explicar aquella concentración. Pero, a la vez, reafirmé mi decisión de que sólo con el estudio y con el compromiso por la libertad y la democracia podríamos avanzar para acabar con aquella anacrónica situación.

Fueron años de lucha y de ilusión, pero también de trabajo duro. Alguna vez he discutido con mi hijo Baltasar, al que, sin ser demasiado pesado, he tratado de transmitir que la responsabilidad y el trabajo son compatibles con dosis altas de diversión. Siempre y cuando se tenga la fuerza de voluntad suficiente para saber qué es lo primero. Nada está escrito sino el pasado. El futuro es como la esperanza, se debe luchar por él y construirlo día a día con esfuerzo, decisión y constancia. Todos tenemos una visión personal del mundo y de los seres que lo habitan. Gran parte de nosotros, a través de un compromiso personal, vocacional o adquirido, queremos contribuir a hacerlo un poco mejor; aunque otros se empeñen en acabar con él.

Para enfrentarnos a aquellos que quieren hacer más profunda la brecha entre los poderosos y los débiles es preciso creer en lo que hacemos. Actuar por vocación con disciplina e instrucción. Si sólo se actúa por un sueldo, se está perdido. Así pasa con la profesión de juez. Hoy día se critica que las nuevas generaciones de jueces ingresan en la carrera judicial por tradición familiar y no por vocación o simplemente por la necesidad de disponer de un trabajo.

No entiendo la profesión de juez sino en forma vocacional. Ése fue mi caso. Aprendí a conocerla después de ejercerla, pero me sentí atraído por una necesidad de impartir justicia, de hacerlo como un servicio público, y nunca pensé en lo que iba a cobrar o cuántas pagas extraordinarias iba a disfrutar. Nunca he protestado por lo que cobro. Incluso creo que muchos no se ganan el sueldo que les pagan y que la diferencia salarial entre jueces y fiscales y el resto de personas colaboradoras de la administración de justicia es muy elevada e injusta.

Al juez no deben importarle las horas que tenga que echar para desarrollar su trabajo. Éste no es un oficio en el que se desconecta el ordenador y tú te desconectas con él.

¿Cómo es posible hacerlo, si tienes a personas privadas de libertad, si su futuro depende de ti? ¿Cómo es posible olvidar que dependen tantas cosas de tu decisión? Creo que el juez que se precie no puede afirmar que no le importa lo que ocurre en su juzgado o tribunal salvo cuando esté en él. Si así opina y actúa, no es de fiar.

Así es y así debe ser. Existen otras muchas profesiones en las que esta responsabilidad no existe y son tan dignas como la de juez, pero son diferentes y no pueden compararse.

A veces he oído decir que el juzgado no es la casa ni el patrimonio del juez. Eso es cierto; pero no lo es menos que el juez, como defensor de los derechos de los ciudadanos, tiene un alto grado de responsabilidad y al ejercerla asume una posición diferente y más trascendente que la de otros profesionales. Por eso su compromiso y responsabilidad son mayores; así lo asume desde su juramento o promesa y así se le debe exigir.

No me gusta el tipo de jueces de horario de mañana y que, por la tarde o incluso en horas laborales, se convierten en preparadores subrepticios de oposiciones, para lo que no piden la compatibilidad ni declaran a Hacienda lo que ganan. Mucho menos me gustan quienes lo consienten. Esas actitudes son antivocacionales, además de ilícitas, y constituyen un mal ejemplo para el ciudadano usuario de la justicia. Son secretos a voces, a los que nadie pone coto y previsiblemente nadie lo hará.

Tampoco me gusta el tipo de juez irascible, engreído, endiosado en su propio cargo que trata con desprecio a los funcionarios, justiciables y abogados. A todos ellos los mira por encima del hombro y les hace frente con invectivas y descalificaciones. Afortunadamente no son la mayoría. Ni aquel otro que no tiene relación con los ciudadanos, que no se contamina con el pueblo. Esa visión beatífica y autoritaria del juez en la burbuja de cristal como única forma de preservarlo es esencialmente inadecuada para la finalidad del servicio público de la justicia.

Supongo que yo no les gusto a ellos. Pero es algo que no me importa. A lo largo de veinticuatro años de profesión he aprendido mucho de los textos legales, de la doctrina y de la jurisprudencia, y sigo haciéndolo. Pero la sensibilidad, el tacto, la responsabilidad, la mesura en el juicio me las ha enseñado la gente. Siempre me he considerado esencialmente un juez del pueblo, en el sentido de que he procurado estar en contacto, sin distinciones, con todas las capas sociales, conocer sus problemas cotidianos, sean familiares o profesionales. He procurado descubrir lo que había detrás, tanto de las víctimas como de los victimarios, porque ambos forman parte de la sociedad, para saber cuáles son sus necesidades o intenciones y así poder aplicar una justicia sin acudir exclusivamente a la regla y la medida matemática.

El formalismo y el automatismo en la aplicación de las normas no conducen más que a la injusticia, al hacerlo desigualmente a quienes tenemos los mismos derechos ante ella. Ese principio de igualdad exige que se aplique la justicia intrínsecamente y sin tener en cuenta la posición política, económica o social de la persona interesada.

Son las once de la noche y decido hacer un receso para charlar con mis hijos, a los que últimamente veo poco. Mi entrega vocacional tiene un coste personal y familiar que pesa sobre mí como una losa. Demasiadas veces no he estado cuando me necesitaban. Aurora, con catorce años, casi ha crecido en la clandestinidad, toda su vida rodeada de medidas policiales, compartiendo infancia y adolescencia con agentes. Baltasar se me ha escapado demasiadas veces entre los dedos. De carácter más rebelde, lleva como una pesada carga su nombre y apellido. Un día le comenté que si quería podíamos alterar el orden de los apellidos. Indignado por la propuesta, me miró con seriedad y me dijo que nadie iba a cambiarle su apellido, del cual estaba orgulloso. Me gusta su carácter fuerte y su generosidad. María es la más responsable y seria. Desde muy pequeña sufrió alguna que otra enfermedad hasta que con once años tuvimos que operarla del pulmón. Fue uno de los peores momentos de mi vida. Nada más pensar que podía perderla me hizo agarrarme a la vida con uñas y dientes. Mis hijos son mi vida.

Me siento en deuda con ellos y, sobre todo, lamento profundamente la existencia de esos ratos en los que les he privado de un padre, a favor del juez, del funcionario. Pero he de decir que lo han entendido bastante bien, porque el tiempo que pasamos juntos lo vivimos intensamente. A veces, para compensar de alguna forma la falta de contacto físico, tomé la costumbre de escribirles cartas, como una especie de juego que se ha convertido en una necesidad. De esta forma consigo comunicarles mis sentimientos en momentos especialmente delicados para ellos.

También en otras ocasiones he desarrollado una auténtica labor de investigación para conocer sus gustos en literatura, cine y música con el ánimo de sorprenderlos con algún regalo. Aunque estoy poco en casa me gusta, más que ninguna otra cosa, disfrutar de este lugar de paz que nos hemos construido mi mujer Yayo, los niños y yo. Un día me preguntó mi hijo Baltasar: «Papá, ¿qué sientes cuando interrogas a un delincuente?». He de reconocer que no me esperaba una pregunta como ésta de un crío de apenas ocho años y traté de hilvanar una respuesta comprensible para un niño.

—Balti —le contesté—, realmente siento una profunda pena y frustración al ver que, en la sociedad, en el propio sistema, por muy bueno que sea, y por muchas garantías que ofrezca, siempre hay un límite que no se consigue superar y es especialmente ese el que yo quiero conocer para que esas personas sean devueltas al seno de la sociedad a la que han traicionado.

»Otras veces, hijo —le dije—, siento miedo y una gran responsabilidad ante el error, la equivocación que puede provocar males irreparables en las personas y en su patrimonio.

»Otras, en fin —concluí—, siento un hondo pesar por las víctimas y los daños sufridos por éstas, que en muchos casos no van a recibir respuesta por parte de los jueces y tribunales.

No debió de quedarse muy convencido con las respuestas que le di, porque años después recuperó la misma conversación y ahora me apretaba un poco más diciéndome que si la justicia es para el pueblo, y se administra en su nombre y beneficio, por qué muchas veces no ofrece respuestas a los ciudadanos; por qué es lenta e ineficaz.

Un poco académicamente le contesté:

—La justicia emana del pueblo, según nuestra Constitución, y se administra en su nombre y en el del Rey por medio de jueces y magistrados independientes, inamovibles y únicamente sometidos al imperio de la ley.

Eso es efectivamente lo que dice el artículo 117 de la Constitución española. Lo que sucede es que muchas veces los jueces no hacemos gala de esa máxima constitucional y olvidamos que el pueblo soberano es el que manda y cuando lo hace es porque exige una respuesta coherente y lógica por parte de los jueces, y no argumentos tópicos que distraigan la atención. En cualquier órgano judicial nos encontramos día tras día con sujetos que se consideran investidos de *imperium* y no de *auctoritas* y que de jueces sólo tienen el nombre, ya que olvidan que integran un poder, el judicial, obligado a garantizar los derechos de los ciudadanos desde la independencia, la imparcialidad y la legalidad.

Gran parte de las veces, somos más funcionarios que jueces. Sólo aspiramos a que no nos perturben demasiado en el ejercicio rutinario de la jurisdicción. Si se hiciera una estadística real de la eficacia de los que componemos la administración de justicia, desde sus escalones más bajos hasta las posiciones más altas, serían alarmantes las cotas de desidia, desinterés y desmotivación.

La Audiencia Nacional es el órgano judicial de élite por excelencia en España, ya que investiga y juzga los asuntos más complejos del Estado, como crimen organizado, terrorismo, falsificación de moneda, delitos cometidos en el extranjero, incluidos los sometidos al principio de justicia universal, como el genocidio y la tortura. Sin embargo, los medios con los que cuenta son deficientes y caóticos. Aunque, queridos hijos, si entráis en mi despacho vais a pensar que os estoy mintiendo porque dispongo de las últimas tecnologías. Hace tres años me instalaron un impresionante aparato de televisión para videoconferencias, pero no se han habilitado las líneas telefónicas para que pueda funcionar. Esta situación me recuerda a un viejo funcionario de Villacarrillo (Jaén) que siempre me decía: «¡Don Baltasar, es la burocracia, siempre fue así!». Lo malo es que veinte años después nada ha cambiado.

Los grandes partidos firmaron en España en 2003 el Pacto por la Justicia. Sin embargo, estamos muy lejos de tener una justicia buena, próxima, rápida y efectiva en muchos de los ámbitos jurídico-procesales en los que es necesaria. Siempre habrá a quien echar las culpas.

Seguiré utilizando el ejemplo de la Audiencia Nacional en su área penal. Parece que por la especial trascendencia de los asuntos y su complejidad deberían de existir unas normas mínimas de selección basadas en la especialización y los conocimientos jurídico-técnicos de los funcionarios que solicitan este destino. Pues bien, nada de esto sucede. El traslado es libre y no es extraño que las plazas las ocupen funcionarios que, con toda su buena voluntad, no saben absolutamente nada de lo que se van a encontrar, por lo que el caos está garantizado. Durante años he tenido que explicar, y todavía lo tengo que hacer, cómo se estructura un auto, una entrada y registro, un testimonio, cuál es el tratamiento que debe darse al destinatario, cómo se cursa una comisión rogatoria, etc. El conocimiento del derecho procesal es nulo. Y, salvo contadas excepciones, a nadie le interesa aprenderlo. El manejo de los ordenadores es caótico, la toma de declaraciones desesperante. Y, cuando ya aprendieron, lógicamente se marchan a un destino más tranquilo o donde cobren algo más que los exiguos sueldos que obtienen aquí.

Sólo con mucho esfuerzo y dedicación por su parte y un poco por culto al juez hacen más de lo que deben y sin cobrar horas extraordinarias, pluses ni gratificaciones de ningún tipo. A veces me han preguntado cómo es posible que llevara tantos asuntos en mi juzgado, y siempre he contestado que gracias al esfuerzo de los funcionarios, que en el caso del Juzgado Central de Instrucción n.º 5 han sido generalmente de los mejores.

Ver hoy día un juzgado central de instrucción es enfrentarse a una especie de colmena en la que entran y salen abejas obreras y visitantes andando entre cajas, archivadores y legajos arrojados en el suelo porque las estanterías y los archivos son insuficientes.

Espero que algún día, en ese Pacto por la Justicia que con tanto boato se escenificó, se acuerden de estos pequeños detalles. Pero en todo caso, si comparamos nuestro sistema judicial con el de otros países, principalmente de Latinoamérica, nos situamos a años luz de eficacia y credibilidad. Es cierto que casi siempre, en las estimaciones de los ciudadanos, la justicia pugna con la política por el último o penúltimo lugar. Pero también lo es que en España los ciudadanos creen mayoritariamente en la independencia e imparcialidad de los que día a día desempeñan su labor en miles de juzgados y decenas de tribunales. Los problemas vienen cuando se trata de instancias superiores y de asuntos de gran trascendencia económica, política o jurídica nacional o internacional. Supuestos en los que las dudas, normalmente inducidas por personas interesadas, se colocan encima de la mesa y a veces hacen tambalear aquellas máximas de independencia e imparcialidad.

Pero en fin, me preguntas si merece la pena esta profesión y la de estudiar derecho, como tú piensas hacer, y te contesto que sí. Que si tuviera que volver a comenzar por el principio elegiría de nuevo el estudio del derecho porque creo que es la profesión que mejor forma al hombre, si se acompaña de una sólida formación humanista y comprometida con la sociedad. Y sí, el ganar dinero ocupa un segundo lugar.

Puedo aconsejarte en este sentido a pesar de mi visión crítica de la administración de justicia y de la judicatura como casta. Pero merece la pena intentarlo y dedicar tu vida a conseguir este ideal. Prestar un servicio desinteresado y altruista a la sociedad, siempre que te sientas parte de ésta, como uno más, sin soberbia y con respeto por la víctima y por los imputados. Mantener la compostura y la sonrisa no es incompatible con la dureza y el rigor de tus decisiones. Debe buscarse el justo criterio que conlleva resolver el conflicto que se somete a tu jurisdicción. Por supuesto que habrá muchas ocasiones en las que tienes que jugártela tanto personal como profesionalmente e incluso poner en riesgo tu seguridad y la de tu familia. Pero ¿qué es la vida si no se vive con intensidad y riesgo por un mundo más solidario?

Si tuviera que revivir todos los momentos pasados, algunas cosas no las haría igual, y otras las repetiría aun habiéndome equivocado porque con ellas me enriquecí personal y profesionalmente y me formé un carácter que no es ni mejor ni peor que otros, pero es el mío.

Creo que no soy imparcial cuando hablo de la profesión de juez, en el sentido de que, aunque somos criticables y debemos ser criticados, al menos en España, hemos conseguido dar una sensación real de independencia y credibilidad a la hora de administrar justicia. También debo reconocer que hemos sido injustamente tratados por el odio o la incomprensión de unos pocos, aunque el pueblo es muy juicioso y al final pone a cada uno en su lugar.

Muchas veces me has preguntado si me he puesto en la piel del que está enfrente de mí y del que no necesariamente tiene que ser culpable. Y mi respuesta, antes como ahora, es que sí, pero permíteme que te explique algo que sin duda habrás estudiado en el colegio y que continuarás haciéndolo durante la carrera universitaria que ahora inicias.

Ninguna persona que se siente frente al juez puede ni debe ser considerado culpable, aunque muchas veces las apariencias o los medios de comunicación así lo presentan, quebrantando el principio constitucional de presunción de inocencia: «Nadie es culpable hasta que no se demuestre lo contrario».

—Pero, papá, eso ya lo sé, pero lo sorprendente es que desde el principio lo consideráis así metiéndolo en prisión, o demostrando prejuicios contra el mismo.

—Si hiciéramos eso actuaríamos incorrectamente. El principio de presunción de inocencia es sagrado. Hace mucho tiempo, el principio que regía era el de la presunción de culpabilidad. Hay muchos ejemplos en la historia, como la Inquisición. Ahora, el juez tiene la obligación de acopiar elementos, datos, testimonios e informes que rompan o confirmen esa presunción para que en el juicio, y después de las pruebas que se practiquen ante el tribunal, se decida sobre la culpabilidad o inocencia.

»Y no creas que es fácil para el juez tomar decisiones de privación de libertad por muy seguro que esté de la posible responsabilidad penal del individuo sometido a jurisdicción.

»Pero tienes que tomar una decisión dura, difícil –el riesgo de equivocarte siempre está presente–, que compatibilice aquel principio con el de seguridad de la celebración del juicio. El sabor amargo que queda cuando una persona huye, es decir, que no sólo no se somete a un juicio sino que puede volver a delinquir, es sólo comparable al que sientes cuando has mantenido a una persona en prisión y luego resulta absuelta. De poco vale que te hayan confirmado las resoluciones dictadas, ni sirve que te digan que lo hiciste bien y que no puedes ni debes prever lo que va a suceder después en el juicio porque quebrantarías el principio legal de separación existente entre el juez instructor y el juez juzgador. La sensación de dolor íntimo por la que ha pasado esa persona y su familia no hay quien te la quite y pesa como una losa cada vez más grande sobre tus espaldas.

—Entonces, ¿el poder de los jueces es ilimitado?

—No, ese poder está limitado por la ley, pero es muy grande. Antes los jueces decidían incluso sobre la vida de las personas, y de alguna forma todavía lo hacemos, porque aquellos que pierden su libertad pierden gran parte de su vida personal, familiar, íntima y profesional. Fíjate si tendrán poder que pueden decidir que una familia se separe e incluso que uno de ellos no pueda volver a ver a sus hijos. ¿Qué pasa cuando el juez se equivoca? ¿Y si no toma una decisión y ocurre una desgracia de las que, precisamente por no actuar, se han producido y se producen?

—¿Me estás hablando de la violencia de género?

—Sí, del ansia de dominación, humillación y control sobre la mujer por parte de un hombre. Esta forma de violencia necesita un tratamiento especial. Desde mi punto de vista, se produce por tres posibles causas. La primera sería la violencia doméstica, sobre cuyo tratamiento existen muchas normas tanto nacionales como internacionales. En todas ellas se busca el equilibrio necesario que cambie las actitudes, mediante la educación de los hombres y mujeres para que acepten la igualdad de derechos y superen las prácticas y los prejuicios basados en papeles estereotipados. La segunda vía se deriva de la actuación de las organizaciones criminales, que se mezcla con otros tipos penales como la inmigración ilegal, la esclavitud infantil, especialmente la de las niñas, el tráfico de personas o de órganos humanos, para los que se precisa una regulación más exhaustiva y una más amplia aplicación del principio de justicia penal universal previsto en la Ley Orgánica del Poder Judicial española. La tercera vía se concreta en los crímenes contra la humanidad y de guerra, en los que el desprecio de sexo, la violación y la agresión sexual tienen por primera vez presencia relevante como delitos, no sólo en los Convenios de Ginebra de 1949 y sus Protocolos de 1977, sino también en el estatuto de la Corte Penal Internacional de

17 de julio de 1998. En este punto, Balti, no puedes olvidar que en los conflictos bélicos y desastres humanitarios de la última década del siglo XX, Bosnia, Kosovo, Ruanda y Congo, la violencia sexual sobre las mujeres y niños se ha convertido en un arma y un instrumento más de limpieza étnica contra el enemigo. Los casos son tan abundantes que hacen casi innecesaria su cita. Aunque, para que te hagas idea de lo que trato de explicarte, en Congo, en el conflicto étnico que sufren desde hace años, las víctimas han sido mujeres de edades comprendidas entre los cinco y los ochenta años y han sido sometidas a más de cincuenta actos sexuales violentos al día y si se niegan o resisten son torturadas o asesinadas.

—¿Y por qué no se hace algo para remediarlo?

—Como sucede en otros ámbitos, las normas que regulan el fenómeno ya existen, pero ahora lo que se precisa son medios suficientes, coordinación adecuada y una clara y decidida voluntad de aplicarlas. Así podremos contrarrestar esa especie de cáncer de la vergüenza que nos ha atenazado durante tanto tiempo. Han sido épocas dominadas por el autoritarismo y, por qué no decirlo, por el machismo más rampante que aún gobierna de hecho en la mayoría de los países del mundo. Digamos que es una historia ya antigua, que necesita no sólo medidas sancionadoras graves, sino principalmente de una reeducación en valores de igualdad, de no discriminación y de dignidad.

—¿Y la esclavitud sexual?

—La esclavitud sexual, desde hace mucho tiempo, ha

sido considerada un crimen internacional, que puede ser cometido o no en el marco de un conflicto armado o de un ataque generalizado o sistemático contra una población civil. Pero los tribunales internacionales actuales no tienen competencia contra la esclavitud como tal, sino como crimen de guerra o contra la humanidad. Pero eso debería remediarse mediante la aplicación del principio de justicia penal universal para la persecución de la esclavitud. En España, en el año 2003, se modificó el Código Penal para dar entrada, por primera vez, a los delitos de lesa humanidad, entre ellos la violación, agresiones sexuales, forzar el embarazo de una mujer con intención de modificar la composición étnica de la población, prostitución, traslados de personas con fines de explotación sexual y esclavitud. Nuevamente es válida la afirmación de que ahora lo preciso es la decisión de aplicar estas leyes para evitar que se conviertan en una especie de normas de estantería que sólo sirvan para completar la biblioteca.

—Pero, papá, la situación de ahora no es la misma que hace unos años: los hombres ahora somos más sensibles a los problemas de las mujeres y en mi caso concreto abogo por la igualdad absoluta de sexos.

—Llevas parte de razón. Tu actitud es la correcta, pero no deja de ser representativa de la minoría, porque aún hoy, cuando la sensibilización hacia el problema es mayor, el grado de indiferencia con el que se afronta es preocupante. Por ello debe resaltarse que la omisión o el simple desentendimiento es una forma de responsabilidad. Este compromiso no es ni de las organizaciones feministas, ni de las organizaciones no gubernamentales, ni siquiera de forma exclusiva de la justicia. Aunque la inhibición de ésta, junto con unas normas inadecuadas, ha provocado demasiados hechos luctuosos. Entre todas, la indiferencia de los miembros del poder judicial es o ha sido la peor, porque es la que mayor indefensión produce. Todavía recuerdo, a pesar de haber transcurrido casi veinte años, a aquella mujer de Almería de unos treinta años que acudió en busca de protección judicial porque era objeto de maltrato por su marido. El juez competente se negó a atenderla. Cuando ya pasaban las tres de la tarde, al salir de mi oficina, pregunté qué hacía en el pasillo una mujer sentada y llorando. Me contestaron que era un asunto de otro juzgado. No obstante, me acerqué y le pregunte que le ocurria. La señora, con un hilo de voz, me dijo que su marido le había pegado, pero que el juez le había dicho que unos cuantos golpes no eran suficientes para tomar en cuenta la denuncia. Le dije que eso no era así y que tomaría medidas. Fui a ver a mi colega y no estaba. No sé si la mujer se vio en la necesidad de rubricar lo que decía o es que no confiaba demasiado en mí, pero lo cierto es que, en ese momento, se despojó del vestido sin que el forense ni yo pudiéramos evitarlo, y lo que vi fue un cuerpo amoratado por los golpes, desde el cuello hasta las rodillas. Esta imagen me ha acompañado toda mi vida desde entonces. Me ha marcado y me ha hecho sentir indignación ante la indiferencia de algunos profesionales hacia los problemas ajenos. También desprecio a quienes trasladan a su profesión sus valores de discriminación, o lo que es igual, la desidia o el desinterés por este tipo de asuntos.

—¿Y qué ocurrió con aquel caso?

—Como juez de guardia que era, tomé la decisión y ordené la detención del marido.

—Pero, papá, ¿cómo se puede evitar que existan hombres que golpeen a las mujeres o que las destruyan o menosprecien?

—Es cierto que es un problema complejo, pero no imposible de resolver. Por una parte, existe una grave responsabilidad de los poderes públicos y de las instituciones en la protección de las víctimas y la persecución de los agresores. Pero también existe responsabilidad en la sociedad para impedir que arraiguen actitudes de discriminación por razones de género o de violencia psicológica o física y otras más sutiles que se ocultan bajo la apariencia del trato socialmente afable a la mujer. Esta labor de concienciación debe arrancar desde la infancia y continuar en la adolescencia, desde las escuelas hasta las universidades, y conlleva el deber cívico de denunciar las actitudes y acciones de menosprecio a través de los medios de comunicación que degradan a la mujer convirtiéndola en un objeto de mercado y que justifican después acciones violentas o pasionales contra las mismas. En todo caso en España se han dado pasos importantes para la protección integral de la mujer, pero hay que cambiar las actitudes.

Mi hijo se está convirtiendo en un hombre. Me resulta muy curioso poder hablar con él sobre estos asuntos. Hasta ahora, nuestro tema favorito era el fútbol y siempre discutíamos. Él cree que el Real Madrid es mejor que el Barça y yo opino lo contrario. Pero está cambiando. Quizá demasiado deprisa.

—Volvamos al comienzo. Estábamos hablando del inmenso poder que tenéis los jueces. ¿Eso es bueno?

—Realmente, hijo, no es ni bueno ni malo. Es un poder amplio, pero delimitado por la ley. El juez no tiene poder más allá de los casos sometidos a su jurisdicción. Pero tiene la obligación y el deber de conocer el fenómeno al que ha de enfrentarse para poder darle una solución. Es su obligación y no puede inhibirse alegando que no es competencia suya. ¿Cómo no va a ser competencia de un juez antiterrorista conocer el funcionamiento interno de la organización u organizaciones a las que se enfrenta? ¿Cómo no va a ser su responsabilidad coordinarse con sus compañeros de igual competencia para hacer frente común a la amenaza? El encasillamiento, so pretexto de defender la independencia, es una de las mayores imprudencias que un buen juez puede cometer.

—Pero entonces, ¿vosotros, los jueces, habláis? ¿Os ponéis de acuerdo en estos temas?

—Si te soy sincero, te diría que no a ambas preguntas. Si fuera prudente te contestaría que sí hablamos, pero no coordinamos nada. Creo que no estamos haciendo las cosas bien, aunque nunca es tarde. Me preguntabas si es bueno tener tanto poder. Y mi respuesta es que debemos utilizarlo con mesura y con arreglo a los límites marcados por la ley. La prudencia es una virtud que debe abundar entre las cualidades de un buen juez, y desde luego nunca debe confundirse con la cobardía, ya que no tomar una decisión por miedo es delito.

–Papá, para adoptar una medida importante o complicada los jueces disponéis de mucho tiempo, ¿verdad?

–No siempre, no siempre. En muchas ocasiones, la decisión tienes que tomarla en segundos o minutos, y de ella dependerá el futuro de una persona o de una investigación. Por este motivo el juez debe tener una buena preparación científica, así como un adecuado conocimiento de la realidad que rodea el caso, es decir, de la sociedad en la que vive. La postura contraria, desentenderse de la sociedad, todavía defendida por algunos, conduce a un tipo de justicia esencialmente impropia para la protección de los ciudadanos.

–¿No podría llevar esta postura a la parcialidad?

–El juez, como la mujer del césar, no sólo tiene que ser honesto e imparcial, sino también parecerlo, porque esa misma apariencia es la que transmite tranquilidad al justiciable, y si no lo hace hay mecanismos (la recusación) para apartarlo del caso. Afortunadamente, están muy lejos aquellos tiempos en los que la justicia se ejercía sobre los ciudadanos tratándolos como hijos, acólitos o, más aún, como siervos de un poder omnímodo, ejercido despóticamente por jueces vasallos. Hoy son los ciudadanos los que deben exigir justicia, no pedirla. De esa forma se ha superado la fase en la que el ciudadano acudía a suplicar con una especie de temor reverencial hacia el juez, que le contestaba, cuando lo hacía, en unos términos incomprensibles, con un lenguaje barroco y casi de extraterrestre. La justicia tiene que aproximarse al pueblo y hacerse comprensible.

»En la historia de España, como en la de otros países que andan la senda del Estado de derecho, la justicia se ha visto, tanto elevada a la noble condición de poder constitucional, como expuesta a la humillación de la subordinación funcional al poder político, o revestida del simple manto de la autoridad moral. Superadas esas fases de la historia, resulta claro que la validez y eficacia de un derecho se concreta siempre ante la institución judicial porque el juez, al que se pide justicia, constituye el último reducto, la última posibilidad del ciudadano para obtener el resarcimiento por la infracción o quebranto.

»Ya hemos hablado antes de cómo el juez está inmerso en una sociedad muy compleja, que de una u otra forma condiciona sus costumbres, su manera de pensar y en cierto modo su actuación. Como persona no está exento de verse influido por los acontecimientos que lo rodean, ni de sucumbir al halago y a la crítica o a sus propios prejuicios sociales. Y ello no es malo necesariamente, sino incluso conveniente para que sus decisiones sean justas y congruentes con la función que se le asigna. De esta forma podrá ofrecer las soluciones que la sociedad le demande y adaptarlas a sus necesidades reales y profundas.

—Entonces, papá, ¿es el conocimiento real de los casos, de las propias víctimas, de donde el juez aprende?

—Exacto, Balti, lo has captado perfectamente. La posición del juez es muy delicada, porque a través de las más bajas intenciones puede verse mediatizado. Esto no tiene nada que ver con la exigencia de los que pretenden que el juez sea un tipo amorfo y sin ideología. Ningún juez puede ni debe proclamar su total asepsia y neutralidad en los casos que enjuicia y resuelve; antes al contrario, debe establecer su impronta, reflejo de la clase social a la que pertenece, pero antes debe realizar una valoración crítica de todos aquellos elementos preexistentes, que le podrían condicionar.

—Pero, papá, eso es tanto como decir que el problema de la objetividad de los jueces y el de la imparcialidad de la justicia no es tan claro como nos pretenden hacer creer.

—Cierto, y sobre todo no depende del voluntarismo idealista de los jueces, porque siempre habrá una ideología dominante que desea mantener un *statu quo* determinado, según la tendencia sociopolítica del momento. Por eso, hijo, para evitar esas desviaciones en los jueces, habrá que acudir cada vez más a criterios más humanistas e ilustrados. Te recuerdo cuáles son esos principios: que ningún hombre debe explotar a otro hombre, que debemos someternos a ciertas verdades y que el hombre puede mejorar con la educación. También hay sistemas políticos que no respetan otra de las características básicas de un buen sistema judicial: la inamovilidad del juez. En estos casos, la independencia judicial se convierte en un acto de heroísmo, y la mayoría de los jueces se rinden a las circunstancias y se vuelven obedientes y hacen gala de su apoliticismo para integrarse en una especie de casta que les permita seguir manteniendo su posición privilegiada. Por eso la independencia de los jueces es un indicador de la calidad democrática de la función judicial. Los jueces no están más legitimados si son elegidos por los representantes de la soberanía popular, porque su legitimación nace de la Constitución y de la ley.

—Pero ¿la independencia del juez es sólo frente a los otros poderes, o también frente a otros jueces?

—Has dado en el clavo. La independencia es un concepto complejo y no sólo debe predicarse y exigirse frente a otras instituciones, sino también frente a la propia institución judicial. A veces, el Consejo General del Poder Judicial puede interferir en la función jurisdiccional del juez, o incluso perturbarle con la amenaza de expedientes disciplinarios o acciones similares. En tales casos, si la independencia se viera perturbada el juez debe defenderla y en su caso exigirla al propio Consejo.

—¿Eso ha pasado alguna vez?

—Sí, aunque no es frecuente porque las represalias pueden venir por muchos sitios y formas. Aunque cuando resistes, te fortaleces como juez y como persona.

—¿El Consejo General del Poder Judicial es también «poder judicial»?

—No. El poder judicial como tal no reside en el Consejo General, que es el órgano de gobierno de los jueces, pero no tiene poder, ya que éste reside en cada uno de los magistrados y jueces que ejercen jurisdicción, en todas y cada una de las resoluciones que dictan en los procedimientos que tramitan. La oportunista denominación de la «República de los Jueces», o la de «Internacional Judicial Roja» que algunos dirigentes políticos, como Silvio Berlusconi o el general Pinochet, entre otros, han propagado a bombo y platillo en los últimos años, no es más que una *boutade*, un sarcasmo o un recurso fácil para quienes no desean someterse a la acción de la justicia y no dudan en acudir a las técnicas más perversas de deslegitimación y a las descalificaciones más soeces con el único fin de no ser juzgados. Están dispuestos a utilizar cualquier medio a su alcance para evitarlo.

—Papá, ¿y por qué levantáis tanto recelo en los políticos, y en empresarios o banqueros, cuando iniciáis una investigación?

—Porque usamos nuestro poder para garantizar los derechos de los ciudadanos. Por eso la sociedad confía en que los jueces actuemos sin ataduras políticas. Por esa razón ya no somos aquellos técnicos a los que Montesquieu se refería como «la boca muda que pronuncia las palabras de la ley».

—En resumen, lo que quieres decir es que la independencia del juez es a la vez garantía e instrumento que asegura su imparcialidad para servir de contrapeso entre los poderes del Estado.

—Efectivamente, así es. Pero sin olvidar que la independencia no es un privilegio del juez, sino una cuestión de responsabilidad, y que el poder judicial forma parte integrante del Estado.

—¿Y tú crees que hoy día el ejercicio de vuestra labor como jueces puede desarrollarse de forma independiente?

—No soy muy optimista. Pienso que los ataques a la independencia de los jueces siempre existirán cuando investiguen a responsables políticos o económicos, pero lo importante es superarlos y rechazarlos. Al menos, yo lo he intentado cuando me han presionado, denunciado, recusado maliciosamente, expedientado y me han odiado y despreciado. —Miro a mi hijo y recuerdo todos y cada uno de los ataques sufridos desde dentro y desde fuera en unas y otras investigaciones, las denuncias, las presiones, las recusaciones instrumentales, los expedientes abiertos sin haber intentado siquiera una indagación previa, los odios, los desprecios.

»Uno de los casos más paradigmáticos es el del primer ministro italiano Silvio Berlusconi, que partiendo de una situación de confusión y colisión entre sus negocios privados y su responsabilidad pública inició con su grupo político una cruzada antijudicial para eludir las investigaciones sobre sus anteriores actividades empresariales. Ninguna responsabilidad se le exige desde que está en el cargo de primer ministro, y por tanto ninguna inmunidad debería beneficiarle. Así lo entendió el Tribunal Constitucional italiano pero, después de todos los intentos realizados para que respondiera ante la justicia, al final ésta llegó tarde y la prescripción evitó que fuera condenado. Nadie debe estar por encima de la ley; ése es uno de los principios básicos del derecho. Sin embargo, y a pesar de que la justicia italiana ha podido someter a juicio, como a cualquier ciudadano, a su primer ministro, el Tribunal Constitucional español impidió que se le pudiera exigir esa responsabilidad siquiera por la vía de la denuncia para que fuera juzgado en Italia, por las responsabilidades de apariencia delictiva que aquí se le imputaban. Te diré que he tenido el dudoso honor de haberle hecho comparecer dos veces ante mí a declarar en la investigación sobre la compra del canal de televisión Telecinco. En este caso la inmunidad se ha tornado en impunidad.

—Lo que acabas de decirme no da mucho crédito a la justicia, porque al final ha cedido ante el poder político.

—Eso es cierto a medias, porque, si es así en España, no lo ha sido en Italia, al menos con un núcleo de valerosos jueces y fiscales. La justicia no siempre está a la altura de las circunstancias, sobre todo cuando se trata de interpretar las garantías que deben regir en un determinado proceso. Muchas veces resulta incomprensible para mí que se dicten resoluciones sin fundamento y alejadas de la realidad de los hechos. El exceso de garantismo, hijo, es tan perverso como la falta de garantías. El hipergarantismo conduce irremediablemente a la impunidad. Pero me preguntabas antes si hoy día puede ejercerse la profesión con independencia, y la respuesta es sí, al menos en Europa, en donde existen, en distinta medida, las condiciones adecuadas para desarrollar la labor judicial sin interferencias espurias, o los instrumentos necesarios para combatirlas y neutralizarlas. El problema se agrava cuando la agresión proviene desde dentro, desde las propias instituciones que tendrían que defender esa independencia. Muchos buscan una administración de justicia que, como servicio público, funcione de forma discretamente ineficaz. Por eso quieren que los jueces hagamos nuestro trabajo en silencio, sin levantar polvaredas o escándalos. Es decir, sin que se sepa qué está sucediendo, porque de esta forma podrán ser controlados mejor.

—Eso que dices es muy grave.

—Lo sé, Baltasar, pero te hablo desde la experiencia. Hay casos en los que la vida del juez no vale más que el precio que estés dispuesto a pagar al sicario de turno. Aunque lo más normal es que el juez sea neutralizado a través de medios de comunicación afines, mediante campañas de desprestigio y de descrédito que acaben con la ecuanimidad de su juicio, con su tranquilidad familiar o personal y desemboquen en su silencio, inactividad o retirada.

—¿Y has sido alguna vez imputado?

—Sí, en el llamado caso Sogecable. Es una experiencia que no le deseo a nadie. Sentí una profunda indignación ante esa injusticia porque me había limitado a cumplir con la ley. Pero los jueces somos humanos y por tanto nos equivocamos. Por eso me pongo en el lugar del reo para saber qué piensa, qué siente, cuál es su preocupación, si está tranquilo o nervioso, si realmente participó o no, qué pasa por su mente en esos momentos, y así conocerlo mejor. De alguna forma procuro mirarlo a los ojos, a fondo, y atravesar su mente para llegar a comprender las razones que le han llevado a cometer estos delitos. Por qué personas normales y corrientes se degradan hasta límites tan bajos por el ejercicio de la violencia, al perseguir causas que no tienen sentido en una sociedad moderna y mucho menos en la española. Por qué otros retroalimentan esta violencia en beneficio propio o qué sienten respecto de las víctimas caídas en acciones terroristas.

»Recuerdo que en una ocasión pregunté a un chico de apenas dieciocho años de edad por qué participaba en actos de *kale borroka* (lucha callejera terrorista). Me contestó que lo hacía para contribuir a la libertad de Euskal Herria. Entonces quise saber qué era para él la libertad. Se limitó a decirme que no le fuera con demagogias. Pero esta situación no se ha producido de la noche a la mañana. Ha habido un aprendizaje, una preparación inducida desde la infancia en la que se ha sublimado el ejercicio de la violencia con referencia a unos "líderes tribales" perseguidos por las "fuerzas de ocupación" españolas. Esa educación deformada les ha llevado como seres humanos y como ciudadanos a la ruina, en la que tanto ellos como los inductores tienen responsabilidad.

»Creo firmemente que el terrorista no tiene ningún credo, no cree en nada real. Su deformación mental es tal que sólo se escuda en falsos postulados y en conceptos erróneos, la mayoría de las veces preñados de tópicos y máximas tan vacías de contenido como las canciones que nos enseñaban durante el franquismo para exaltar los valores patrios; su deriva violenta continúa por inercia, dentro de una espiral de fanatismo de la que no saben salir.

—Papá, ¿no has sentido muchas veces el cansancio y has deseado dejarlo todo? ¿Qué obtienes a cambio de tanta tensión y responsabilidad? ¿No crees que impartiendo justicia has sido exigente, pero injusto con los tuyos, a los que has prestado poca atención?

—Me preguntabas si he tenido ganas de abandonar y mi respuesta es sí. Es cierto que después de diecisiete años en la Audiencia Nacional, de golpes, tensiones y frustraciones, he tenido la tentación de dejarlo todo. Pero hay como una especie de hilo invisible que me sujeta al cargo de juez central de instrucción en la Audiencia Nacional. He tenido oportunidad de marcharme a otros sitios menos comprometidos y, sin embargo, los he rechazado. En los últimos años, sólo me interesó la fiscalía de la Corte Penal Internacional. Pero al final he llegado a una conclusión: que hay un trabajo que realizar y alguien tiene que hacerlo.

—¡Nadie es imprescindible en ningún lugar!

—Llevas toda la razón, hijo. Gracias por el tirón de orejas. Aunque a veces, debido a la complejidad de los asuntos, es muy difícil que otra persona pueda hacer tu trabajo. Hay determinadas investigaciones que sólo yo puedo coordinar porque cruzo una gran cantidad de información judicial con mis ideas y puedo hacer un mapa más completo y preciso de las situaciones, pero es necesario no actuar de forma exclusiva y excluyente.

—En resumen, que nos queda Audiencia Nacional para rato.

—No necesariamente, porque se puede tomar distancia temporal y luego volver para continuar la labor. Pero hemos perdido el hilo argumental. Estábamos hablando de la independencia judicial. Te decía que a muchos les interesa que la justicia no funcione bien, que no despliegue toda su operatividad, porque de esta forma se la tiene controlada. La técnica es muy antigua y obedece a la vigencia de la doble moral o al juego de la realidad y de la apariencia. Se trata de crear las estructuras adecuadas para hacer factible la protección completa, pero a la vez y de forma intencionada, evitar que funcione a pleno rendimiento; sobre todo cuando la máquina judicial apunta al poder, sea del tipo que sea. En ese preciso instante comenzará el desprestigio de la institución y de su titular, al que se tildará normalmente de protagonista, estrella o entrometido en esferas que no le corresponden. Cuando dicen esta memez se quedan tan tranquilos, ¡como si hubiese alguna ley que impida investigar los delitos que pueden cometer responsables políticos, económicos, judiciales o de cualquier otra corporación! En definitiva, lo que se persigue denostando al juez es conseguir amplios márgenes de impunidad.

»Lo que realmente ha sucedido es que el juez se ha visto obligado a resolver conflictos sociales, contenciosos económicos, penales y políticos que no le correspondían por el fallo masivo y sistemático de los controles del propio poder ejecutivo y por una ineficacia alarmante del Parlamento, que en el 99 por ciento de los casos se plegó a las doctrinas marcadas desde las secretarías generales de los partidos a los que pertenecen sus componentes. Y esta labor les ha tocado hacerla a los jueces, cuando no estaban preparados para ello.

—Pero ¿esto es un fenómeno propio de España o ha sucedido en otros países?

—Realmente, el fenómeno se ha desarrollado en diferentes países, y ha desbordado cualquier previsión; hasta el punto de que ha motivado que el poder judicial ocupara parcelas propias de los otros poderes. El juez se ha erigido en pieza central del sistema democrático. Así las cosas, sólo cuando el poder judicial ocupe su verdadero sitio podrá realizarse el control necesario para impedir que fenómenos que degradan la democracia, como la corrupción o el nepotismo, se instalen y acaben con ella.

»La cuestión que te dejaría en el aire es si las cosas van evolucionando en esa línea o si por el contrario en muchos países se busca un poder judicial silente, conformista, ante los retos y desafíos que representan para la humanidad los nuevos fenómenos criminales del terrorismo, el crimen organizado y la corrupción.

—¿Y cuál es tu respuesta?

—He visitado muchos países del mundo, en particular casi todos los de Latinoamérica, y en todos ellos ha aparecido como un fenómeno recurrente la falta de independencia de los jueces, la falta de compromiso responsable y la sumisión al poder político. Esta situación propicia una falta de protección de los ciudadanos que asisten inermes a un desconocimiento y violación sistemáticos de sus derechos, por unos jueces parciales y solícitos con el que ostenta el poder político en cada momento, para así mantener el puesto y poder seguir viviendo del erario público. Lo de menos es si los ciudadanos resultan protegidos o no. La institución judicial, como antes te comentaba, es una de las peor valoradas en el ránking de las encuestas, pero no podemos renunciar a los avances conseguidos en el área de la independencia y la imparcialidad. Debemos seguir luchando por mantener estos valores.

»Bueno, ya sabes que los valores van unidos a las tradiciones. Y en esta casa se cena a las diez. Tu madre y tus hermanas deben de estar esperándonos. Por cierto, si quieres, puedes reflexionar sobre todo lo que te he explicado mientras paseas a Gina y Tosca. Ya te has saltado dos veces el turno esta semana.

—Vale. Pero todavía me tienes que aclarar muchas cosas.

—Anda, ve. El resto, mejor te lo digo por escrito, como hacía antes: en una carta.

Querido Baltasar:

La fecha a la que se refiere este relato es muy lejana,

1987; tú apenas habías cumplido tres años cuando, de forma totalmente imprevista, tu madre y yo decidimos venirnos a Madrid.

Quizá me pudo el morbo de llegar tan joven al Consejo General del Poder Judicial como inspector delegado de tribunales. Probablemente la vanidad tuvo algo que ver, o simplemente el destino que en aquellos días de febrero se mostró caprichoso y decidió por nosotros. El entonces inspector jefe del Consejo General del Poder Judicial, Ignacio Sierra, me reclamó. La verdad es que para un profesional de treinta y un años, con seis de antigüedad en la carrera judicial, era todo un reto. Era un salto en el vacío. Comenzar una nueva vida. De alguna forma estaba haciendo lo mismo que había hecho mi padre, pero en este caso nos marchábamos de Andalucía. Estoy seguro que también influyó la firme decisión de tu madre, que siempre quiso que hiciéramos nuestra vida, sin ataduras en ningún lugar más que las que resultan de la convivencia diaria.

Sea lo que fuere, Baltasar, lo cierto es que de golpe me hallé solo, en pleno mes de marzo de 1987, en Madrid. Una ciudad desconocida para mí, y sin saber exactamente cuál era la función que iba a desarrollar. Viví primero con mis tíos, luego en un piso de un amigo. Estar solo en una ciudad es terrible. Muchas veces me gusta disfrutar de la soledad, pero cuando es impuesta, resulta dura. No obstante, pronto conocí a Tomás Sanz, secretario de Inspección, que desde entonces hasta ahora es como un hermano para mí.

Al principio pensé que la labor que se podía hacer en la Inspección era muy interesante, tanto para impulsar la actividad judicial como para descubrir las deficiencias e intentar solucionarlas. También creí que podría combatir las corrupciones y corruptelas que existían en los juzgados, que desde mi toma de posesión como juez de Primera Instancia e Instrucción de Valverde del Camino (Huelva) el 13 de febrero de 1981 habían constituido mi caballo de batalla.

No pasó mucho tiempo, sin embargo, hasta que me di cuenta de que no es tan fácil remover las estructuras y hacer que las cosas cambien cuando existen cuestiones políticas, aunque fueran de política judicial, de por medio. Quizá esta reflexión debería haberla aplicado años después, cuando tomé otra decisión importante en mi vida y que me marcaría para siempre: el paso a la política y la salida de la misma. Aunque tengo que decirte, Balti, que no me arrepiento de nada de lo que hice en ese tiempo. Todo lo llevé a cabo con conocimiento y asumiendo las consecuencias.

En efecto, todas las estructuras tienen sus reglas no escritas que te permiten funcionar mientras no destacas mucho en algún sentido. En mi caso, pretendí llegar demasiado lejos con la sana intención de limpiar los juzgados de todo tipo de irregularidades y retrasos. La piedra de toque, apenas nueve meses después de mi toma de posesión, fueron los juzgados de Marbella. Mi petición de incoación de expedientes fue desestimada, a la vez que comprobé que en el Consejo General del Poder Judicial no todo era como parecía y constaté que, de una u otra manera, se me quería utilizar como mascarón de proa para atacar a ciertos órganos judiciales. También pienso que no se daba demasiado valor a mi trabajo. Así que me planteé la disyuntiva: seguir la rueda y acomodarme al ritmo mortecino y acomodaticio de las inspecciones o marcharme de nuevo a un juzgado. Entonces salieron a concurso las plazas de los juzgados centrales de Instrucción 2 y 5. Hasta ese momento nunca había pensado en solicitar un destino en la Audiencia Nacional por mi escasa antigüedad en la categoría de magistrado. Pero me atraía la posibilidad de investigar los delitos de terrorismo. Se trataba de algo diferente. Era un campo en el que podía comprometerme. Así que decidí arriesgarme y pedí la plaza. Sólo hice esa petición de todas las posibles que había.

De mi etapa en la Inspección guardo un buen recuerdo. Fueron los días más felices y tranquilos para la familia de los veinticuatro que llevo en la carrera judicial, a pesar de los viajes. También me sirvieron para confirmar que, a pesar del esfuerzo personal de muchos jueces, los órganos judiciales eran un desastre. La burocracia extendía sus tentáculos de ineficacia por todos sitios. Todavía hoy me pregunto si ese caos tiene alguna solución.

Llegó el año 1988, y empezó mal. Mi padre y abuelo tuyo, Ildefonso, falleció el día 6 de enero y yo quedé destrozado. El 16 de febrero tomé posesión en el Juzgado Central de Instrucción n.º 5. Comenzaba una aventura que todavía hoy dura y que me ha llevado a participar en mil batallas. No olvides que yo sólo era un chico de pueblo, como me decían muchos de mis compañeros, un advenedizo de la justicia que sin comerlo ni beberlo se encontraba en un órgano judicial sumamente complicado. De forma inconsciente me encontré en el centro del huracán que ya comenzaba a fraguarse en esos momentos. Si te soy sincero, Balti, no sabía muy bien dónde me había metido, aunque sí sabía lo que quería hacer contra el terrorismo. Quería estar allí, participar, hacer algo más que lamentar la pérdida de vidas humanas que, como una especie de goteo infernal, se iban produciendo, agrandando la frustración ante una violencia que nunca entendí y a la que nunca hallé explicación lógica ni coherente. He hablado muchas veces con abogados abertzales, políticos del mismo signo y terroristas para que me dieran una explicación razonable y nunca han sabido hacerlo.

Créeme, hijo mío, si te digo que en esos momentos, en lo que menos pensaba era en si los jueces de la Audiencia Nacional eran famosos o no. Si pasaban inadvertidos o no. Si cobraban más o menos. Lo único que me preocupaba era realizar un trabajo digno frente al terrorismo.

Una vez en mi puesto, comprobé que el sistema que se desarrollaba en el juzgado era totalmente contrario a mi estilo y forma de trabajar. Yo soy dinámico e incisivo y me gusta ir más allá del simple atestado. Prefiero llevar las investigaciones presionando y dirigiendo a los cuerpos y fuerzas de seguridad del Estado. A mis colegas no les agradó mi estilo y me consideraron un revolucionario. Para que te hagas una idea, recuerdo que un compañero, cuando hice la primera salida para levantar un cadáver tras un atentado de ETA, me espetó que el juez central de Instrucción debía esperar a que le llegara el atestado y no actuar en hechos que todavía no habían sido reivindicados.

«El juez –decía– no debía salir a pescar los asuntos sino esperar a que le llegaran.» En fin, Baltasar, modos diferentes de ver las cosas. Siempre he creído que los problemas hay que agarrarlos, como a los toros, por los cuernos, enfrentarte a ellos de cara y cuanto antes. De esta forma, el ritmo lo marcas tú y no los acontecimientos.

Llegar a la Audiencia Nacional resultó emocionante por una parte y por otra supuso una terrible preocupación al comprobar la importancia y la trascendencia de los asuntos que allí se debatían Todo ello contribuyó, quizá no inmediatamente, a cambiarnos la vida. Nunca había pensado, por ejemplo, que tendría que llevar escolta policial. Parece que no tiene mayor importancia, pero resulta difícil acostumbrarte a hablar y actuar ante testigos. La pérdida de intimidad es total. Nunca sabes si quien te oye lo hace de buena fe o te va a traicionar. Aunque confíes en ellos, como es mi caso, les puedes poner en situaciones violentas y complicadas.

La Audiencia Nacional no es un tribunal normal, aunque esté normalizado. Es algo que no guardaba relación con nada que yo hubiera conocido. Se trata de un organismo especializado en determinado tipo de delitos con jurisdicción en todo el territorio nacional. Por eso puedes trabajar con más efectividad y trascendencia que desde cualquier otro juzgado. Pero resultaba un tribunal intimidante. Los magistrados eran bastante mayores que yo, se respiraba la tensión, los letrados habituales de ETA suscitaban recelos y los mejores abogados asistían a los delincuentes económicos. Era un territorio no conocido y complejo.

Sí te sentías alguien importante, tenías poder y sabías que de tus decisiones podían depender cuestiones esenciales para el Estado. Esto, en vez de halagarme la vanidad, me preocupaba especialmente. Las equivocaciones, los errores, el no saber si una actuación drástica podría crear graves problemas en otros ámbitos, o si una demasiado suave podía complicarlos. Todas estas sensaciones se cruzaban de forma fugaz cuando comencé a estudiar los primeros documentos sobre la organización terrorista ETA y sobre delitos económicos.

Desde el primer instante me di cuenta de que mi vida había cambiado para siempre. Era como una especie de veneno que se me iba extendiendo por la sangre, pero que me daba fuerzas. Esas fuerzas comenzaron a emerger del dolor y repugnancia que sentí después de ver las primeras fotografías y autopsias de víctimas de la banda terrorista ETA. Desde el inicio sentí la imperiosa necesidad de conocer los entresijos de ETA, un monstruo del que hasta ese momento no tenía más noticia que la aparecida en los periódicos y la imagen que guardaba, como una especie de falso romanticismo, de los años setenta.

Aprovecho este punto para comentarte el desconocimiento que ha existido durante mucho, muchísimo tiempo fuera de España sobre el fenómeno terrorista etarra. Ese desconocimiento ha sido aprovechado por el aparato internacional de la organización terrorista, que también se ha servido de la inactividad de las instituciones españolas, especialmente la diplomática, para transmitir una falsa idea política de lo que no es más que una máquina de matar.

En Latinoamérica se añadía además un claro sentimiento antiespañol o cuando menos antifranquista que, a pesar de la muerte del dictador, se prolongó durante mucho tiempo y perdura todavía hoy en algunos sitios. Por ejemplo, en Venezuela, Uruguay, México o Cuba, en ésta quizá por razones diferentes, todavía cuesta trabajo hacer ver y comprender que ETA no es simplemente una organización nacionalista separatista sino una banda que ha desarrollado todas las técnicas de la violencia contra la vida, la libertad, la integridad y la seguridad de las personas. ¡En cuántas ocasiones, en mis viajes por tierras americanas, he tenido que explicar una y mil veces lo que auténticamente era y es ETA, frente al sentimiento romántico de rebeldía que guiaba a los movimientos guerrilleros de la época, o por asimilación a la lucha antifranquista que tantos emigrantes habían desarrollado!

La idea de que en España se perseguía cruelmente, a base de torturas atroces, a los terroristas ha constituido un lastre que todavía hoy extiende su manto sobre las decisiones garantistas que emanan de la Audiencia Nacional. Así se comprueba con el último informe del relator de las Naciones Unidas sobre la tortura en España. También con decisiones como las de un juez belga que, de forma temeraria y desconociendo las más elementales normas del derecho, denegó en abril de 2004 la entrega de un terrorista a España porque no se garantizaba el cumplimiento de los derechos humanos. ¡Ni más ni menos!

Son todavía secuelas de aquellos años y de aquellos excesos que nunca debieron producirse. Sacar la lucha contra el terrorismo fuera de los márgenes de la ley, aparte de un acto criminal, es una política torpe, que ofrece una justificación objetiva a los propios terroristas.

El caso de Estados Unidos ha sido paradigmático. Hasta el momento en el que llegué a la Audiencia Nacional, mis contactos con los servicios secretos se habían limitado a las películas de espías, y tengo que decir que para nada se parece la realidad a la ficción. Los datos de que disponían las autoridades estadounidenses eran deficientes, ya que eran fruto de un análisis bastante elemental a partir de las noticias publicadas en los medios de comunicación. La ausencia de datos objetivos sobre el terrorismo de ETA es lo que puede explicar la sensación de que no estábamos ante una organización terrorista. Hasta muchos años después, cuando los atentados del 11 de septiembre habían dejado su estela de muerte, no comenzaron a tomar en serio la amenaza terrorista y otros países no adquirieron una sensibilidad mayor hacia España y la agresión terrorista que sufre. Tuvieron que sumarse los 856 muertos y más de 2.500 heridos de ETA a los de los atentados en suelo americano para que el fenómeno tomara relevancia definitiva. Aunque, por lo que antes mencionaba, ha durado poco esa tendencia.

Recuerdo que en una ocasión tuve acceso a una información de la agencia norteamericana de inteligencia (CIA) sobre ETA y la valoración de las elecciones generales de 1989, con ocasión del asesinato del líder y parlamentario abertzale Josu Muguruza. El desconocimiento del fenómeno que destilaba y la frivolidad de las explicaciones que se ofrecían eran memorables. No sabían lo que era ETA, ni, casi, dónde estaba España.

Por estas y otras razones, me impuse una obligación añadida de explicar allá donde iba qué era ETA, su historia, su actuación, sus móviles y sus víctimas. También explicaba los métodos de investigación y control judicial contra la banda terrorista y cómo investigábamos todo tipo de terrorismo, el que se practicaba contra el Estado y el que había surgido o había sido impulsado desde los aparatos del Estado. Por otra parte, casi era una obligación hacerlo, porque si no lo hacía, las comisiones rogatorias no eran cumplimentadas. Por ello llevaba en mi maleta un documento exhaustivo de la organización criminal para facilitar la explicación.

De todas formas, Baltasar, no vayas a creer que ha sido fácil desentrañar todas y cada una de las tramas que ha ido tejiendo la organización. En 1986 ETA logró legalizar un partido político que, bajo una u otra cobertura y denominación, ha actuado legalmente en España hasta su suspensión el 26 de agosto de 2002 y la ilegalización por el Tribunal Supremo el 27 de marzo de 2003.

Es demasiado complejo. Sólo quiero decirte ahora que desde el primer momento me aproximé a la organización terrorista con la intención de llegar un día a descubrir su núcleo y no sólo responder al impulso que marcaba su propia trama criminal.

Esta reflexión que inicialmente hice para ETA, la apliqué también a otras organizaciones terroristas, a las que he dedicado años y estudio: GRAPO, Exercito Guerrilleiro do Povo Galego Ceibe, Terra Lliure, terrorismo de extrema derecha y terrorismo árabe, que no debe confundirse con el terrorismo integrista que surgió en los años noventa, y a otras organizaciones criminales dedicadas al tráfico de drogas, armas, blanqueo de capitales y delincuencia económica. Tuve que optar entre pasar el tiempo ratificando investigaciones policiales o buscar un sistema diferente, que apuntara al más elevado nivel jerárquico de la organización como meta final, para acabar con toda la estructura, aplicando las nuevas técnicas de investigación que ya empezaban a conocerse en otros países y que habían puesto en marcha con éxito jueces como el italiano Giovanni Falcone. En España no se habían introducido legislativamente, aunque ya habían sido ratificados los convenios internacionales que las reconocían, como la Convención de Viena sobre el tráfico de drogas y blanqueo de dinero de 1988.

Cuánto tiempo ha pasado. En cierta forma me siento viejo. Y nostálgico. No sé muy bien por qué, pero me viene a la memoria la poesía que le escribí hace unos años a tu madre. Recuerdo estos versos:

> *La noche es oscuridad si tú te duermes,*
> *la vida, tristeza si tú no estás.*
> *La respiración es prescindible si tú me besas,*
> *porque me alimentas con el roce de tus labios.*

Ya sé lo que estarás pensando. Me ha dado la vena romántica. Quizá al mundo no le va tan bien porque hemos perdido la capacidad de contemplar lo que nos rodea, escuchar y no sólo oír, sentir y no sólo experimentar, leer poesía, hacer versos sin que nos avergoncemos. En definitiva, expresar nuestros sentimientos y compartirlos. Te aseguro que esto nos llenaría más que esos programas de telebasura que con tanta fruición se consumen en la actualidad y que embotan y embrutecen a niños, jóvenes y mayores. Pero también de esto hablaremos en otro momento, si te parece. Ahora voy a tratar de recuperar el hilo argumental de aquellos primeros tiempos al frente del Juzgado Central de Instrucción n.º 5 de la Audiencia Nacional.

Por cierto, Balti, no puedes imaginarte las veces que he tenido que explicar lo que significa este puesto y cuáles son las funciones de un juez de instrucción en España, ante la diversidad de sistemas que existen en los distintos países del mundo; otro problema grave en los ámbitos que estamos comentando, la diferencia de los sistemas legales. Para que lo entiendas, podríamos hacer equiparables al juez central de instrucción, español, con el fiscal italiano, el juez de instrucción francés, el fiscal alemán, el Home Office británico, el juez federal argentino, el fiscal federal brasileño, el procurador mexicano o el fiscal federal estadounidense.

Una de mis primeras investigaciones en la Audiencia Nacional fue el caso GAL, que tantos ríos de tinta judicial, mediática, política y jurídica provocaría y que produjo un coste personal en todos nosotros.

La primera vez que sentí próxima la zarpa del terrorismo fue tras el atentado contra la Dirección General de la Guardia Civil de Madrid. Desde el balcón de la que entonces era nuestra casa (a unos mil metros), observé cómo ascendía el humo de la explosión con sabor a destrucción y muerte. Estaba de guardia, faltaban apenas unos minutos para que expirase el día 29 de noviembre de 1988. Ocho años antes, ese mismo día, tu madre y yo nos habíamos casado en la capilla del Sagrario, en la catedral de Jaén. Terrible coincidencia. Sin esperar más datos, salí a la calle, llamé por teléfono a Pedro Díaz-Pintado, entonces jefe de la Brigada Provincial de Información de Madrid, y me dirigí allí. Presentía que la explosión había provocado víctimas. Cuando llegué al lugar, la escena era dantesca. El cuerpo de una persona mayor, una anciana, estaba tirado en la calle. Los vehículos, destrozados. La pared del edificio a la que daban los dormitorios de los guardias jóvenes presentaba una abertura que parecía un cráter. Me informaron del número de heridos; entre ellos había un niño de corta edad que habían trasladado al hospital. Al día siguiente falleció. Fue el primer niño, Luis Delgado, cuyo cadáver levanté en un atentado de ETA.

Los que me conocen dicen que mantengo la calma en las situaciones límite. Sobre todo cuando me enfrento a la muerte. Es verdad, pero hay algo que no he logrado superar por mucho que lo intente: la muerte de un niño. Lo cierto es que aquel día se me quedó marcado, como todos aquellos en los que he tenido que levantar el cadáver de un niño a lo largo de los veinticuatro años que llevo como juez. Esta sensación de desamparo y frustración he vuelto a experimentarla con ocasión de los atentados terroristas del 11 de marzo de 2004 en Madrid, al ver los escenarios dantescos, con los cadáveres esparcidos por la estación de Atocha, de la calle Téllez, Santa Eugenia y Pozo del Tío Raimundo.

¿Qué justificación puede tener la violencia cuando ves los ojos abiertos, sorprendidos o inertes en el cuerpo sin vida de un niño? ¿Qué explicación pueden dar esos miserables mercenarios del terror que disponen de la vida ajena como si se tratara de algo propio o de algo sin valor?

Esta noche he vuelto a ver la película *El gran dictador*. De nuevo me he emocionado, a pesar de ser imágenes vistas cientos de veces. Me conciencian sobre el sinsentido de las guerras y de la violencia, sobre la conveniencia de arriesgar la vida por un ideal para acabar con la lacra de estos nuevos fascismos representados por las organizaciones terroristas.

He prestado especial atención al discurso final de Charles Chaplin y nuevamente he reflexionado sobre su contenido y su actualidad.

¿Te acuerdas, Balti?

«Lo siento, pero no quiero ser emperador.» Esta frase comprende el sentido de todo el discurso. Resulta demoledor y enaltece más a la libertad que a la democracia, aunque no sea posible ese sistema político sin ella.

En la renuncia al poder impuesto, autoritario, hay una reivindicación de la libertad individual: «No quiero gobernar a nadie». Y habría que añadir: «Ni que nadie me gobierne a mí si no lo he elegido libremente». Por principio, siempre hay que estar frente al poder, en estado vigilante por sus posibles excesos, o para acabar con el despótico o represor.

«Me gustaría ayudar a todo el mundo.» En esta afirmación del barbero ante los ejércitos alemanes se vislumbra la aspiración maximalista de solidaridad, pero inmediatamente vuelve a la realidad posibilista, «si fuera posible». Es, por tanto, una aspiración, una utopía. A lo largo de su historia, el hombre emprende constantemente luchas utópicas. La democracia es una lucha permanente por la utopía igualitaria de los pueblos.

«Queremos vivir para la felicidad.» Aquí se observa una perspectiva idealista y no pesimista del mundo, probablemente porque el discurso se hace después de los terribles acontecimientos y matanzas de la Segunda Guerra Mundial. La aniquilación sistemática por razones étnicas, religiosas o de mera selección natural hace que surja como una necesidad una visión idealista de una sociedad futura. Como hemos visto a lo largo de los sesenta años posteriores a la Segunda Guerra Mundial, desgraciadamente no siempre ha sido así.

Mezcla este espectacular discurso –que no te deja indiferente después de oírlo– la esperanza con la necesidad vital de la libertad y de la superación para conseguirla: «El camino de la vida puede ser libre y bello». Es decir, hay que defenderlo y pelear porque esto sea así con las armas de la democracia y la tolerancia.

También hay una crítica al progreso desmedido y sin control, es decir, a la producción sobre la distribución de la riqueza, al equilibrio entre clases sociales. Se observa que las críticas son iguales para cualquier tipo de fascismo o de regímenes que impiden la libertad o democracia, como el comunismo. Además, este discurso se puede aplicar a las consecuencias de la globalización económica de nuestros días, que aumenta los márgenes de pobreza y la diferencia entre los dos mundos. «La avaricia nos ha envenenado. Hemos aumentado la velocidad. Pero nos hemos encerrado nosotros mismos dentro de ella. La maquinaria que proporciona la abundancia nos ha dejado en la indigencia ética y moral y en la falta de valores que constituye la esencia del ser humano». Es la degradación dentro de la degradación. «Más que maquinaria necesitamos humanidad» y amor, sentimientos y convicciones, que en definitiva son los que integran el auténtico contenido de la humanidad.

Si te fijas, Baltasar, existe una aparente crítica al empleo de la inteligencia mercenaria, pero a la vez un canto a la educación y al aprendizaje de aquellos valores como contrapeso a la violencia. La paz es ausencia de guerra, pero a la vez puede ser muchas cosas más como concepto integral basado en la libertad y la democracia: «¡Alza los ojos, Hannah! El sol se está abriendo paso a través de ellas» (las nubes son el fascismo, el sol y la luz son equivalentes a aquellos dos valores). «Estamos saliendo de la oscuridad y penetrando en la luz. ¡Vuela hacia la luz de la esperanza!», es decir, huye del huevo de la serpiente del fascismo, de la intolerancia, del racismo, del odio o de la incomprensión que son la «libertad» del dictador. «Los dictadores se dan libertad a sí mismos, pero esclavizan a su pueblo.» Es decir, no existe ni ha existido ni existirá un régimen de represión que garantice un mínimo de libertad porque ésta se halla secuestrada desde el principio.

Libertad, democracia, dignidad, trabajo y seguridad: «Prometiéndonos todo esto las bestias han subido al poder». Hay una crítica al uso torcido del poder, a la política perversa y demasiado frecuente en contra del ciudadano que utiliza a éste como mero instrumento para alcanzar el poder y usarlo en beneficio propio.

En todo este discurso se aprecia la defensa de la primacía del hombre y su libertad sobre la tecnología y su uso utilitarista. El progreso humano, el verdadero, es contrario a toda suerte de fascismo o represión. Los dictadores se apoyan en la incultura, la ignorancia, la miseria, la humillación del pueblo; en la sumisión y no en el debate, en la imposición y no en el convencimiento. Por eso dice el barbero: «La desgracia que nos ha caído encima no es más que el poso de la avaricia, la amargura de los hombres, que toman el camino del progreso humano. El odio de los hombres pasará, y los dictadores morirán, y el poder que arrebataron al pueblo volverá al pueblo. Y mientras los hombres mueren, la libertad no perecerá jamás».

Por supuesto, existe la apelación a que, incluso en el curso de una guerra, hay valores que deben ser respetados, que no pueden imponerse coactivamente a los inferiores órdenes injustas. Se observa aquí un canto al pacifismo y un repudio firme y decidido al principio de la denominada obediencia debida. Nadie puede ser compelido a cumplir órdenes injustas: «¡Soldados! ¡No os entreguéis a esos hombres desnaturalizados, a esos hombres máquina con inteligencia y corazones de máquina! ¡Vosotros no sois máquinas! ¡Sois hombres! ¡Soldados, no luchéis por la esclavitud! ¡Luchad por la libertad!». Y habría que decir por la justicia. Hoy, y al hilo de las torturas infligidas por miembros de los ejércitos británico y norteamericano sobre presos iraquíes, la cuestión de la obediencia debida ante órdenes ilegales, si se produjeron, se ha suscitado de nuevo, lo cual resalta la actualidad del discurso de Chaplin.

Por último hay una llamada al universalismo, a la fuerza de la comunidad internacional para proteger a las víctimas y luchar contra los dictadores. Es la fuerza de la ley y del derecho frente a la guerra y la barbarie: «Por tanto, en nombre de la democracia, empleemos ese poder uniéndonos todos. Lucharemos por un mundo nuevo, por un mundo digno. Por la esperanza, sobre todo la esperanza».

Me viene de nuevo a la memoria el caso GAL: Amedo, Domínguez, Vera, Sancristóbal, Barrionuevo, la «X» y tantos otros nombres que todavía quedan por descubrir y que probablemente nunca se descubrirán. Se ha escrito tanto sobre el contraterrorismo español frente a ETA que estas reflexiones no añadirán nada a la historia de los hechos ya conocida, contada y comentada.

Sólo diré que mentiría si afirmara que éste fue un caso más. No, no lo fue. En ningún otro he recibido tantas presiones externas e internas como en éste, en todos los ámbitos y sentidos. Aquellos que querían que el tema se silenciara no ahorraron esfuerzos para que se echara tierra al asunto.

Recuerdo que cuando solicité el Juzgado Central de Instrucción n.º 5 me cercioré de que el asunto no estaba ya en el juzgado, lo que me tranquilizó. La verdad es que no auguraba demasiado éxito a la devolución del sumario. Pensaba que la Sección Tercera de la Audiencia Nacional no revocaría la conclusión de las diligencias decididas por el juez Francisco Castro Meije, mi antecesor.

Lo cierto es que llegué al juzgado y tuve que enfrentarme al hecho incontrovertible de que la causa había sido devuelta, estaba allí y había que tramitarla. Empleando un símil taurino, el toro ya estaba en la plaza y había que lidiarlo con temple, pero con decisión y sin dar ni un solo paso atrás. La duda en este tipo de asuntos puede resultar decisiva para su evolución.

Como en los demás supuestos, estudié el caso, y rápidamente me di cuenta de que era de una complejidad muy elevada porque afectaba a una institución del Estado como es el Ministerio del Interior y podría tener implicaciones o ramificaciones en otros servicios o instituciones. En definitiva, me enfrentaba a una situación absolutamente nueva, oscura y esquiva. Me sentí muy desamparado. Ninguno de mis compañeros dio la cara por mí ni me animaba; en aquella primera parte de la investigación todo eran largas. Al mismo tiempo, la policía, supongo que por orden del entonces secretario de Estado de Seguridad, Rafael Vera, no prestaba colaboración alguna en la investigación. De modo que así empecé.

Después de leer la documentación, resultó claro que las personas inicialmente imputadas no eran las únicas, ni siquiera las más importantes. De ahí la decisión de que la investigación apuntara desde el comienzo a los que realmente habían dado las órdenes. No olvides la máxima que antes te comenté: iniciado un asunto debes procurar llegar hasta el final, sin importar quién está detrás de la trama, aunque seas consciente de que eso puede costarte bastante caro.

Debo decirte que el único tiempo que tuve tranquilidad en la instrucción de esta causa fue al comienzo, cuando los medios de comunicación no sabían o todavía no intuían la importancia del asunto. Mi experiencia en estos casos era cero. Incluso cuando pedí información sobre los fondos reservados. Supe de su existencia por la mención que hizo de ellos el entonces director general de la Policía, José María Rodríguez Colorado, hoy día condenado, al igual que Rafael Vera y otros, por el uso ilegal de éstos. A partir de ahí, aunque con precaución, se despertó mi interés investigador. Algo se ocultaba detrás de aquella actividad y pedí más datos, ahora sí centrando mis esfuerzos en esta parcela. En todo caso, no se produjo demasiado revuelo.

Mayor fue el escándalo cuando el ministro de turno, José Barrionuevo, prohibió a sus subordinados que contestaran sobre los fondos secretos. El Consejo de Ministros ratificó que esa información estaba clasificada como secreta. Esto eran palabras mayores; por primera vez sentía en mi propia carne la agresividad del poder: no hubo mediadores, ni preaviso. Era el Consejo de Ministros contra la decisión de un juez de instrucción. El primer conflicto real entre poderes que sufría, de los muchos que he vivido a lo largo de mi carrera. Parecía como si la puerta se hubiera abierto a la bestia, y ésta dijo: «¡Ya está bien! ¡Se acabó! ¡Esto no se puede aguantar! ¿Quién es el mequetrefe que se atreve a perturbar la sagrada paz de los *arcana imperii*?». Los mensajes de advertencia comenzaron a llegar y, sobre todo, empecé a descubrir lo que puede ser el inicio de la presión mediática, la manipulación informativa unas veces al servicio del poder y otras a favor de otros intereses. Pero también el beneficio que todos podemos obtener de una prensa libre en un país democrático y de la valía de un ramillete de periodistas que supo desarrollar un trabajo serio y fundado que ayudó en un sentido amplio en las investigaciones; aunque a veces para mí era como una carrera contrarreloj, porque los periodistas sabían más que el juez.

Con todo, comprobé que ciertos asuntos complejos y difíciles como el de los GAL era casi imposible que se aclararan sin esa trascendencia y presión mediática. Después ocurriría con otros muchos casos en España: Filesa, Roldán, Conde, KIO, Argentina, Chile, fondos reservados, ETA.

Se iniciaba así una relación de amor-odio con la prensa que, como la ley del péndulo, nos ha llevado a tiempos de clara empatía, pero también a momentos de enfrentamiento y mal genio por mi parte, debido a la tensión que me producían y me producen las filtraciones de datos y aspectos clave de las investigaciones por unos y por otros.

Puedo decir, con toda la tranquilidad, que durante los diecisiete años que llevo en la Audiencia Nacional jamás desvelé un dato sumarial ni di una exclusiva a periodista alguno. Tampoco favorecí a un medio u otro. Al contrario, he sufrido las consecuencias de no haberlo hecho. Por razones que se me escapan, pero que guardan estrecha relación con la mezquindad de algunos sujetos vinculados a medios de comunicación, he sufrido las acusaciones de filtrar noticias a la prensa. Incluso he sido denunciado ante el Consejo General del Poder Judicial y me han interpuesto querellas en la Sala Penal del Tribunal Supremo. Buscaban eliminarme profesionalmente.

Cualquier periodista podrá decir que, salvo momentos excepcionales en los que mi mal humor ha superado a la educación mínima que se nos exige y salvo las broncas en los pasillos de la Audiencia Nacional —que eran una especie de desahogo para mis preocupaciones—, la puerta de mi despacho siempre ha estado abierta para hablar, explicar y ayudar a los medios que realizan su trabajo en unas condiciones deprimentes. Lo cierto es que es necesario regular las relaciones de la prensa con la judicatura para que se establezcan los límites de la información cuando se practica una investigación.

Sé que en ese momento es cuando la noticia tiene el interés lozano y fresco para el ciudadano y que el periódico quiere contar lo que otros no han hecho, aquello que está detrás, y hacerlo en forma agresiva, atrevida, para que la noticia sea más atractiva. Y también sé que los jefes de redacción y directores de los medios exigen más a los que están a pie de obra, y que incluso cuando la información no es tan fuerte como se esperaba, se coloca un buen titular y se acaba la historia. Pero también sé que el juez tiene la obligación, no sólo de preservar el secreto de la causa, sino incluso la integridad de ésta y el principio de presunción de inocencia de los imputados.

Un sumario es como un organismo vivo: va creciendo y se va formando poco a poco a base de indicios, de datos provisionales, parciales, incompletos, de elementos que apoyan u obligan a desechar directa o indirectamente una línea de investigación que puede cambiar en un momento determinado. Todo esto importa poco a muchos profesionales de la información. Una persona que pasa por el juzgado y a la que se le llama como imputada para proteger sus derechos se convierte en una persona estigmatizada, marcada, a la que, en función de la trascendencia del asunto, se le hará objeto de un juicio paralelo del que difícilmente se recuperará con posterioridad. Es muy difícil que se rectifique una información y mucho más que el periódico modifique su línea editorial. En algunos casos, la campaña contra personas concretas o a favor de éstas ha sido paradigmática, atávica, cruel hasta el final.

Podría reflexionar mucho más sobre todo esto, pero sólo lo he traído a colación para expresarte la necesidad de que esta materia se regule más allá de la denominada deontología del periodista y la buena voluntad del juez. No se trata de censurar, sino de saber qué se puede contar y qué se debe preservar en una investigación sumarial; quién tiene que valorar la trascendencia de los datos y la relevancia de aquélla; los límites que los funcionarios públicos tienen en este ámbito, no sólo para hablar sino para defenderse. ¡Cuántas veces las imputaciones de filtraciones a la prensa se hubieran paralizado de inmediato con la simple comparecencia del juez explicando los hechos!

En mi caso, en muy contadas ocasiones he podido hacerlo, pero no he dudado en dar explicaciones en situaciones límite y cuando la información era paladinamente falsa y manipulada. Si no he acudido –sólo una vez lo hice– en más ocasiones a los tribunales ha sido porque desconfiaba de mis propios compañeros. No estaba muy seguro de que fueran capaces de enfrentarse a eventuales campañas de presión mediática, con lo que estoy afirmando que esa circunstancia se ha producido. Hay expertos en la coacción y extorsión mediática que utilizan la profesión de periodista como mercenarios o para obtener ventajas del poder político. Son falsos profesionales, cuya ética profesional es similar a la de los capos mafiosos. Además, era consciente de que en muchas ocasiones los ataques eran parte de una estrategia de provocación de los propios afectados con el fin de inutilizarme como instructor. En varias ocasiones, lo más que hice fue pedir amparo al Consejo General del Poder Judicial. La primera en 1988 con muy poquito éxito –en el caso GAL–, después de que miembros del propio Consejo me sugirieran que lo hiciera. La segunda fue –también en el caso GAL– en enero de 1995 y aquí sí tuve éxito. También acudí durante la instrucción contra el entramado de ETA para defenderme de las críticas de ciertos políticos nacionalistas vascos y recibí el amparo.

Las noticias interrumpen mis recuerdos. Mariano Rajoy ha solicitado que se constituya una comisión de investigación sobre lo ocurrido el 11 de marzo y en los días posteriores. Nuestros políticos no saben qué hacer para enredar más las cosas. Una vez más la decisión de constituir una comisión de investigación, que es bueno que se haga, parece que la marca determinada persona, aprendiz de Rasputín, y otros congéneres de cuya ética no es que dude, sino que no tengo duda de su inexistencia. Me refiero a esa persona, o a señores como Federico Jiménez Losantos, Jesús Cacho y otros de igual calaña, de los que nunca se sabrá todo lo necesario para hacerse una idea clara del retorcimiento de los pensamientos, actitudes y fines venales que los guían en todos y cada uno de sus actos. Alguien podrá decir que opino así porque me atacan siempre que pueden, pero no es por eso. No ofende quien quiere sino quien puede, y éstos dejaron de hacerlo hace tiempo. Creo sinceramente que han hecho y hacen mucho daño a la democracia y que siempre han estado movidos por el resentimiento, el odio e intereses espurios. No les conozco ni una sola acción que pueda considerarse buena ni alcanzo a comprender qué encuentran en ellos algunos líderes políticos para someterse a su influjo; aunque afortunadamente no lo han hecho todos.

Antes o después tendrán que rendir cuentas de sus tropelías. No por tener un micrófono se puede atacar impunemente en nombre de una libertad y una ética que ellos prostituyen día tras día con la mentira y la maldad. Aviso a navegantes, presidente del gobierno.

Pues sí, está bien que se haya formado la comisión de investigación, pero siempre que sea para que de ella surja la verdad y la policía pueda contar cómo sucedieron las cosas y si desde Moncloa hubo directrices concretas para que la noticia sobre la posible autoría integrista de los atentados se retrasara lo más posible a fin de que no influyera negativamente en los resultados electorales. Y también lo que pasó en el seno del Partido Popular. Por mi parte, cuando concurrí a la comisión hice una valoración sobre el despiste anterior a los atentados, la despreocupación existente por el tema integrista, la descoordinación de los diferentes servicios, y el escaso número de efectivos con el que se contaba para desarrollar las investigaciones; la falta de policías especializados, traductores y demás instrumentos necesarios; la indiferencia de los propios miembros de la judicatura y la fiscalía. Pero éste será un tema sobre el que te hablaré otro día.

Considero que una comisión de investigación parlamentaria tiene que marcar perfectamente su campo de actuación en relación con la investigación judicial para que no se entrecrucen ni solapen, como ha sucedido, ámbitos que ni tienen la misma naturaleza jurídica ni persiguen la misma finalidad. Dicho esto, siempre he afirmado que la exigencia de responsabilidad política es compatible, al margen de la responsabilidad penal que se pueda exigir. Desgraciadamente, finalizados los trabajos de la Comisión no sabemos si todos han actuado de buena fe, o por el contrario, algunos, siguiendo las directrices de aquellos «ilustres» periodistas, medios, o estructuras partidistas han buscado insistentemente la deformación de la realidad, confundiendo a la sociedad y despreciando a las propias víctimas.

Baltasar, continúo esta larga carta. He estado hablando con mamá y luego escribiendo algunas notas de urgencia sobre un tema de actualidad que ya te comenté.

Estábamos en 1988 y las primeras cortapisas a la investigación del caso GAL. Por aquellas fechas ocurrieron hechos suficientemente conocidos, aunque para que te hagas una idea del objeto de la investigación, te diré que se trataba de una organización formada o impulsada desde las mismas estructuras del Ministerio del Interior, dirigida por algunos responsables políticos, públicos y policiales desde España y compuesta por hampones, delincuentes comunes, antiguos miembros de la OAS y de la extrema derecha, que funcionaban en células autónomas, sin relación aparente entre ellas y conectadas por arriba, en función del responsable del que se trataba. Estos grupos actuaron en el sur de Francia entre 1983 y 1987 y asesinaron a una treintena de personas por su supuesta vinculación con la organización terrorista ETA. Los primeros imputados españoles que aparecieron fueron dos inspectores de policía, José Amedo y Michel Domínguez, cuya orden de prisión firmé el 13 de julio de 1988. También propuse su procesamiento a la Sala de lo Penal unos días después. En aquella época, el juez de instrucción no podía procesar a funcionarios de policía por delitos cometidos en el ejercicio de su cargo. Por eso elevé un informe a la sala en julio de ese año en el que detallaba los indicios y extendía la investigación a responsables de rango superior, que al ser desconocidos, identifiqué con una «X». ¡Los ríos de tinta que ha hecho correr esa famosa letra! Los medios de comunicación pensaron de forma arbitraria que tras ella se escondía Felipe González, entonces presidente del gobierno. Una acusación que nunca he realizado porque ignoro su participación. En julio de 1995 elevé al Tribunal Supremo la causa de Segundo Marey, un ciudadano francés secuestrado «por error» por los GAL en diciembre de 1983, y me limité a exponer los datos que podían avalar la relación de González con los hechos. Esa pretensión fue rechazada por la Sala Segunda del Tribunal Supremo. En noviembre de 1999, lo hice por segunda vez, en el caso Oñaederra, el primero de los asesinatos reivindicados por los GAL en diciembre de 1983 y en relación con los denominados «papeles del CESID», unos documentos clasificados como secretos, que aparecieron con posterioridad a la incoación de la causa por el Tribunal Supremo y que no pudieron incorporarse porque estaban clasificados. A pesar de ello, en el sumario que yo tramitaba exigí conocerlos y, tras un conflicto jurisdiccional que ganó el Ministerio de Defensa, la Sala de lo Contencioso del Tribunal Supremo ordenó su desclasificación en 1996. Sinceramente, creo que aunque la Sala de lo Penal de ese tribunal dijo que ya había valorado aquellos documentos en el caso Segundo Marey en 1995, no fue así, ya que en ningún momento el presidente González compareció como imputado —condición que no llegó a plantearse, ya que la junta de fiscales de Sala decidió no solicitarlo—, sino como testigo. Y en esta posición no podía ser objeto de acusación. De donde se infiere que esos documentos, en aquel momento no desclasificados, no pudieron ser tenidos en cuenta. Así se comprueba con la lectura de la sentencia del caso Marey. Honestamente, pienso que nunca se valoraron en sede judicial diferente a la del Juzgado Central n.º 5 de la Audiencia Nacional.

En cierto sentido, el juicio sobre los «papeles del CESID» se hizo en los medios de comunicación, lo que confundió y distorsionó la cuestión. Finalmente influyó en que todos o casi todos tuvieran la sensación de que ya era un tema visto y estudiado, incluso por el Tribunal Supremo, y realmente insisto en que no lo fue. Así se escribe la historia. Después, en el aspecto positivo, la doctrina de esta resolución por la que se rechazó por segunda vez la imputación del ex presidente ha sido útil para avanzar en las investigaciones de los aforados, ya que autoriza al juez de instrucción para que busque los indicios que les afectan antes de elevar la exposición razonada al tribunal competente para que decida. Sin duda es un criterio más racional que el anterior, que imposibilitaba continuar la investigación. Por supuesto, no entro en el debate de la responsabilidad política del presidente del gobierno y de aquello que no hizo y debió hacer, porque creo que ésta es una cuestión bastante clara.

Te hablaba antes de los problemas que surgieron con la clasificación como secreto oficial de todo lo relacionado con los fondos reservados. A partir de ese momento, en junio de 1988, comienza una polémica judicial que no concluyó hasta 1995.

El conflicto habría que enmarcarlo en el contexto más amplio de los límites de la seguridad del Estado, de la defensa nacional o de la seguridad nacional, frente a la acción judicial en el marco de una investigación por delito grave. Te preguntarás, entonces, ¿qué es la razón de Estado? Desde luego no debería ser la que un gobierno utiliza para, con engaño y apariencia de utilidad, conservar el poder y protegerse a sí mismo frente a los intereses de sus propios ciudadanos, que pasan a estar en un segundo plano, porque de esta forma olvida lo que constituye la propia esencia y legitimidad de su poder, que no es otra cosa que la defensa de los valores y derechos fundamentales de los ciudadanos, evitando que les secuestren, les maten o violen su intimidad o el secreto de sus comunicaciones.

La cuestión es más grave cuando es ese mismo poder ejecutivo el que patrocina en algún momento esas actividades a todas luces ilícitas. En efecto, mal pueden defenderse, so pretexto de la seguridad nacional, agresiones a la vida, a la libertad o a la intimidad y secreto de las comunicaciones. Sólo te diré, sin perjuicio de desgranar en otro momento la cuestión, que en 1995, además de los GAL, uno de los escándalos que vieron la luz en España fue el de las escuchas telefónicas que el CESID (Centro Superior de Información de la Defensa) había realizado durante años sobre políticos, empresarios, el jefe del Estado o meros ciudadanos, pretextando la aleatoriedad de las grabaciones al controlar el espacio radioeléctrico. Debe anotarse ahora que la sentencia condenatoria ha sido anulada. Por supuesto que ha quedado sin explicar la razón última de esas escuchas que, desde mi punto de vista, era el control antidemocrático de ciertas instituciones y ciudadanos para conservar el poder.

También en España, como en muchos otros países, se ha pretendido aplicar los principios de la razón de Estado al fenómeno del terrorismo y a los métodos para combatirlo (terrorismo desde el Estado). Los que defienden esta opción parten de que el Estado, cuando sufre este fenómeno criminal, se encuentra siempre en una situación crítica y desesperada y por ello puede utilizar cualquier arma para defenderse. Sin embargo, parece claro que si esto se acepta se confunden las esferas de actuación legal e ilegal en una sola, que se situará siempre bajo la rúbrica de la necesidad, amparando toda suerte de ilegalidades. Por otra parte, se aceptaría una dicotomía entre terrorismo bueno y terrorismo malo, entendiendo por aquél el que se patrocina desde las esferas del poder para eliminar a los que practican el segundo. Con ello desaparece cualquier límite a la voluntad del gobernante y estamos sometidos a las mayores arbitrariedades.

Desde mi punto de vista, querido Baltasar, antes de la actual actitud de Estados Unidos, Rusia o Israel, había dos modelos clásicos para afrontar el problema de la violencia institucional y su justificación: el modelo argentino (también puede extenderse al chileno) y el modelo italiano.

En primer lugar, en Argentina, entre los años 1976 y 1983, sin procesamiento, juicio ni sentencia, sin defensa posible y prescindiendo de todo tipo de normas legales, se eliminó a miles de ciudadanos en lo que, en palabras de Ernesto Sábato, constituyó «la más grande y terrible tragedia de la historia del país». La malvada razón de Estado, apoyada en los métodos «manos sucias», pretendió acabar con los supuestos «ataques a las instituciones», los «ataques subversivos», «los que desestabilizaban el *establishment*», cuando, en realidad, lo que se ocultaba tras el telón de aquella razón de Estado era la perversión o degeneración del poder en manos de gobernantes corruptos que practicaron el genocidio, la tortura, la desaparición de personas y el terrorismo para eliminar cualquier forma de contestación u oposición.

Posteriormente surgiría otra nueva razón de Estado, igualmente malvada, esta vez en forma de leyes aprobadas por el Parlamento, coaccionado por la presión de determinados responsables militares, que vieron la luz el 24 de diciembre de 1986 y el 8 de junio de 1987 y que son conocidas como las leyes de Punto Final y de Obediencia Debida, respectivamente. Con ellas se trató de ocultar, junto a los decretos de indulto de Carlos Menem, la ominosa realidad que aún hoy sigue denunciándose y que al menos finalizó con la declaración de nulidad de esas leyes en el verano de 2003, gracias a iniciativas judiciales previas que así las declararon y que aún penden de la decisión de la Corte Suprema.

El ejemplo argentino y el chileno quizá sean los más graves, pero no son los únicos en la época reciente; con relativa frecuencia se constatan ejemplos en otros países de Latinoamérica, África (Argelia y Libia), Asia (Israel, China) y con menor incidencia, pero similar gravedad cualitativa, en otros países de Europa como Alemania, Francia, España, Inglaterra o Turquía, entre otros.

Como respuesta a esta forma de entender la razón de Estado existe otro modelo que parte de la tesis opuesta, apoyándose en la razón democrática de los ciudadanos como la única que otorga legitimidad al poder; es el modelo que he llamado italiano. Las Brigadas Rojas habían secuestrado en 1978 a Aldo Moro. Un agente antiterrorista pidió autorización al general Dalla Chiesa, máximo responsable policial, para torturar a un detenido de esa organización y descubrir así el lugar donde los terroristas tenían oculto al secuestrado. Dalla Chiesa, a la sazón jefe del mando único antiterrorista, dijo: «Italia puede permitirse perder a Aldo Moro [como aconteció]; no, en cambio, implantar la tortura». De esta forma, rechazando la mala razón de Estado que aconsejaba la práctica de la tortura, se optó por cumplir con las exigencias del Estado democrático y de derecho; triunfó la recta razón e Italia consiguió vencer a las Brigadas Rojas sin torturas, asesinatos o secuestros; con las únicas armas que otorga la legalidad constitucional.

Ante esta disyuntiva, parece lógico pensar que cualquier persona razonable que vive en el marco de un Estado democrático debería elegir el segundo modelo. Pero, a pesar de lo cruel y abominable que es el primer planteamiento, pueden encontrarse, y de hecho se encuentran, quienes comprenden la razón de Estado y de esta forma participan de hecho en el soporte de esa conducta. Se acudirá nuevamente a las nociones de estado de necesidad, excepcionalidad, etc., para justificar actuaciones ilícitas en el uso de la violencia estatal, otorgando de esa forma una justificación o una causa a los que carecían de ella.

En España, por triste que pueda resultar la constatación, lo cierto es que los GAL contaron y es posible que lo sigan haciendo, con un amplio respaldo social. Y ello no sólo es lamentable porque puso en cuestión los principios sobre los que se levanta la democracia, prueba incontestable de lo poco sólidos que eran sus cimientos, sino también, y sobre todo, por las consecuencias perniciosas que ha comportado en la lucha contra ETA: nada favoreció a la postre ni legitimó tanto la violencia etarra como el que se defendiera o de alguna manera se encubriera la violencia de signo contrario que supusieron los GAL. No entender esto así es no querer darse cuenta de una realidad que permaneció hasta el momento en que se sancionaron las conductas ilícitas que se cometieron. Sólo entonces el Estado, ausente ya de responsabilidades, ha podido exigir, sin tener que volver la cara frente a los violentos, las responsabilidades a los terroristas. La opción contraria suponía estar siempre en manos de los que produjeron el daño. El filósofo cordobés Séneca lo decía hace miles de años en su *Ensayo sobre la clemencia*: «Lo peor del encubrimiento es que hay que proseguir siempre y que no es posible dar marcha atrás, porque los crímenes han de taparse con nuevos crímenes».

Otra de las manifestaciones, que en España se hizo clásica en poco tiempo, de la razón de Estado en su modalidad de seguridad del Estado, fue la referida a la «necesidad» de falta de control del uso de los llamados «fondos reservados», especialmente los que disponía el Ministerio del Interior, so pretexto de la dificultad de su vigilancia y la especificidad de su destino. Posteriormente se comprobó que bajo esa supuesta necesidad y gracias a la falta de control se produjo una malversación masiva de fondos públicos que fue a engrosar fortunas personales, pagó silencios y servicios prestados, satisfizo gratificaciones, financió delitos y a veces, sólo a veces, potenció la seguridad y la lucha contra el terrorismo y la criminalidad organizada, únicas finalidades lícitas para las que se pensaron. Sólo desde una concepción patrimonialista del poder, en la que el gobernante ha pasado de ser un servidor público a propietario del mismo con vocación de permanencia, se puede pretender la falta de responsabilidad penal y política por este tipo de actos y aspirar a hurtar los actos de las administraciones públicas al control de los jueces, con la peregrina argumentación de que la legitimidad derivada de las urnas exime de toda responsabilidad. Con ello se pretende una nueva revitalización de la teoría de los «actos políticos del gobierno» tan querida por los regímenes autoritarios. No cabe duda de que éste era un camino perverso y que no pretendía sino conseguir la pura y simple impunidad frente a las actuaciones del poder judicial. Afortunadamente conseguimos que fuera abandonado y que los culpables pagaran su deuda con la sociedad.

Las investigaciones sobre los GAL continuaron, el asesinato de García Goena –último reivindicado por aquéllos– quedó sin resolver después de la absolución de Amedo y Domínguez y la ausencia de pruebas posteriores para los nuevos imputados. Igual suerte han tenido los asesinatos de Mon Bar y la mayoría de los asesinatos reivindicados por los GAL. Al menos en la trama española. Pero en todo caso, la investigación judicial y el enjuiciamiento de estos crímenes se ha llevado hasta las últimas consecuencias. Fueron condenados un ex ministro de Interior, José Barrionuevo, y dos ex directores de la Seguridad del Estado, Julián Sancristóbal y Rafael Vera, ex gobernadores civiles, mandos policiales, un general de la Guardia Civil y otros agentes de ese cuerpo (caso Lasa y Zabala). De modo que puedo decir que España, después de 1988, es un ejemplo en el ámbito judicial de cómo debe abordarse la lucha contra el terrorismo desde la legalidad, con estricta sujeción a las normas que garantizan y dan vida al Estado de derecho; con ello la democracia se ha hecho más fuerte y de alguna forma se ha vuelto a la aplicación de la buena razón de Estado, que no es otra que la razón democrática de los propios ciudadanos.

El caso GAL dejó secuelas muy graves en toda nuestra familia, sobre todo en la segunda fase, en los años 1994-1995. Sólo gracias a la unidad que demostramos y a la valentía que ejercimos unidos como una piña, desde la pequeñita Aurora, tú, María y mamá, conseguimos salir adelante. Fue mucha la presión, pero la verdad se impuso al final y el tiempo ha ido colocando a cada uno en su lugar. También tengo que decir que gracias a que nuestros amigos de siempre, los únicos, los verdaderos, los que todavía permanecen, pudimos aguantar esa tensión psicológica que tantas veces estuvo a punto de noquearme.

Pero jamás perdí la calma, jamás utilicé a nadie para un fin utilitarista. Quizá di acogida a personas que sólo buscaban mi amistad por interés y luego fallaron. Aunque esta gente no son amigos, sino coyunturales compañeros de viaje.

Procedemos de una tierra andaluza, noble y sencilla que cuando ofrece algo, lo hace de verdad. Eso es lo que sucedió en aquel entonces. Nunca enfoqué la amistad como un negocio. Para mí decir amigo es algo sagrado, casi sublime. He tenido la gran suerte de que, lo mismo que existen algunos, o muchos, que me odian –sentimiento con el que no les correspondo–, hay muchísimos más que me quieren y siempre han estado dispuestos a ayudarme. Quizá sea porque en mi forma de actuar no ven doblez. Desde luego es así, y lo saben los que me conocen. Lo que sucede es que hay muchos que se proclaman amigos de todo el que está en lo alto en un momento determinado, que precisamente son los que luego te denostan cuando caes en desgracia, tienes un problema o te equivocas. Han sido muchos los silencios que he tenido que sufrir de compañeros y supuestos amigos en momentos clave de mi vida profesional. Pero no merece la pena darle vueltas.

Balti, nadie está libre de que lo encasillen, de que le pongan una especie de marca o de que le adjetiven. A los medios de comunicación les gusta mucho eso. Lo mismo te declaran héroe que villano. Recuerdo una entrevista en *El*

País, cuando pasé a la política, que se tituló «Ni antes era Dios ni ahora el diablo». Y es que la sociedad o aquellos que la conducen son así. Te marcan una pauta y actúas; te dicen cuál es la moda y te visten; te dicen qué restaurante o discoteca está a la última y poco importa que ni ésos sean tus gustos, ni que te apetezca ir o no, pero vas. Son las normas de la tribu, son las costumbres sociales que hay que «cumplir», en forma mecánica, amorfa e insípida. Por eso, cuando alguien se sale del molde y marcha a contracorriente en principio sorprende, incluso molesta, y luego se le presta atención, porque demuestra que se puede rebelar contra lo establecido, contra lo impuesto. A partir de ahí surgen los detractores, los que te apoyan y los que te critican. «¡Éste busca algo!» «¿Por qué lo hará?» «Seguro que le han ofrecido algo», dicen. A otros les perturba porque descubres sus miserias, su vagancia o sus delitos. Por eso intentan destruirte. En definitiva, atraes la atención y a partir de ahí te conviertes o te convierten en «estrella», «vedette», «protagonista», «mediático», «polémico», «controvertido». Es decir, en alguien que actúa a impulsos de popularidad, o de encuesta, en alguien que delinque, prevarica, miente o conspira por mantenerse en alza, para que le reconozcan o le premien. En fin, en un monstruo, sólo que para algunos es un monstruo bueno y para otros malo, pero siempre monstruo. Sin embargo, muy pocos piensan y aceptan, hasta tal punto ha llegado la degradación humana, que se trata de un profesional que se cree aquello que hace, que procura hacerlo bien y prestar un servicio público para el que le pagan, que no busca otra cosa ni prebenda que su propio trabajo. En definitiva, hacer aquello que debería ser normal para todos y que tan bien plasmara, ya hace años, Adolfo Suárez: elevar a la categoría de normal lo que es normal.

Querido hijo, trabajar no es nada extraordinario, es una obligación y también un privilegio, porque hay muchos que no lo pueden hacer. Y si esto es así, ¿qué esfuerzo añadido cuesta hacer las cosas bien? No demasiado. Lo que sucede es que los niveles de compromiso y responsabilidad han bajado muchos enteros, y pasar inadvertido, no por prudencia sino por vagancia, es muy habitual.

Recuerdo que cuando entré en la actividad política, casi todos los ilustres periodistas, columnistas y creadores de opinión, más los políticos de signo contrario, y por inercia la gente sencilla, aunque en este caso reconocían mis méritos, me llamaron de todo. Algunos me privaron hasta del derecho de existir porque no opté por la opción ideológica en la que militaban o de la que dependían o porque alguien que no estaba debidamente programado rompía la rutina de las elecciones y la distribución de roles que cada uno había hecho. Sin excepción, cada uno de estos «grandes hombres y mujeres» comenzaron a desgranar los cargos que iba a ocupar.

Lo que sucede es que hay muchas personas que no aceptan que seas tú mismo, que tu vaso puede que sea pequeño pero que en él sólo bebes tú, que te marques tu meta según tus prioridades, que tengas el pernicioso virus de la independencia, y por ello que seas como un grano en «el culo», que a todo el mundo molesta.

Creo que ésta debe ser tu actitud y la de tantos jóvenes que, como tú, comenzáis la vida universitaria o de trabajo en una situación muy diferente a la que yo inicié. Pero no tan distinta. La independencia de criterio, la personalidad y la fuerza de tus convicciones no deben abandonarte nunca. Militar en un partido, en una organización, integrarte en un colectivo no significa claudicar de aquellos principios sino reforzarlos.

Desde luego eso te traerá problemas, pero también muchas alegrías y la satisfacción de que estás haciendo algo que merece la pena.

No te niego que a veces agrada que valoren tu trabajo, incluso lo necesitas, como esa mano amiga o esa caricia de los seres queridos que te saca de la sordidez en la que muchas veces te aíslas por tu trabajo o la tensión de los acontecimientos, pero me repugnan profundamente la adulación y los aduladores.

Cuando me han invitado a algún acto oficial o me han concedido algún premio, siempre me he planteado si un juez debería ir o aceptar, tras hacer la correspondiente discriminación de lugares, actos y premios. Y he llegado a la conclusión de que era conveniente participar en este tipo de iniciativas porque en cierta forma contribuyen a desmitificar la figura del juez, y te aproximan a la gente normal y a las organizaciones ciudadanas. No sólo son respetables los galardones oficiales o los premios «nobeles», sino también aquellos que reconocen el trabajo que haces. Es cierto que debes estar muy despierto y tener las antenas muy conectadas para no caer en la trampa de la adulación y para no confundir lo que es una actividad social, externa a tu función de juez, con el ejercicio de esta profesión.

Así, querido hijo, transcurrieron los primeros años en la Audiencia Nacional. Pero no vayas a creer que durante todo este tiempo no hacíamos nada más; había muchos temas que abordar.

En 1989 comenzamos, después de una reflexión conjunta con el fiscal Javier Zaragoza y la Unidad Central de Estupefacientes, a aplicar las técnicas de investigación previstas en la Convención de Viena de 22 de diciembre de 1988, ratificada por España y que esencialmente se concretaba en las figuras de las entregas vigiladas de drogas, vigilancias electrónicas, abordaje de barcos, agentes encubiertos, arrepentidos, circulación controlada de dinero, activación de la cooperación internacional, participación de agentes policiales extranjeros en investigaciones españolas, traslados temporales de personas presas y colaboradores a otros países para actuar como testigos, protección de testigos y de los propios imputados que colaboran en los procesos. También potencié los llamados macroprocesos, una iniciativa que fue muy criticada porque se decía que ese tipo de instrucciones favorecían las absoluciones. Unas acusaciones que el tiempo ha demostrado que son gratuitas y que obedecían al desconocimiento o a la mala fe. En el primer macroproceso que se hizo en España –el de la Operación Nécora–, un 73 por ciento de los acusados fueron condenados. Por eso la sentencia no significó un fracaso para mí. Además sirvió para que se aprobaran nuevas leyes y aumentara la cooperación internacional.

De igual forma comencé a prestarle más atención, ya lo había hecho con la investigación de los GAL, al principio de justicia penal universal previsto en el artículo 23 de la Ley Orgánica del Poder Judicial, que tanto juego daría después en las investigaciones sobre los hechos delictivos acontecidos en Chile y Argentina en los años 1973 a 1990 y 1976 a 1983 respectivamente, que supusieron la eliminación física, la tortura y la desaparición de miles de personas, entre ellos muchos españoles, hijos y nietos de españoles que en su día se vieron obligados a emigrar a aquellos países hermanos en busca de un mundo mejor o huyendo del monstruo del fascismo que generó la Guerra Civil.

Para que tú lo entiendas e incluso puedas comentarlo con tus amigos de derecho, este principio significa que en los casos que enumera el citado artículo: terrorismo, genocidio, tortura, falsificación de moneda, corrupción de menores, prostitución… la justicia española –en este caso la Audiencia Nacional, si se produjeran los hechos fuera de España– podrá perseguirlos con independencia del lugar donde se hubieran cometido y de que existiesen o no víctimas españolas y los autores fueren o no españoles. Esta doctrina ha sido matizada posteriormente por el Tribunal Supremo en los casos de Guatemala y Argentina al exigir que las víctimas sean españolas, con el fin de impedir que la Audiencia Nacional se convierta en una especie de tribunal penal internacional.

Sin lugar a dudas, Baltasar, el precedente más importante en este ámbito y también uno de los más frustrantes para mí, fue el relacionado con la investigación del secuestro del transatlántico *Achille Lauro* por la organización terrorista palestina de Abu Abbas y sus implicaciones en España a través del ciudadano sirio, afincado en Marbella, Monzer al-Kassar que resultó absuelto de los cargos que se le formularon y de cuya investigación y enjuiciamiento por otros delitos relacionados nunca supe, después de que la Sección Tercera de la Sala de lo Penal de la Audiencia Nacional decidiera desmembrar el sumario inicial en tres diferentes. Pero, al margen de esta cuestión, ya zanjada por una sentencia absolutoria, única verdad procesal posible, lo que me interesaba contarte es que el Tribunal Supremo declaró competente a la jurisdicción de la Audiencia Nacional para juzgar un caso de secuestro de un buque italiano y el asesinato de un ciudadano estadounidense, en el golfo de Alejandría (Egipto), por una organización terrorista palestina y con armas adquiridas en Polonia, que habían circulado por España y llegaron a Italia, en donde se introdujeron en el interior del barco. Es decir, se trata de un caso claro de justicia penal universal. Esto sucedió en 1992.

Te voy a dejar ahora, es tardísimo, casi las cuatro de la madrugada. Está lloviendo. Estaba tan ensimismado que ni te oí llegar. Parece como si la puerta de cristales opacos de mi despacho fuera un muro de contención para todos vosotros. ¡Qué lejos están aquellos días en los que subíais a olisquear entre los libros o a oír música en el viejo equipo de 1982, año en el que naciste! Ahora, a esta hora de la madrugada del mes de mayo de 2004 siento el cansancio y la soledad que he padecido en tantas ocasiones. La incomprensión casi general de mis compañeros, que siempre han visto en mí un competidor por mi forma de actuar, a veces brusca, o por la envidia de los que anhelan disfrutar los placeres de tu posición, pero sin pagar el precio del esfuerzo diario. Aunque quizá la culpa haya sido mía por no abrirme más, por no participar en las actividades corporativas, o quizá sea la propia Audiencia Nacional la que te impone estas limitaciones. A veces parecemos extraterrestres de la justicia, que despertamos recelo por los temas, por los medios, por la protección o porque trabajamos en todo aquello que los ciudadanos no desean que exista: el terrorismo, el narcotráfico, la corrupción, los crímenes de lesa humanidad.

La Audiencia Nacional, en su Sección Penal, no ha estado exenta de polémica por su catalogación de tribunal especial o heredero del Tribunal de Orden Público, falsedad que todavía se reitera en algunos círculos políticos, mediáticos y jurídicos. También se dice que atenta contra el principio del juez natural. Sin embargo, este tribunal es un órgano judicial único en el mundo por sus características y, con los ajustes necesarios, es idóneo para afrontar la persecución y enjuiciamiento de los crímenes más graves y complejos que afectan a la sociedad moderna, en la que las fronteras han desaparecido, las personas circulan libremente, los capitales y economías están globalizados, las operaciones financieras se hacen en segundos y a miles de kilómetros, los sistemas de blanqueo de dinero están en manos del crimen organizado y la aparición de nuevos delitos y nuevas tecnologías hace que la criminalidad sea más rápida, más efectiva, más letal. Por eso no acabo de comprender en qué mundo viven y de qué garantías hablan los que defienden la desaparición de la Audiencia Nacional. Con el máximo respeto hacia los que así piensan, lo hacen de espaldas a la realidad político criminal, que busca espacios judiciales más amplios, convergencia de normas, es decir, medidas de alcance equivalente al progreso de la criminalidad organizada. No se trata de restringir competencias, sino de la necesidad de ampliarlas. El actual sistema judicial español, distribuido en juzgados de instrucción y audiencias provinciales, no es adecuado para abordar con eficacia la delincuencia organizada. Tampoco la Audiencia Nacional en su configuración actual, ya obsoleta y que necesita una reforma, pedida desde hace muchos años.

Una de las críticas más constantes que se han hecho a la existencia de la Audiencia Nacional es su competencia para la investigación y enjuiciamiento de las causas por terrorismo. En esta crítica influyen varios factores de tipo político, jurídico y sociológico, relacionados con un modelo concreto de terrorismo, el de ETA. Por una parte, desde una perspectiva política, constituye una reivindicación nacionalista, no sólo abertzale sino peneuvista en sentido amplio y de la izquierda, que la instancia judicial para perseguir el terrorismo sea la del lugar en el que se cometió el delito. De esta manera, y al ser el País Vasco el más afectado, se potencia la tendencia soberanista de estos grupos que pretenden regionalizar la administración de justicia. Una posición que, a mi juicio, sería absolutamente contraproducente para hacer frente a una modalidad criminal como el terrorismo que despliega su actividad no sólo en el País Vasco, sino también en el resto de España o fuera del territorio nacional. Es decir, se trata de una actividad criminal que se planea fuera y se ejecuta en múltiples lugares, y por ello no se puede, so pena de favorecer la estrategia de la propia organización terrorista, minimizarla o hacer una reducción al absurdo diciendo que el juez natural será el competente en detrimento del juez predeterminado por la ley. La coordinación frente a este tipo de delitos no sólo debe extenderse a los cuerpos policiales, incluidos los autonómicos, sino también a los judiciales. De ahí que el flujo de datos y de información debe concretarse en un solo órgano centralizado, en la fiscalía o en los juzgados centrales de instrucción de la Audiencia Nacional; sobre todo si tenemos en cuenta que también representa un papel absolutamente relevante la cooperación judicial internacional, en particular con Francia, donde la actividad antiterrorista está concentrada en la jurisdicción de unos jueces de instrucción y fiscales especializados con competencia en todo el territorio nacional.

El espectáculo mediático y político de estos días (mayo de 2004) es deprimente. Parece que algún director de periódico ha decidido dirigir la política de este país, y lo más grave es que los políticos le dejan. Me llenan de rabia e impotencia estas actitudes, preñadas de miedo a lo que pueden decir u opinar, a tomar decisiones, a la equivocación, a los «opinadores». Parece que España está viviendo a golpe de titular o de opinión en las tertulias. He de confesar que he desconectado desde hace tiempo de algunos «constructores» del edificio de la opinión pública y de la política parlamentaria o de gobierno, o incluso del ámbito judicial. Todo el mundo opina, todo el mundo construye medias verdades para hacer la bola más grande y conseguir que el circo siga funcionando; mientras tanto las fechas del calendario siguen cayendo. Esperemos que lo único que caiga sea esto.

La guerra de Irak, o la posguerra o como quiera llamársele, continúa produciendo noticias de muerte, frustración y ausencia de futuro. Mientras tanto, el escándalo de las torturas de soldados estadounidenses a presos iraquíes de la prisión de Abu Ghraib y su difusión en internet ha levantado ampollas en la administración norteamericana, hasta el punto de que el presidente Bush ha tenido que salir a la palestra para calificar los hechos como «prácticas odiosas» y que «sus autores no representan a Estados Unidos» y que serán juzgados. Pero no ha pedido perdón y tampoco nadie ha denunciado que esto sucede por orden de la administración que preside y por sus subordinados y que la violación de los derechos humanos de los detenidos en Irak, más de seis mil, Afganistán y Guantánamo, unos 580, se está produciendo desde hace mucho tiempo. Precisamente por esa relajación y falta de control es por lo que han ocurrido estos actos vergonzosos.

Esta noche he visto la rueda de prensa que George Bush ha dado junto al rey Abdallah de Jordania en la Casa Blanca, presentando excusas o disculpas por los actos de tortura cometidos por los soldados estadounidenses en Irak con presos de este país; la escena me ha parecido patética y sus palabras huecas, dichas por la fuerza de los acontecimientos y por la presión de los medios de comunicación y por los congresistas de su propio partido, pero no por propio convencimiento. En el fondo estoy seguro de que les da igual, como les es indiferente que hayan muerto miles de ciudadanos desde la invasión, o que lo hagan seiscientas personas en represalia por los asesinatos de varios agentes de seguridad de la empresa Blackwater Security en Nayaf.

Parece inverosímil que a estas alturas, 12 de mayo de 2004, no haya dimitido Rumsfeld ni lo hayan cesado. ¿Cómo es posible que eluda su responsabilidad, máxime si se tiene en cuenta que tales hechos le eran conocidos desde hace meses, y fue él el que fraguó el sistema de detención indefinida y sin acusación, juicio ni asistencia letrada, que precisamente es lo que ha propiciado estos actos? A ello habría que añadir las técnicas de tortura por presión autorizadas y desarrolladas por la CIA para los presos de Guantánamo. Ahora, en diciembre de 2004, ya han pasado las elecciones y Bush ha vuelto a ganar. Los civiles muertos en Irak superan los cien mil. En la campaña electoral norteamericana ningún candidato dijo nada sobre las torturas ni sobre Guantánamo, y Bin Laden participó en los actos electorales a través de un vídeo en perfecto estado de salud. ¿Y ahora qué?, ¿más sorpresas con la aparición de nuevas cárceles secretas de la CIA en Guantánamo?, ¿más muertos en represalias y actos terroristas e insurgentes en Irak?, ¿hasta cuándo?

Bien, Baltasar, continúo. El inicio de los años noventa en la Audiencia Nacional fue trepidante en acontecimientos judiciales por lo que a mí se refiere. Después de la terrible experiencia del asesinato de nuestra querida Carmen Tagle el 12 de septiembre de 1989 a manos de ETA y del intento contra el presidente de la Audiencia Nacional Fernando Mateo Lage y el fiscal Eduardo Fungairiño, las relaciones entre jueces y fiscales se estrecharon, éramos como una piña. Así nos protegíamos de lo externo. Recuerdo una anécdota relacionada con la prensa y la forma de abordar las noticias referidas a la Audiencia Nacional. Con ocasión del asesinato de Carmen Tagle se habló con los medios de comunicación para que no publicaran nuestras fotografías con el fin de no ponérselo fácil a los terroristas. El pacto duró apenas un mes. En cuanto surgió una buena noticia relacionada conmigo lo primero que hicieron fue identificarme en los titulares del periódico y colocar mi foto para dar ambientación al artículo. Ya ves lo que duró el idilio.

En 1990 la llamada Operación Nécora supuso la desarticulación de los clanes más importantes de Galicia relacionados con la cocaína y el hachís, en algunos casos. La investigación fue complicada, por la utilización del sistema de arrepentidos, como previamente se había hecho para desarticular las organizaciones de turcos instalados en la Costa del Sol. Lo cierto es que la investigación inicial concluyó y finalmente el 12 de junio de ese año se procedió, con presencia física en el lugar —Villagarcía de Arosa—, a la detención de los principales implicados. La verdad es que el dispositivo fue impresionante. Nunca había dirigido una operación policial de esta envergadura sobre el terreno, y me impresionó. Llegar a Santiago de Compostela y ver a doscientos policías, todos esperando, en esa calma tensa que precede a los grandes acontecimientos, en los que el miedo se confunde con la impaciencia y la ansiedad, fue una sensación nueva para mí. Momentos en los que cualquier pequeño detalle te llama la atención, percibes ruidos y olores de los que normalmente no te percatas ni de su existencia. El sueño te desaparece y lo único que temes es que algo falle, que los objetivos no estén, que todo sea un fracaso.

Nada de esto ocurrió; la ruta de Santiago a Villagarcía no es larga (unos 45 kilómetros), pero la «serpiente» de luces que integraba los vehículos era algo espectacular, sobrecogedor.

En honor a la verdad, en esos momentos mis sentimientos eran encontrados. Por una parte, culminaba un trabajo que nos había llevado a Javier Zaragoza y a mí más de ocho meses de aportación de elementos probatorios, indicios y datos gracias a las declaraciones de los arrepentidos. Por otra, comenzaba un futuro incierto porque, además de esta operación policial, se tenían que tomar medidas inmediatas después de las detenciones, que supondrían decisiones drásticas y muy rápidas, y con los mejores abogados enfrente ejerciendo la defensa de los más de cincuenta imputados que produciría la causa en sus diferentes fases. No se trataba de una investigación diseñada y estructurada por la policía, sino por el juez y el fiscal que, por otra parte, no teníamos demasiada experiencia en estas lides. Hoy día, la perspectiva es diferente y la experiencia mayor, y de vuelta de tantas «batallas» a lo largo de estos dieciséis años, debo insistir en el mérito que aquella investigación tuvo para todos. Hay un antes y un después en la lucha legal contra el narcotráfico a partir de la denominada Operación Nécora o «Mago». Por supuesto que hubo fallos y lagunas en la investigación, pero nótese que estamos hablando de 1989-1990, fechas en las que no existían ni medios ni mecanismos de investigación diferentes al voluntarismo de unos pocos policías, juez, fiscal, con el apoyo inestimable de los funcionarios del Juzgado Central de Instrucción n.º 5 y del juez Carlos Bueren.

Fue toda una aventura, al modo del trabajo de los jueces sicilianos, con Giovanni Falcone a la cabeza, por qué no decirlo y además a mucha honra. Creo que cada vez que pasa más tiempo, el método Falcone se revela como el más efectivo y eficaz en la lucha contra el crimen organizado.

Tal como habíamos previsto, la actuación policial se completó con éxito. Aquel día en la comisaría de Policía de Villagarcía fue inolvidable. No importaba que casi lleváramos setenta y dos horas sin dormir ni que la tensión fuera máxima, ni los ataques de compañeros, políticos y periodistas interesados que vendrían después, o las acusaciones de mal instructor. Cada cosa tiene su momento y yo me iba curtiendo con los años. Por aquel entonces estaba aprendiendo, y lo haría más, a blindarme frente a los halagos y los ataques.

Pero las vivencias de aquel día no las cedo a nadie. Por primera vez, vi a la gente en la calle manifestando su júbilo por la acción policial y judicial. Observé a través de los visillos de la ventana que había mujeres, madres, probablemente de chicos y chicas toxicómanos, que besaban y abrazaban a los funcionarios de policía. Se percibía que se recuperaba la confianza en la institución judicial. Los cánticos y gritos formaban un coro que te compensaba por el trabajo realizado.

Después vinieron los esfuerzos procesales, las declaraciones intensivas y maratonianas, los análisis de la documentación, los careos de los arrepentidos con los imputados, las actitudes irascibles de los capos, la trascendencia social y mediática de algunos detenidos para mí desconocidos, la persecución de los medios de comunicación; las felicitaciones, las críticas y más trabajo, mucho más trabajo. Fases sucesivas de la misma operación hasta la caída de los últimos implicados con su jefe al frente, José Ramón Prado Bugallo, conocido con el apodo de Sito Miñanco.

Simultáneamente dirigí otras operaciones de tráfico de drogas, como la de Andy Iglesias que derivó en el caso llamado, en Argentina, «Yomagate» porque afectaba a algunos miembros de la familia de la todavía mujer del presidente de la República Carlos Menem y que tuvo una trascendencia pública y política muy relevante en este país hermano. Al final, como se dice, todo se quedó en agua de borrajas. Aunque tuve la oportunidad de decirle a un ministro de Justicia español, al que estimo y quiero mucho, Enrique Múgica, que no había nada de que informar al presidente Menem, como éste pretendía, sobre el contenido de una investigación que en ese momento era secreta, que afectaba a algunos miembros de su familia y que se había desarrollado en algunos extremos en la propia Casa Rosada, su residencia oficial. Las intenciones del ex presidente de la República Argentina me parecieron de una desfachatez y una prepotencia absolutas, como tuve ocasión de comprobar años después con el mismo sujeto. Percibía ya en aquellos tiempos que era una persona acostumbrada a medrar con la justicia. Desde luego, conmigo había pinchado en hueso.

En ese asunto (importación de media tonelada de cocaína en un velero, que después se amplió con las declaraciones del contable de la organización a varios alijos más y sobre todo a la trama de blanqueo de millones de dólares procedentes del tráfico de dicha sustancia desde Nueva York, a través del aeropuerto bonaerense de Ezeiza, hasta la capital uruguaya, Montevideo) todo estaba controlado, incluido el jefe de la aduana del aeropuerto, marido de Amira Yoma, secretaria y cuñada de Menem, que estaba al frente de las operaciones, con lo cual la dificultad era mínima. El caso de Alí Ibrahim Alí, que así se llamaba el interesado, ciudadano sirio, debió ser el supuesto de naturalización más rápido de la historia de la noble nación argentina, degradada tantas veces por gobernantes corruptos que han hecho del nepotismo, la concusión, el latrocinio y el asesinato una moneda de cambio corriente y su norma básica de conducta. En efecto, en apenas una semana se convirtió en ciudadano argentino y en el jefe de la aduana del aeropuerto capitalino, todo ello sin hablar ni una sola palabra de castellano. ¿Verdad que es un récord?

También en esas fechas investigábamos la operación denominada Green Ice en coordinación con varios países, que supuso una de las primeras actuaciones con técnicas de investigación innovadoras como la de agentes encubiertos, españoles y extranjeros, circulación controlada de dinero, dentro y fuera de España, apertura de cuentas bancarias encubiertas para facilitar esa circulación, grabaciones en directo y con cámaras videográficas. Métodos que nunca antes se habían utilizado y ni siquiera estaban regulados en la legislación española.

En esos años, la actividad de investigación judicial y policial era frenética y varios cargamentos de cocaína fueron cayendo mediante abordajes de barcos en alta mar. Aseguro que la tensión que vivíamos en esos días era la misma que se puede percibir al ir haciendo surf en la cresta de una ola sabiendo que si no se hace bien el giro uno se ahoga. Las acciones de vigilancia aduanera y de la policía fueron en esas fechas memorables y constituyeron un ejemplo para todos los países del mundo, en cuyos servicios los técnicos se preguntaban cómo era posible que con tan pocos efectivos en España se estuviera librando una batalla tan abierta y eficaz contra el narcotráfico. Pero así fue. Por supuesto que hubo fallos, todos los tenemos, pero poco a poco fuimos aprendiendo.

Simultáneamente otras investigaciones en el área del tráfico de hachís nos condujeron al descubrimiento y persecución de las tramas andaluzas, marroquíes, holandesas, portuguesas y de la Camorra napolitana y las mafias milanesa y calabresa. En estos casos la técnica de los arrepentidos funcionó perfectamente; la investigación la desarrolló la Guardia Civil, en concreto el equipo del capitán Julián Hernández del Barco, que, bajo las órdenes del coronel López, trabajó con una dedicación y esmero dignos de los mejores profesionales. Estas investigaciones motivaron, aparte de las actuaciones en España en las que casi un centenar de personas fueron detenidas, juzgadas y la mayoría condenadas, la detención y enjuiciamiento de unas ciento cincuenta personas en Italia y otros países.

Es obvio que cuando de criminalidad organizada se trata, nos estamos refiriendo a una serie de comportamientos perfectamente diseñados a múltiples niveles y que se llevan a cabo en estructuras y fases distintas, con diferentes grados de responsabilidad en la preparación, desarrollo y ejecución del o de los delitos. Por tanto la respuesta tiene que ser elaborada con parecida complejidad y similar grado de efectividad. Para ello, en el ámbito objeto de reflexión se precisa el diseño de normas procesales y sustantivas nuevas, que aborden el problema en su globalidad, por cuanto las normas existentes hasta la fecha no estaban pensadas —como no podían estarlo procediendo de finales del siglo XIX— para los tipos de delincuencia que han ido aflorando en el siglo XX. También habría que cambiar las reglas de procedimiento para asegurar las primeras diligencias, porque en muchos casos serán las únicas que se obtengan.

Seleccionando entre todos los procesos judiciales que investigábamos, hubo uno que tuvo una especial trascendencia porque, siendo de tráfico de drogas en su inicio, derivó hacia ámbitos insospechados en la primera fase de la instrucción. Fue el conocido como caso UCIFA, siglas de la Unidad Central de Investigación Fiscal, de la Guardia Civil, responsable de las investigaciones relacionadas con el tráfico de drogas, una unidad de élite con competencia en todo el territorio nacional. Ordené el registro de la Dirección General de la Guardia Civil y la detención de los responsables de la unidad: un teniente coronel, un comandante, un capitán, un sargento, seis agentes y cuatro colaboradores. Como ves, los cuerpos policiales podían actuar ilegalmente o desviarse de la norma y control judicial, aunque con esta investigación se consiguió erradicar, hasta el día de hoy, este tipo de desviaciones, gracias al control del juez y el fiscal.

Bien, Balti, no olvides que nuestras raíces se hunden en la tierra como las de los olivos milenarios que nos han visto nacer y que somos personas sin dobleces, de las de carta cabal y firmes decisiones. Lo crucial en esta vida es luchar por aquello que tiene importancia; esa actitud está muy relacionada con la tolerancia, la solidaridad –recuerda tus experiencias en Israel, Colombia y Ecuador–, el esfuerzo que allí hiciste por los demás y que no era más que aplicación práctica de la conversación que hace ahora cinco años mantuvimos acerca de la solidaridad y del compromiso hacia los demás, te ha hecho mucho bien. Por ello te recuerdo una cita de Gandhi, que a mí me ha servido mucho a lo largo de mi vida: «La fuerza no proviene de la capacidad física, sino de la voluntad indomable».

Todos, querido Baltasar, estamos implicados en el universo integrador de los derechos y obligaciones humanos y tenemos la responsabilidad de conseguir que la situación cambie. En definitiva, ten presente que la solidaridad es un valor moral que surge del principio básico de la igualdad entre los humanos y que debe superar el hecho de la desigualdad real entre éstos. Constituye por tanto una actitud de ofrecimiento, de disposición y de entrega hacia el otro.

Por eso te digo, al concluir esta larga carta, que cada vez existe una mayor conciencia de que muchos hombres y mujeres del primer mundo son algo más que máquinas de hacer dinero y consumir: somos personas que nos asociamos y unimos para luchar contra la injusticia que atropella y humilla a los más débiles. La solidaridad es por tanto un compromiso político que da sentido y realidad a la lucha por la dignidad del ser humano.

Las sociedades no se cambian por la fuerza de las armas, ése es el gran error que se sigue cometiendo de generación en generación. No es la fuerza militar la que debe constituir la panacea para solucionar todos los problemas, porque la violencia para resolver los conflictos es contraria a la dignidad humana. La discusión y el diálogo son los que abren la vía pacífica para acabar con la violencia. Como parte de la sociedad tenemos derecho a salvarnos por nosotros mismos sin que las armas hablen por nosotros. Ya sé que esto es casi una utopía pero no del todo inalcanzable.

Realmente el receso que me he tomado en el relato me ha servido para alterarme más. He visto la portada de uno de los diarios madrileños y en ella he encontrado la misma imagen que acabo de ver en televisión: una mujer soldado, menuda, en traje de campaña llamada Lynndie England, norteamericana, arrastrando de una cuerda atada al cuello a un preso iraquí, magullado, torturado y desnudo, en la prisión de Abu Ghraib (Irak). Este asunto me está afectando demasiado, pero eso quizá sea bueno; aunque tengo la sensación del *déjà vu* en otras épocas y en otros países, como Chile, Argentina, Vietnam, Afganistán, Bosnia, Ruanda, etc. La degradación del ser humano puede llegar a unos límites insoportables. Pero no basta con rasgarse las vestiduras: después de ver las fotografías de soldados estadounidenses maltratando y vejando a prisioneros, supongo que no habrá fotos de cómo los han matado, aunque algo hemos podido ver en Faluya, en donde todos los muertos quedaron reflejados en el que fue rematado en el suelo por un soldado estadounidense.

En efecto, ésta no es una situación que haya surgido de pronto y espontáneamente. Como tampoco fue espontánea la preparación de militares latinoamericanos en los años setenta en la Escuela de las Américas para la práctica de la tortura y el asesinato de comunistas. Es decir, existía entonces toda una filosofía que partía de la más absoluta impunidad y por razones pragmáticas interesaba desarrollar esa política. Ahora no voy a decir que se les haya entrenado acerca de las prácticas de torturas que tienen que desarrollar, pero desde luego obedecen a un sistema y son el fruto de la política extremista y fundamentalista que impone una visión parcial y arbitraria del mundo a todos los demás.

Realmente los implicados no han hecho otra cosa que continuar la senda marcada por sus superiores al diseñar una política de aniquilación y de tierra quemada en la que no se han respetado ni los derechos humanos ni la legislación internacional. Si la Patriot Act permite violaciones sistemáticas de derechos básicos de ciudadanos, si permite el secuestro y los asesinatos selectivos de supuestos terroristas, si consiente y regula la detención indefinida, sin cargos, sin abogados y sin garantías de los presos «no combatientes» de Guantánamo, si se escudan en que no es territorio norteamericano, si se consiente el hacinamiento en las prisiones iraquíes; si se les colocan bolsas en la cabeza a los detenidos; si se les detiene y se alegan razones de seguridad nacional para no dar su identidad; si se aprueban por la CIA veinte formas de torturar, maltratar o «presionar» a los presos en Guantánamo, ¿qué se puede esperar de aquellos que tienen que aplicar estas disposiciones? ¿Acaso que actúen como organizaciones humanitarias? No, lo lógico, lo terriblemente lógico, es que maten, torturen, vejen, degraden, humillen a aquellos que tienen bajo su mando y disposición, a los que nunca consideraron seres humanos del mismo grado o nivel.

Y eso porque así se lo ha sugerido la ausencia de límites a la voluntad del líder máximo, que desprecia la inexistencia de armas de destrucción masiva, como causa de la guerra, hace chistes sobre la ocupación de Irak y se llena la boca de libertad y democracia, mientras mueren miles de inocentes, víctimas de la gran mentira de la guerra.

Por todo esto no excuso a quienes han practicado estos abominables actos, pero me produce mucha más repugnancia ver al presidente de Estados Unidos en los jardines de la Casa Blanca pidiendo excusas al rey de Jordania. No lo siente, y además le importa un bledo lo que sucede en la prisión de Abu Ghraib. Sólo está en campaña electoral.

Desde mi punto de vista las alternativas lógicas y democráticas que le quedan a la administración norteamericana y a las propias instituciones legislativas, Congreso y Senado, es derogar toda la legislación exorbitante sobre el terrorismo y poner a disposición de la justicia civil a los que ahora están a disposición de los militares, y en Irak, ceder el control de la situación, o cuando menos la situación de las cárceles, a la ONU. ¿Cuántos casos más conoceremos en los próximos meses o años?

¿Por qué no se reúne el Consejo de Seguridad, a petición de cualquiera de sus miembros, para tratar este tema y exigir responsabilidades a Estados Unidos? ¿Cuántos muertos más harán falta en Irak para que el pueblo norteamericano se dé cuenta de que están participando de un auténtico crimen contra la humanidad manteniendo la situación de guerra en Irak?

Exigencia de responsabilidades sí, pero autocrítica en su más amplio sentido también. Ahora se pide, por algunos senadores demócratas y republicanos, que se cierre la cárcel de Abu Ghraib por ser contraria a los valores que identifican a los norteamericanos. ¿Y Guantánamo? ¿Sí los representa? Si es así, pobre sociedad norteamericana que permite y consiente la degradación de la clase política, que se vuelve selectiva en la ética, en la moral y en la defensa de los derechos humanos. Afortunadamente, son millones de personas y cientos de organizaciones humanitarias las que en ese gran país están oponiendo una tenaz resistencia a esta demencial situación y que ya ha dado algunos frutos, como la decisión del Tribunal Supremo sobre las condiciones de las detenciones en Guantánamo. Pero no es suficiente, la prensa tenía la obligación, como por fin ha hecho, de denunciar la situación y que esta postura oficial cambie, aunque me temo que esto será bastante difícil. Pero por ello existe el deseo de denunciarlo.

Este estado de ánimo hace que rememore cosas que casi tenía olvidadas y que nunca compartí con los míos, en especial con mi hija mayor. Ahora es el momento de hacerlo.

Querida María:

Ésta es una carta que nunca te escribí pero que te debía desde hace diez años. En concreto desde el día 6 de mayo de 1994, fecha de mi dimisión como secretario de Estado y delegado del gobierno para el Plan Nacional sobre Drogas en el gobierno de Felipe González y como diputado. Y te la debía porque no puedo olvidar tus grandes ojos de niña buena y feliz de once años. Todavía no sé cómo te enteraste de mi dimisión, si te lo contó mamá, o si lo viste en algún noticiario; lo cierto es que recibí al llegar a casa la mejor sorpresa que podía hallar. Estabais tú, mamá, y Gina, nuestra perra, pero fuiste tú la que como siempre, con rapidez y decisión, te encaramaste de un salto a mi cuello y tras casi desequilibrarme me abrazaste y besaste, acurrucándote en mi pecho, como sueles hacerlo todavía. Yo aproveché para estrechar tu frágil y enfermo cuerpo y sentirme vivo. Me dijiste: «¡Cuánto me alegro, papá! ¡De nuevo eres juez! ¡No me gustaba que fueras político! ¡Nada de nada!». Casi balbuceando comenté: «¡Ya te dije que sería un paréntesis!».

En esos breves instantes, como a cámara rápida, pasaron todas las escenas intensas, vibrantes de un año de mi vida, que algunas veces me he preguntado si fue un tiempo perdido. Asimismo, he pensado qué hubiera pasado si la decisión hubiera sido diferente. ¿Alguna vez pensé en realidad que podía ser distinto, o desde el principio tenía «decidido» que sería así?

La verdad es que la decisión de entrar en política, a toro pasado, fue equivocada. Se trataba de hacer algo para mejorar la vida política española, para luchar por un ideal de justicia y recuperar la credibilidad de los ciudadanos. En fin, para evitar que ocurriera lo que había sucedido en Italia con la corrupción. Quizá fui un ingenuo por pensar que podía hacerlo y pequé de soberbia al creer que sería capaz de superar las adversidades para que los ciudadanos hicieran suya esa nueva ilusión regeneradora. Todavía no sé si calculé mal. A lo mejor sólo fui un tonto útil para tapar los escándalos y luego ser absorbido por el sistema.

Los ataques por mi paso a la política fueron después equivalentes en halagos a las críticas que a la salida me dispensaron los que habían celebrado mi entrada en ella. En fin, cosas de la vida y de la forma de ser de las personas que no aceptan aquellas decisiones que les son adversas o les molestan.

Puedo decirte que la mayoría de los apoyos y descalificaciones, de unos y de otros, fueron igual de irracionales y exagerados.

De esa época guardo la enseñanza de que no te debes fiar de aquellos que por sorpresa o inopinadamente te manifiestan sus afectos o discrepancias. Son tan volubles como las hojas de los árboles cuando las mueve el viento. Suelen ser oportunistas de los afectos y siervos de las descalificaciones. Son ese tipo de personas que no saben construir, que sólo destruyen aunque aparenten lo contrario, a modo de fariseos o sepulcros blanqueados; y también aprendí que, a pesar de todo, se puede hacer política de una forma diferente a la del ataque, la descalificación o la puñalada en la espalda. Que no lo consiguiera no significa que no lo puedan hacer otros. Es cierto que guardo el recuerdo del calor de la gente, el cariño de los hombres y mujeres de la calle. Pero también quiero decirte que no me arrepiento de nada.

Hace un par de años comenzaste a interesarte activamente por los temas políticos y eso me agradó; ahora ya vas formando un poso ideológico que te ha llevado a comprometerte mucho más en iniciativas de apoyo a los más débiles, crítica al poder y a la manipulación, oposición a la guerra, defensa de los derechos humanos y otras muchas actitudes que son precisamente las que traté de aportar a la política con coherencia, haciendo compatible lo que decía con lo que pensaba, sin ninguna doblez ni aprovechamiento en perjuicio de los ciudadanos, con firmeza contra la corrupción, el crimen organizado y el terrorismo, con tolerancia en el discurso, pero defendiendo los postulados que identifican a nuestro país con la democracia.

En los últimos años, la situación política del mundo y determinados acontecimientos en diferentes países han hecho que se produzca una creciente insatisfacción con nuestra forma de vida, hasta el punto de que los ciudadanos han entrado en una especie de abulia en la defensa de valores esenciales para una sociedad democrática. La seguridad material o económica ha hecho que se relajen todos los controles, los cuales sólo se han activado coyunturalmente frente al terrorismo y la guerra. Se acepta la situación y seguimos acumulando grados de colesterol en una especie de vacío político, intelectual y moral. Un pesimismo indolente que nos hace recordar los excesos retóricos de la decadencia española que destilan los textos de Ganivet, Unamuno o Azorín.

El individuo se halla presto a ingerir, a ser alimentado, pero parece que no asimila, por decirlo así, el alimento, sufriendo un cierto «síndrome de la enajenación». Nos preocupan cosas momentáneamente, pero con una rapidez que a veces da vértigo eliminamos las que perturban nuestra «tranquilidad» porque no queremos comprometernos ni que nos comprometan.

No son elementos ajenos a esta degradación de la vida pública otros factores, como el ascenso de cierto fundamentalismo sociocultural y político que se resuelve en «satanizaciones» de los que no piensan igual, con altas dosis de intolerancia en las posturas que mantienen ciertos micronacionalismos que anteponen el interés particular al general. Para perfeccionar esta línea de acción resulta clave que el ciudadano piense sólo en su trabajo, que no pida, que no reclame ni denuncie el deterioro que se produce en los contenidos y valores democráticos.

Quizá por ello sea necesario recuperar algunas ideas que por conocidas resultan bastante olvidadas, como que el poder emana del conjunto de la sociedad. Precisamente por eso tiene que renovarse periódicamente a partir de la manifestación de la voluntad popular.

Como decía Montesquieu, «en toda magistratura hay que compensar la grandeza del poder con la brevedad de su duración». Se trata, en definitiva, de recuperar en el discurso político el valor esencial del compromiso con la ética. No conviene olvidar el precio tan alto que se paga por la libertad y la vida cuando se pierde la democracia. Por eso, se tiene que estar especialmente vigilante con las agresiones que sufre el propio sistema desde el interior mediante comportamientos que, de forma más o menos subrepticia, minan el sistema democrático.

De ahí, María, lo importante que resulta que reaccionemos participando activamente en la rehabilitación de la función política mediante la recuperación de la confianza en el sistema, al utilizar los instrumentos que ofrece la democracia representativa y al asumir que los partidos políticos no son meras máquinas electorales, sino vehículos de expresión de ideas y cumplimiento de compromisos. Es cierto que una democracia madura no puede evitar que un político sea corruptible, aunque puede activar los mecanismos de control necesarios para impedirlo. Es decir, necesitamos recuperar la confianza en el sistema, en el ejercicio de la propia ciudadanía y, en definitiva, en la labor política y en la honradez de los políticos y de los que ejercemos la función pública.

Por ello las críticas que se hacen a los partidos políticos y a su funcionamiento no deben caer en saco roto, sino que hay que prestarles mucha atención. La pérdida de representatividad, la creciente burocratización, los conflictos internos, la búsqueda frenética de votos, son algunos ejemplos. Quizá esto explique por qué sólo una pequeña minoría de ciudadanos milita en partidos políticos. Las afiliaciones son poco numerosas, salvo cuando ser miembro de un partido ofrece ventajas.

La dificultad que han manifestado los partidos políticos para cumplir sus compromisos les ha llevado a proponer respuestas limitadas a necesidades específicas, reforzando el individualismo en detrimento de los proyectos de futuro.

Siendo así las cosas, la constatación de una baja notable en el apoyo a los partidos políticos tradicionales en su estructura y funcionamiento, ¿pronostica un aumento de la versatilidad, fragmentación e inestabilidad política? ¿O bien el desencanto respecto a la política tradicional lleva consigo los gérmenes de un comportamiento político más radical contra el propio sistema de partidos?

Nuestros debates deberían permitirnos responder a esta pregunta. Se hace necesario más que nunca retomar una nueva función pedagógica del partido político como instrumento de mediación para que realmente haga posible la reflexión, el diálogo libre y el intercambio de opiniones.

Te decía antes que también es esencial recuperar la confianza de los ciudadanos en la función pública. Esta confianza está alterada en la actualidad. Existe una especie de cultura de acoso más o menos desproporcionado a los profesionales de la política. Se les reprocha no estar a la altura, no poder dominar el curso de los acontecimientos y de la vida.

Es verdad que día tras día los ciudadanos constatamos la acumulación de dificultades poco, mal o nunca resueltas. Se abre paso la idea de que las soluciones escapan a los responsables políticos. Nada es peor para la democracia, que obtiene su legitimidad del voluntarismo político, que provocar sentimientos de impotencia e ineficacia.

Para agravar el problema, están las arraigadas dudas sobre la honradez y competencia de la clase política. La acción de los medios de comunicación y el mayor nivel de exigencias y conocimientos de los ciudadanos han «desacralizado» la función política, algunos de cuyos fallos aparecen a plena luz. Y es que en períodos difíciles los ciudadanos nos volvemos más escépticos y sólo moderadamente creemos en la palabra de los responsables políticos, quizá por necesidad vital. Sin embargo, la escasa catadura moral de algunos políticos ha provocado el resentimiento de los ciudadanos. Estos lamentables hechos individuales están nutriendo su resentimiento, y es que en democracia la confianza es la garantía del sistema y una muestra de eficacia.

Por otra parte, María, la democracia depende de una política de medios de comunicación veraz y objetiva con los hechos de los que informa. Ahora existe un tratamiento comercial y sensacionalista de la información. Los políticos prefieren aparecer unos minutos en cualquier telediario que pronunciar un buen discurso en la tribuna del Parlamento. Sin embargo, nadie puede discutir el papel fundamental desempeñado por los canales de información públicos y privados en las democracias. Si no hay democracia sin función política, tampoco hay democracia sin libertad de prensa y de información.

La dimensión política implica necesariamente la democracia informativa. Para ello es necesario que se establezcan controles externos que eviten procesos de concentración de medios, aunque sea de hecho. Sólo así es posible garantizar la pluralidad y la transparencia informativas. Es decir, se dificultaría la posibilidad de manipulación. La concentración de medios de comunicación en empresas o grupos de empresas, además de dificultar la transparencia, de alguna manera desnivela el equilibrio que debe presidir el poder de los *mass media*. Ello puede suponer una especie de deslizamiento hacia el adoctrinamiento y la propaganda. La palabra, que es un instrumento de alivio y de liberación, también puede ser un arma de engaño.

Los medios de comunicación han de concentrarse en su labor de denuncia y control del poder. La tentación de dominar todas las fuentes de información, propia de regímenes totalitarios, puede constituir un fin en sí misma en un sistema democrático si se entienden, como con reiterada frecuencia sucede, como instrumentos para mantener o conseguir el poder alterando la paridad o igualdad que debe presidir la lucha política.

No puede olvidarse que los medios de comunicación deben ser herramientas de *integración* y de ajuste entre el poder y la sociedad. Deben, por tanto, *sugerir* y *proponer* pero nunca *imponer* ni *pontificar*. Los medios deben, en fin, ayudar a la autopromoción de la comunidad pero no deben suprimir su iniciativa. Por esto, desde un punto de vista positivo, la mesocracia, o mediocracia, debe alinearse a favor de la democracia, que es pluralidad, transparencia y calidad, y no suponer un instrumento de empobrecimiento del discurso político, de sustitución de la voluntad del ciudadano, o de favorecer el populismo.

María, lo cierto es que el año que pasé en política fue como vivir con el alma en un puño. Por una parte el cambio tan brutal que experimenté, la intensidad de la campaña electoral y los intentos de cuestionar mi honorabilidad como profesional de la judicatura hicieron mella en mí. Era curioso observar que lo que había sido impecable para los que ahora me criticaban, a partir de mi decisión de incorporarme como independiente a las listas del Partido Socialista era todo un desastre y, lo que era más injusto y cruel, decían que lo había hecho para ganar puntos con el fin de pasar a la política. A veces la mezquindad no tiene límites; aquí sería bueno el dicho «piensa el ladrón que todos son de su condición». ¡Tan enferma estaba, y aún hoy está, nuestra sociedad que no admite los valores del altruismo, la sinceridad, el servicio público o el compromiso! ¡Cómo están algunos de podridos que hasta que no se les dice que has sido sobornado, comprado o alquilado no comprenden la situación! Por supuesto, estas malas hierbas, que arraigan en todos los ámbitos, son los más corruptos y venales, que se alquilan por horas aunque muchos aparezcan en primera línea de los rankings oficiales de la honestidad, porque sólo con el poder que les rodea son capaces de comprar apoyos y adulladores, pero no personas que los quieran o crean en ellos. El desprecio a estos sujetos me producía un brote de rebeldía y me daba fuerza para luchar para que esta percepción cambiara.

Por eso me comprometí conmigo mismo a no quebrantar ni un ápice mi coherencia y mi planteamiento de lucha frontal contra la corrupción y su denuncia contra quien fuera. Pero no tanto porque yo me considerara el «salvador de Occidente» o la «espada flamígera del arcángel san Gabriel» o el «Juez Campeador», sino por algo mucho más sencillo, porque nos habíamos comprometido a ello en la campaña electoral y porque Felipe González así lo había asumido, y eso era razón y argumento suficiente para mí. Cumplir con la palabra dada, como me habían enseñado mis padres desde la infancia.

Para mí el compromiso personal, con el coste que me supuso, era muy elevado y por tal motivo no podía dilapidar ni traicionar el acuerdo firmado con los ciudadanos a los que había mirado a la cara y a los que se lo había dicho y prometido.

No sé cuántas personas fueron a votar por mí, o en qué medida inclinó la balanza en las urnas mi incorporación, pero lo que sí sé es que con haber prometido lo que se iba a hacer a una sola persona ya sería suficiente. La gente, el pueblo no se merece el trato que muchos políticos le dan, ni el que bastantes comentaristas u opinadores les dispensan, tachándolo de inepto, de ignorante. Lo mejor sería que tuvieran un poco de respeto y entonaran el *mea culpa* en las valoraciones que hacen sobre los acontecimientos que rodean una cita electoral. De ello hemos tenido buen ejemplo en las últimas elecciones del 14 de marzo, pero convendrás conmigo, María, en que esto merece una charla más reposada.

Por mi parte, en aquel entonces lo tenía muy claro: lo que se dice se cumple o se intenta cumplir y además se explica cuando no se consigue y se asumen las consecuencias. Ésa era la política que yo quería hacer y la que no me dejaron practicar.

Tú me dirás: pero ¿no eras consciente de que eso te iba a ocurrir? Sí, era consciente. Sabía que el porcentaje de posibilidades era muy escaso, pero ese 5 por ciento que restaba me daba margen —creía yo— para intentarlo o perecer en el intento.

Por eso precisamente, sólo pedí, al contrario de lo que se dijo y aún se piensa, el número dos por la lista de Madrid, exactamente detrás del presidente del gobierno. Quería que el mensaje fuera muy claro. Felipe se comprometía hasta el punto de mover todos los puestos para colocarme en el segundo lugar. Solos él y yo, sin nadie de por medio. Lo que sucediera nos afectaría a ambos para bien o para mal.

Al final es cierto que acepté ser secretario de Estado, delegado del gobierno para el Plan Nacional sobre Drogas. Era el único cargo al que no me podía negar porque se situaba en el área en la que yo había destacado, en la que había invertido más tiempo y esfuerzo, y con la que me identificaba.

A pesar de las escasas posibilidades de éxito, desde el principio me empleé en ello; durante los meses que duró la aventura, los intentos y los choques con el propio gobierno fueron continuos, especialmente en la Ley de Asilo y en la constitución de una comisión para investigar la corrupción política en el caso Filesa que afectaba o podía afectar al Partido Socialista. La primera iniciativa logramos detenerla y modificarla Ventura Pérez Mariño, el otro juez que se incorporó como independiente al Partido Socialista, y yo. La segunda estuvimos a punto de lograrla en el debate del Estado de la Nación en abril de 1994, pero quedó en nada.

Te podría contar otras iniciativas que desarrollé, la más importante el traslado de la Delegación del Plan Nacional sobre Drogas de Asuntos Sociales a Interior, para convertirla en órgano de coordinación entre cuerpos y fuerzas de seguridad en la lucha contra el narcotráfico. Curiosamente ha sobrevivido diez años y fue aceptada por el Partido Popular; ahora el Partido Socialista la ha reintegrado al Ministerio de Sanidad. Los tiempos cambian, aunque los problemas permanecen.

Aprovecho para contarte una anécdota que tuvo lugar por aquellas fechas y que supuso mi primera toma de contacto con Naciones Unidas. Fue con ocasión de la celebración de la Asamblea General sobre drogas en noviembre de 1993. En el portafolios llevaba mi discurso, en el que planteaba la posibilidad de estudiar vías alternativas a la criminalización del tráfico y consumo de drogas optando por fórmulas de suministro controlado de sustancias estupefacientes como forma de reducción del daño. Creía que la Asamblea sería para algo más que para dar el discurso y largarse. Rápidamente me sacó del error el embajador español Juan Antonio Yáñez, que me sugirió introducir algunos cambios que hicieran compatible los términos que empleaba con los usos de Naciones Unidas. Llegamos a un acuerdo pero no renuncié a decir lo que había preparado en un foro tan cualificado como aquél y al que previsiblemente no volvería. Luego repetí la invectiva en Viena, poco antes de mi dimisión. Como consecuencia del discurso se produjo un pequeño revuelo por lo innovador de las propuestas, hasta el punto de que varios representantes de países de América, Europa, África y Asia se entrevistaron conmigo para que desarrollara la idea. Realmente, no me dio tiempo a hacerlo, porque seis meses después dimití, pero también observé la inutilidad de la ONU en esas y otras materias. Todo estaba discutido y pactado por técnicos y burócratas. La presencia política de los líderes era más bien festiva y por supuesto a cargo de los presupuestos de cada país, para adornar con cierto folclore lo que ya estaba decidido. Siempre es atractivo pasar unos días en Nueva York.

La situación a lo largo de los primeros meses de 1994 no mejoró. El clamor que exigía la adopción de medidas era perceptible por todos salvo para las estructuras más rancias del PSOE, el gobierno y en particular su presidente.

A mediados de abril la situación se me hacía insostenible desde el punto de vista ético: pasaban los días y los meses y no se avanzaba en ningún sentido; el gobierno estaba como abotargado, refugiado en un rincón del cuadrilátero pidiendo tiempo al árbitro del combate ante la paliza que estaba recibiendo.

Lo grave era que no se hacía nada para remediarlo. Fieles a la máxima de no moverse para que no te remuevan, la quietud era absoluta. Es como si estuviéramos en el epicentro del huracán y, por el hecho de que la velocidad del viento no se siente en ese lugar, creyéramos que el viento se ha calmado cuando en realidad lo está destruyendo todo.

En esas fechas, creo que fue el 15 de abril, participé en un programa de televisión en el que, entre otros temas, se habló de la corrupción; en él de forma contundente y harto de tanto miedo y mentiras, dije que «un caso de corrupción debe hacer caer a un gobierno y que hay que instaurar la cultura de la dimisión como una medida de calidad democrática».

Tres días después presenté mi carta de dimisión al presidente del Gobierno en términos muy duros, reprochándole que hubiera dado la espalda a los ciudadanos, que no hubiéramos hecho nada para luchar contra la corrupción como habíamos prometido y que lo mejor que podía hacer él era dimitir si no tomaba decisiones drásticas; caso de no hacerlo, el que dimitía era yo. Las medidas no se tomaron, tampoco hubo decisiones posteriores a nuestra última entrevista, el 22 de abril de 1994, en la Moncloa; finalmente, tras la fuga del director general de la Guardia Civil, Luis Roldán, y la dimisión del ministro del Interior, Antoni Asunción, hice efectiva la mía propia al nuevo ministro de Justicia e Interior, Juan Alberto Belloch.

«El final de la escapada», dijeron algunos. Para mí fue una experiencia inolvidable, dura pero interesante. Con ella comprobé las posibilidades que te ofrece la política para hacer cosas, pero también el miedo que invade a la mayoría de los políticos a no perder el puesto, a discrepar del líder, a que te señalen, o a que no te tomen en cuenta. Realmente, con esta actitud es muy difícil que la regeneración política se produzca.

Al concluir la rueda de prensa en la que expliqué, el día 9 de mayo de 1994, las razones de mi dimisión, advertí que seguiría viviendo en el filo de la navaja. No me faltaba razón: a partir de entonces comenzó la caza al hombre en todos los niveles, profesional, personal, familiar, sólo que ahora quienes actuaban eran los que antes me habían encumbrado por mi paso a la política.

La cuestión, como es sabido, subiría de tono cuando se reactivó la investigación de los GAL tras las declaraciones de Amedo y Domínguez. Fueron tiempos muy duros para todos nosotros, pero unidos los superamos, aunque nunca perdonaré el miedo que os hicieron pasar y que pasé por vosotros. Pero este miedo me dio más fuerzas para continuar mi tarea profesional en la lucha contra el terrorismo y las demás formas de delincuencia sin distinción de personas y con respeto escrupuloso de la ley y del principio de igualdad ante ella. Entonces más que nunca estaba decidido a continuar profundizando en todos estos fenómenos. El tiempo vivido en la política me hizo mucho más serio, si quieres más maduro, más responsable, menos impulsivo y también más selectivo con las personas y volví a disfrutar con el derecho y su aplicación. Comencé a ver claro que podía desarrollar los proyectos que, ya antes del paso a la actividad política, había diseñado para hacer frente de forma global al terrorismo en sus diversas manifestaciones y en toda su complejidad y amplitud.

Otro fenómeno curioso que me sucedió en esa nueva época, y que tú viviste en directo, es que los halagos me molestaban, no los veía sinceros. Me retraje mucho más, me mostré menos abierto, menos comunicativo, y me centré más en mi trabajo. Así logré que los ataques no me hicieran mella: me endurecieron y me dieron fuerza por la injusticia de muchos de ellos. También por eso he renunciado a entender las razones de que, sin argumentos o manipulando los hechos, se ataque no sólo al juez o sus resoluciones, sino a la propia persona.

También percibía en mis compañeros de entonces cierto distanciamiento; curiosamente, con el único que comencé una relación amistosa y luego una amistad que dura hasta hoy fue con el entonces presidente de la Audiencia Nacional, Clemente Auger, que tan crítico y duro había sido con mi paso a la política. Más tarde la relación se amplió al resto de mis colegas y no sentí rechazo ni marginación, sino respeto.

Voy terminando, María, que es algo tarde y tengo que sacar a Gina y Tosca a dar un paseo antes de que anochezca. Alguna vez me preguntaste, no en aquellos días sino años después, si en algún momento tuve intención de vengarme de alguna persona a través de mi actuación judicial, no porque tú lo pensaras, sino porque lo habías oído en algún lugar. Pues bien, te diré algo, no conozco lo que es la venganza ni el odio; nunca me han interesado ni la una ni el otro. Creo que son una pérdida de tiempo. Esto no quiere decir que se me olviden las cosas: ni los ataques ni los intentos de acabar conmigo. Sería un inconsciente si lo hiciera. De todas formas, y para tu tranquilidad, nunca emplearía la venganza como juez porque eso supondría prevaricar, el delito más grave que puedo cometer y que resulta incompatible con mi carácter.

Pero es cierto que soy perseverante, que no doy ningún asunto o investigación por perdidos hasta que haya prescrito el delito, y aun después si pudiera descubriría la verdad. Es algo enfermizo, pero creo que, ante todo, es obligación de cualquier profesional hacer su trabajo bien y hasta las últimas consecuencias, así como defenderlo de los ataques, por ejemplo cuando te quieren apartar cautelarmente de él. En esa lucha, no puedes ceder a la presión, ni doblar la rodilla. No te puedes dejar avasallar, o dar paso al miedo, porque en ese momento te controlarán y ya nunca serás libre para ejercer la profesión o tomar una decisión. El miedo en un juez puede ser delictivo, porque si actúa bajo su influencia estará prevaricando. En ese momento debe abandonar la carrera. El juez precisa altas dosis de fortaleza y llevar esculpida la ley en su conciencia. Tiene que estar bien seguro de lo que va a hacer, para arrostrar después las consecuencias que puede tener en su propia persona.

Hasta luego, María. ¡Qué lejos queda aquel año 1994, la comunión de Balti, tu operación de pulmón, la alegría porque todo salió bien! Fue una sensación maravillosa, después de haber tenido que tomar la decisión de operarte en Córdoba tras la negativa a hacerlo del hospital 12 de Octubre. Me quedé muerto cuando al decirnos que todo había salido bien, el doctor Bernardino añadió: «Menos mal que la hemos operado porque estaba a punto de sufrir una pleuritis; su estado era peor de lo que aparentaba». En fin, todo pasa, incluso los malos ratos.

Conforme doblo las hojas de la carta y las guardo en un sobre para dejarlas sobre la mesa del ordenador de mi hija, evoco aquel 22 de abril de 1994 en el palacio de la Moncloa y lo comparo con mi visita del 10 de noviembre del mismo año para entrevistarme con Felipe González en beneficio de la Fundación de los Pueblos Indígenas de Iberoamérica. Recuerdo la energía y esperanza del primer encuentro, y la frialdad del segundo, la falta de tema de conversación y cómo nos despedimos: «¡Que te vaya bien, Baltasar!». «¡Y a ti también, Felipe!»

Después he vuelto a ver al ex presidente González dos o tres veces: en un festival en memoria del humorista Miguel Gila o en el aeropuerto de México; también coincidimos en un vuelo de Iberia, desde São Paulo a Madrid. Fue un viaje muy interesante.

Hablamos de todo un poco, pero no removimos el pasado. Me reconoció que le resultan despreciables las actitudes soberbias e intransigentes de José María Aznar, de su servilismo hacia George Bush, así como del poco peso que la administración estadounidense le otorga al considerarlo un segundón útil pero prescindible. También hablamos de José Luis Rodríguez Zapatero y ambos coincidimos en que iba avanzando y afianzándose, pero que todavía le faltaba seguridad y profundidad, aunque hacía un discurso diferente al que hasta ese momento se oía a otros líderes.

Asimismo, se quejó de que tanto el PSOE como los demás partidos políticos españoles habían olvidado a Latinoamérica. En esto le doy la razón plenamente, porque lo he comprobado en mis viajes por los países de Sudamérica. En todos se quejan de que el trato a sus ciudadanos y a los temas que les afectan se abordan con desidia y prepotencia desde España; yo le comenté que, dentro de mis cortas posibilidades, había tenido que paliar ese déficit en las distintas charlas, entrevistas y reuniones que había mantenido con líderes políticos, juristas, intelectuales, periodistas, estudiantes y miembros de organismos de derechos humanos, a lo largo de los años.

Hablamos de Chile, en particular de la situación del Partido Socialista y del despegue económico de este país. De Argentina y del efecto positivo de la elección de Néstor

Kirchner; de Brasil y de los problemas que comenzaba a tener Lula; de Bolivia, de la caída del presidente «Goni» (Gonzalo Sánchez de Lozada) y el nombramiento de Carlos Mesa, y las expectativas que despertaba; le comenté que conocía a ambos y los dos me habían expuesto sus puntos de vista sobre la crisis que es casi insuperable en Bolivia. También hablamos de Ecuador y la inestabilidad del sistema por el peligro de ruptura de la coalición con los indígenas; de Venezuela, y la crisis que estaba experimentando este país por el enfrentamiento de la oposición con el presidente Chávez y los problemas de corrupción que afectaban a ese país; de Cuba y la actitud de Fidel Castro ante los disidentes y la injusticia del embargo norteamericano; de México y de la falta de liderazgo del presidente Fox y su gobierno, la incertidumbre que transmite López Obrador y los problemas internos del PRI. Me dijo que iba a formar parte de una fundación que extenderá su actuación a los diferentes países de Sudamérica orientada al desarrollo y reforzamiento de los sistemas democráticos; de Irak y de la coincidencia de posturas que manteníamos en este tema; de Israel y de la negativa actuación de Sharon en relación con los territorios ocupados. Yo le indiqué que no sólo era negativa la actitud de Sharon, sino peligrosa por el patrocinio de los asesinatos selectivos y la destrucción de edificios en los territorios ocupados; de la importante labor de la Liga Árabe; del alejamiento de Aznar de los países árabes, en particular de Marruecos, de la crisis de la isla de Perejil y la jugada que le intentaron montar a él con el tema de Marruecos. También dimos un repaso al terrorismo de ETA. En este tema se mostró crítico con la Ley de Partidos y yo le comenté que tampoco estaba muy de acuerdo con vías diferentes a las estrictamente penales. Hablamos del Plan Ibarretxe y de la inoportunidad de éste, pero convinimos en que era absolutamente necesario el diálogo y que tanto el Partido Popular como el gobierno debían hablar con el PNV y el gobierno vasco, respectivamente. En fin, conversamos sobre otros muchos temas y personas: de literatura, de Pepe Bono y las relaciones del manchego con él, de Maragall y del futuro de Cataluña; de su propio futuro. En este punto me dijo que no se presentaría a las nuevas elecciones, que no le decía nada el Parlamento y no soportaba las actitudes intransigentes de la derecha que quiere destruir a España y todo lo que hicieron los socialistas. También se quejó de cómo estaba el PSOE, que no acababa de superar sus contradicciones internas, y de la izquierda en general, y apostó por un cambio radical que regenere y despierte a las bases de izquierdas. En fin, se le veía feliz, con ganas de seguir disfrutando de la política, pero sin estar en primera línea.

Así concluyó el reencuentro a treinta y dos mil pies de altura. Eran las 7.15 horas de la mañana cuando llegamos al aeropuerto de Barajas. Me dio la impresión de que en aquel lejano 1994 nos faltó diálogo y comunicación, entre otras cosas.

Es tarde, y ahora me doy cuenta de que no he comentado con Baltasar ni con María la secuencia de los acontecimientos vividos en 1995, después de haber reanudado mi actividad judicial seis meses antes. En todo caso, aprovecho el tiempo del trayecto desde Madrid a casa para ordenar los recuerdos y luego glosarlos. Vienen atropelladamente las imágenes de la investigación del asunto GAL, las denuncias, recusaciones, querellas, campañas de desprestigio, el allanamiento de mi casa para dejar una piel de plátano en la cama de matrimonio o para «robar» el sumario; la falta de investigación de esos hechos a pesar de que los denunciamos e incluso llevamos la cerradura de la puerta forzada a la comisaría. Nunca me dieron resultados, como tampoco sobre los pinchazos telefónicos. Bueno, en este último caso recibí una carta de exculpación por parte del director de los Servicios de Inteligencia, en la que aseguraban que ellos no habían sido los que habían intervenido mi teléfono. No se imaginaban estas gentes, estos indeseables, que a cada faena que me hacían más me reafirmaba en que el camino iniciado era el correcto y que lo seguiría no sólo por estar obligado, sino con vocación de acabar con todas estas arbitrariedades y suciedades del poder, que no buscaban otra cosa que la impunidad.

Creo que el esfuerzo que se realizó mereció la pena y que algo se limpiaron las cloacas del Estado.

Felipe González no acertó cuando, con referencia a los GAL, dijo en julio de 1988 que al Estado también se le defiende en las cloacas y que no existían pruebas ni las habría.

Las pruebas aparecieron y como tales fueron valoradas por la Sala Segunda del Tribunal Supremo al dictar sentencia condenatoria en 1998. Se lavaba así, al menos en parte, una de las manchas más ominosas de la democracia española y con ello también quedó reivindicado mi trabajo y el esfuerzo que realicé a lo largo de años, como después también sucedió en la decisión del Tribunal Constitucional.

Una cosa que no le pregunté a Felipe en aquel viaje y que queda pendiente para cuando en el futuro, en alguna ocasión, nos encontremos de nuevo, es la de por qué mintió el 22 de junio de 1998, cuando compareció a testificar ante el Tribunal Supremo, en el caso del secuestro de Segundo Marey, al afirmar que él y yo habíamos hablado de los señores Amedo y Domínguez. Ningún problema hubiera tenido yo en reconocerlo de haber sido cierto. Pero no lo fue; por eso algún día le pediré que me cuente qué le influyó o qué le obligó y en función de qué miedo accedió a prestar ese testimonio.

LAS VÍCTIMAS

¿Se puede medir el dolor?, me preguntó en una ocasión la madre de un presunto terrorista. Defendía la inocencia de su hijo y me pedía que recapacitara mi decisión. «Se le conoce por ser solidario y luchar por las personas desfavorecidas. Mi hijo, al que usted tiene preso, también lo es. Le gusta participar en campañas humanitarias y trabajar como voluntario en zonas de conflicto. Me duele que tenga preso a una persona que es inocente», me escribió.

Nunca contesté esta carta. Desgraciadamente me lo impide la ley, por ser el juez de instrucción que investigaba a su hijo. Sin embargo, cada vez que la releo me sirve para reflexionar sobre el sufrimiento del ser humano. Mi cargo me exige aplicar la ley de manera imparcial y justa. No obstante, eso no impide que cause dolor.

A lo largo de mis veinticuatro años de profesión, y sobre todo en los últimos diecisiete, me he enfrentado (en el sentido de tenerlos enfrente) a personas que han ejercido algún tipo de violencia: terrorista, sexual, tortura o crimen de

Estado. A pesar de ello, no he conseguido dibujar un patrón del terrorista, del violador o del torturador. Cada persona es un mundo. Aunque todos tienen algo en común: la cobardía. Ninguno ha sido capaz de soportar la mirada de su víctima.

Si los terroristas confiesan sus crímenes —cosa que no suele ocurrir con frecuencia—, nunca reconocen lo que han hecho. El supuesto valor que demuestran con una pistola o un artefacto explosivo en sus manos se viene abajo cuando comparecen ante el juez. Cuando un hombre asesina o maltrata a una mujer, oculta su rostro entre las manos como señal de arrepentimiento y afirma, entre sollozos, que ha perdido la cabeza. Los torturadores suelen ser personas sádicas que actúan como máquinas. Sin embargo, tampoco aguantan la mirada de un niño o la de sus víctimas.

Ante esta situación, el juez debe guardar la imparcialidad y el equilibrio en los casos que instruye. Pero esa imparcialidad no debe volverse contra las víctimas que, durante muchos años, han suplicado justicia como almas en pena, al pedir que se les preste atención. En países como México, Perú, Argentina, Brasil, Chile, Guatemala, Uruguay, Paraguay o España se han hecho oídos sordos a las legítimas pretensiones de las víctimas, al rechazar sus peticiones por defectos formales o simplemente por decisiones políticas groseras. Alguien que pide justicia no reclama venganza, sino la piedad que conlleva el cumplimiento de la ley.

Recuerdo que mi madre me decía, cuando apenas alcanzaba a asomar la cara por encima de la mesa del salón de aquella casa de labranza en la que se contaban todas las historias de la familia: «Baltasar, eres el abogado de los pobres». Era su respuesta a mi necesidad de ayudar y resolver todo aquello que no me gustaba, que me parecía injusto. Quizá entonces se gestó mi compromiso en la defensa de las víctimas. Aún hoy pienso que ese principio es mi primera obligación como ser humano y como juez. Por eso no he dudado en atender tanto al delincuente como a su víctima.

El asesinato de la fiscal Carmen Tagle me marcó para siempre. Carmen era una de esas personas que se hacen querer a pesar de su fuerte carácter, que no dejaba indiferente a nadie. Sin embargo, para mí era una mujer sensible, tierna y con un gran sentido del humor. Vivió entregada a su trabajo y con una meta que al final le costó la vida: derrotar el terrorismo.

Era la fiscal de mi juzgado. Por eso nuestra relación no fue sólo profesional sino también personal. Aún me duele su ausencia y su retrato sigue en mi despacho. Extraño su energía y su contundencia cuando interrogaba a los terroristas, la vehemencia con la que defendía sus argumentos y su inmensa devoción y respeto por el Estado de derecho. Cuando se inició la investigación sobre los GAL, Carmen Tagle, que intervino en diferentes momentos del proceso, me dijo: «Baltasar, éstos son unos indeseables y hacen más daño a la lucha contra el terrorismo que los propios terroristas, de modo que estoy contigo». No mentía. Lo estuvo hasta el final.

Todos estos años me he preguntado por qué ETA la eligió a ella y si mis actuaciones profesionales influyeron en esa macabra elección. A la organización terrorista le interesaba que prosperara la investigación contra los GAL, pero no quería que se desarticulara su entramado, que se tocara a su cúpula. Aún sigo sin respuesta. Lo cierto es que entonces y ahora estaba convencido, al igual que Carmen, que si apuntábamos al corazón de la organización dejaríamos sin capacidad al resto de las estructuras. Por eso había que mostrar esta decisión a los máximos dirigentes. Transmitirles que por muy amparados que se sintieran en territorio francés e incluso en las prisiones de ese país, la persecución a tumba abierta había comenzado y no iba a acabar, pasara lo que pasara.

Esa nueva estrategia frente al terrorismo comenzó en 1989. En abril de ese año, incoé un procedimiento, tras la detención de los supuestos dirigentes de ETA José Antonio Urriticoechea Bengoechea, «Josu Ternera», y Elena Beloki, para acumular el máximo de información contra la dirección de la organización terrorista gracias a los documentos intervenidos. Dos años antes, los papeles de Sokoa permitieron llegar al aparato económico de la banda criminal tras el arresto de Santiago Arróspide Sarasola, «Santi Potros».

Durante mi primer año en la Audiencia Nacional comprobé que la investigación sobre el terrorismo de ETA se centraba en las cuestiones operativas militares (detenciones de grupos que habían cometido atentados) y sus colaboradores (personas que le prestaban apoyo e infraestructura), pero no se dirigía hacia los máximos responsables. A veces, ni se les citaba, o sólo incidentalmente, en los atestados. Por eso, en esa nueva estrategia con el único con quien podía contar era con mi colega Carlos Bueren. Los demás sólo investigaban la comisión de los atentados, pero no habían iniciado acciones en contra de la estructura de la organización terrorista. La carrera judicial, o mejor dicho, los jueces y fiscales de la Audiencia Nacional, no hemos desarrollado una estrategia jurídico-judicial común para luchar contra el terrorismo. Esa tarea quedó, con contadas excepciones, en manos de la policía. Ese desencuentro quizá explique por qué durante muchos años no se atacó el núcleo y se descubrió la verdadera naturaleza de aquella organización.

Después del atentado de noviembre de 1988 contra la Dirección General de la Guardia Civil y la detención de Josu Ternera, le planteé a Carmen la posibilidad de implicar a Santi Potros en ese atentado; años después se hizo, tras las declaraciones del ciudadano francés y miembro de ETA Henri Parot, detenido en un control policial en Sevilla y responsable asimismo del asesinato de Carmen Tagle. Por ello le propuse también interrogar a Urriticoetxea y Beloki sobre su relación con varios atentados y la estructura de la organización terrorista. Además queríamos comprobar hasta qué punto las autoridades judiciales francesas estaban dispuestas a cooperar cuando las acciones terroristas no eran de los GAL, sino de ETA.

Cuando recibimos contestación positiva para nuestro desplazamiento por parte del juez antiterrorista galo, Michel Legrand, después de la sorpresa inicial, decidimos preparar el encuentro con material adecuado. Por ello solicité a Juan Felices, entonces jefe del Servicio de Información Interior, un dossier de todas las acciones terroristas que se podían imputar a Santi Potros, como jefe de los comandos operativos de ETA, y a Josu Ternera como responsable máximo del aparato político de la dirección. En el viaje a París nos acompañó el comisario Pedro Díaz-Pintado.

Puntuales como un reloj, nos reunimos con el juez Michel Legrand en el Palacio de Justicia, un edificio impresionante. El recibimiento del juez francés no fue muy caluroso, tal y como había temido. En todo momento estuvo distante y desconfiado. Nos explicó el esquema de trabajo. En primer lugar fuimos a la cárcel donde estaba internada Elena Beloki, a golpe de sirena y escoltados por coches policiales. Nuestra falta de costumbre en estas lides hizo que llegáramos un poco alterados, sobre todo Carmen, a quien no le parecía muy apropiada la actitud de Legrand. Le dije que a mí tampoco me gustaba, pero que no teníamos más remedio que aguantarnos y conseguir nuestro objetivo: los documentos y las declaraciones de los supuestos terroristas.

Sin embargo, la situación fue kafkiana. Cuando Elena Beloki compareció ante el juez francés le preguntó: «¿Quiénes son estas personas?». Legrand le contestó: «El juez Baltasar Garzón y un miembro de la fiscalía española». La presunta terrorista quiso saber el nombre de la fiscal, pero le pedí a mi colega galo que no lo hiciera porque en España no era necesario identificar a los fiscales. Beloki insistió, y Carmen, sin encomendarse ni a Dios ni al Diablo, le espetó: «Soy Carmen Tagle, fiscal de la Audiencia Nacional». Después, el juez francés pidió al intérprete que no nos tradujera lo que iba a hablar con la detenida. Carmen me preguntó qué pasaba. Le contesté que Legrand iba a hablar en francés con Beloki. Ella expresó su desagrado. Le di la razón. A continuación escuché y traduje el siguiente diálogo:

—Señora Beloki, tengo la obligación de cumplir el trámite judicial en virtud de la cooperación entre nuestros dos países, aunque no esté de acuerdo con ello –dijo el juez.

—Usted no puede atender la petición de unas autoridades que torturan y que ordenan a los GAL que nos maten –respondió Elena Beloki.

—Podría ponerla a usted en la frontera ahora mismo para que la torturaran y sin embargo no lo hago. Por eso nos interesa a todos que la diligencia se practique. Le garantizo que los españoles no intervendrán y que formularé una protesta por las torturas –concluyó el juez.

No podía creer lo que estaba oyendo. No salía de mi asombro. Legrand ignoraba que yo chapurreaba algo y entendía bien el idioma francés. Por eso hablaba con tanta naturalidad con la detenida y su abogado. Carmen me pidió que le contara lo que había dicho el juez, pero no le dije la verdad. Le aseguré que la estaba convenciendo para que declarara. Seguí fingiendo. Así que insté al intérprete para que solicitara a mi colega galo que le leyera sus derechos a Beloki. «Ya lo ha hecho», me contestó. Y pensé: «Ha sido una lectura muy peculiar». Carmen volvió a preguntarme qué había pasado. Le di una versión amañada y se enfadó por haberle mentido antes, aunque luego reconoció que había sido mejor para no tensar la situación.

Al día siguiente tuvieron lugar las comparecencias de Santi Potros y de Josu Ternera en el Palacio de Justicia de París. La de Urriticoetxea fue la más corta y también la más tensa. Preguntó quiénes éramos. Nos identificamos. Luego nos miro y se calló. Se negó a declarar. Legrand dio por concluida la diligencia. Pero no quería irme con las manos vacías. Así que le pedí a mi colega francés que le interrogara sobre el atentado contra la sede de la Dirección General de la Guardia Civil. Carmen había tenido la misma idea. El dirigente de ETA me miró de frente y, sin esperar a que Legrand hablara, me dijo, ahora, con la vista baja: «Hablaremos de eso cuando hayamos hablado de las torturas de Intxaurrondo». Lo hizo en castellano. El resto de la diligencia se desarrolló en francés. Entonces, Carmen espetó a Pedro Díaz-Pintado al oído: «¡Valiente hijo de puta!».

Ternera debió de oír el comentario o lo dedujo porque reaccionó con ojos llenos de odio. No entendí nada hasta que Carmen me explicó después en la cena lo que había dicho. Me quedé muy preocupado, porque sabía que ETA no iba a perdonar que nos hubiéramos atrevido a ir a territorio francés para exigirle cuentas de sus actos delictivos.

La última declaración fue la de Santi Potros. El terrorista aseguró que en España se practicaba la incomunicación por espacio de dieciocho días, que se torturaba de forma sistemática, que las cárceles españolas eran mazmorras y que ETA era un movimiento político al que las autoridades españolas querían aniquilar, como querían hacer con todo el pueblo vasco.

No pude más. Estallé y saqué de mi maletín casi trescientas fotografías de atentados en los que estaba supuestamente implicado Santi Potros. Las dejé sobre la mesa y le espeté a mi colega: «Señor Legrand, no es de política de lo que hemos venido a hablar aquí. Tampoco de la legislación española, que por cierto no permite una incomunicación de dieciocho días. Es más, en diciembre de 1987 el Tribunal Constitucional ha establecido que como máximo la detención e incomunicación policial con control judicial no puede exceder de cinco días. Ni de las gratuitas opiniones del señor Arróspide Sarasola sobre las prisiones españolas, sino de esto». Y le señalé el dossier. Legrand no dijo nada. Durante diez minutos examinó las fotos y a medida que veía las imágenes, se le iba cambiando la expresión. Luego, preguntó, con voz firme, al imputado: «¿Qué tiene usted que decir sobre esto?». Santi Potros no le contestó. Legrand insistió: «¿Cómo es posible que no diga nada ante esto?», le replicó. Arróspide bajó los ojos y calló. Su declaración, a partir de ese momento, tuvo cierta lógica, aunque no fue minuciosa. Después mi colega se disculpó: «Perdónenme, pero yo no conocía nada de esto. Nadie me había mostrado estas imágenes».

Nuestra perplejidad no tenía límites. No sabíamos si bromeaba. En cualquier caso, nos dimos cuenta de que aún debíamos recorrer un largo camino para transmitir en el extranjero lo que sucedía en España y el verdadero alcance de la acción desplegada por ETA. Esta organización no se limitaba a ejecutar atentados. También desarrollaba una campaña de información en el exterior ante autoridades internacionales y organismos de derechos humanos. Se presentaba, ante la falta de un discurso diferente de las instituciones españolas, como un movimiento antifranquista y liberador de su tierra frente al invasor español. Carmen y yo comentamos en aquel momento, y luego en Madrid, que debíamos hacer algo para evitar que esa situación de desconocimiento perdurara.

Desde el encuentro en el despacho de Legrand con Josu Ternera no estuve tranquilo con la situación de Carmen. Era una mujer que siempre conseguía lo que se proponía. Bueno, casi todo, ya que por más que se empeñó en que la enseñara a bailar sevillanas no podía hilvanar los movimientos de la mano con el pie, y el de las caderas con el cruce con la pareja. Pero lo intentaba. Así quedó reflejado en una fotografía en que nos miramos con ternura y risas. Dos días antes de su muerte bajó a mi despacho para decirme que estaba preocupada por mi seguridad y que hablaría con los de Interior para que me la reforzaran. Le pregunté si también ella tenía sensación de peligro, y me comentó de pasada que había recibido una llamada extraña en casa de su hermana.

Carmen había hecho unas declaraciones muy duras en Radio Nacional contra ETA. También había continuado con su peculiar estilo en sus intervenciones en las salas de vistas y en el juzgado. Le pedí que adoptara unas mínimas medidas de seguridad, como el cambio de itinerarios y de horarios.

El día 12 de septiembre de 1989, subí a su despacho sobre las 12.30 para preguntarle qué había hecho antes de plantear su caso al Ministerio del Interior. Pero no pude verla porque estaba en un juicio. Me marché intranquilo a casa. Unos diez minutos más tarde sonó el teléfono de mi domicilio. Tuve una especie de presentimiento. Sabía que algo malo acababa de pasar. Al descolgar, oí una voz conocida que hablaba con un tono de voz quebrado. Era un funcionario del Juzgado Central de Instrucción n.º 5:

—Don Baltasar, ha habido un atentado.

—¿Dónde?

—En Madrid.

—¿Qué ha pasado? Por Dios, ¿qué ha pasado? ¿Contra quién ha sido el atentado?

—Es terrible, terrible.

—Por lo que más quiera, ¿qué ha pasado?

—¡Han matado a doña Carmen Tagle!

El corazón me dio un vuelco, la voz no me salía del cuerpo, aún hoy cuando escribo esto se me eriza la piel.

«¡No puede ser!», le dije en forma absurda. Comencé a gritar: «¡Hijos de puta! ¡Cabrones! ¡Cobardes!». Yayo, mi mujer, se asustó cuando empecé a llorar sin control, lleno de rabia e impotencia. Ver la muerte tan próxima, por muy acostumbrado que estés al sonido de su voz, cuando te grita junto al oído te deja noqueado. No sé si me despedí del funcionario. Lo único que recuerdo es a mi mujer llorando a mi lado y tratando de arrancarme el auricular de mi mano agarrotada.

A continuación llamé a Carlos Bueren. Ya lo sabía. «Te recojo en un coche de policía», me dijo entre sollozos. Me quedé con la mirada perdida, sin saber qué hacer. Intenté hablar con Ismael Moreno, que era el juez de guardia, y con la policía, pero no lo conseguí. Oí una sirena policial y deduje que era Carlos que venía a buscarme. Nos abrazamos en la puerta de mi casa y salimos llorando hacia el lugar del atentado.

Durante los veinte minutos que duró el trayecto no hablamos. Íbamos en la parte trasera del vehículo policial, en la zona reservada para los detenidos, cada uno sufriendo en silencio. Cuando llegamos al lugar de los hechos vimos al entonces ministro del Interior, José Luis Corcuera. Recordé, en ese momento, la bronca que Carmen y yo habíamos tenido con él por unas filtraciones de determinados documentos que, por orden suya, había realizado la Dirección General de la Guardia Civil tras la desarticulación del comando Eibar. Yo había remitido un oficio al director de la Guardia Civil, Luis Roldán, en el que le advertía de que podía incurrir en un delito de revelación de secretos si facilitaba documentos judiciales a la prensa. Tras ese incidente, Corcuera me llamó. Cuando se lo dije a Carmen, se empeñó en acompañarme. Me pareció bien. Así que cruzamos la calle Génova y en unos minutos estábamos en la antesala del despacho del ministro. Cuando entramos nos recibió, junto con el director de la Benemérita, Luis Roldán. Me dijo: «No hacía falta que vinieras acompañado. No te va a pasar nada». Le contesté: «¡Señor ministro, ésta no es una visita de cortesía, sino profesional y por tal motivo debe de estar presente la fiscal que lleva el caso!». Sin inmutarse, me pidió explicaciones por el oficio que había mandado a Roldán. Carmen y yo nos miramos un poco alucinados. Después, convinimos en que algo no funcionaba bien en ese ministerio o en la cabeza del ministro. Así que se lo expliqué: «Esto es lo que hay. He dado esa orden como juez y debe cumplirse. Si hay que publicar algún documento por razones de seguridad, solicítemelo y no dude que resolveré de acuerdo con la ley, siempre y cuando no perjudique la investigación. Imagínese qué ocurriría si ahora, hoy mismo, diera orden de que el avión que lleva a los dirigentes de ETA de Argel a Santo Domingo –habían fracasado las conversaciones de Argel y expulsaban a Eugenio Etxebeste, "Antxon", Ignacio Aracama y otros– no despegara y, como juez de guardia, procediera a su detención. Usted tendría que cumplirla». «¡Eso sería interferir en la acción del gobierno!», gritó el ministro. Le contesté: «Nada de eso. Sería cumplir la ley y proceder a la detención de varios terroristas».

El ministro no daba crédito. Nos dijo que no podía ser. Que los terroristas pensarían que les habían traicionado; además tuvo una brillante salida: «Ya no puedes hacer nada. El avión ya ha despegado». Cuando volvíamos Carmen y yo hacia la Audiencia Nacional, comentamos que deberíamos haberlo hecho. Tuve incluso la orden redactada. ¿Debí hacerlo? Probablemente. ¿Qué hubiera ocurrido? No lo sé, pero la historia hubiera sido diferente.

Pero ahora ya nada tenía importancia. Todos estábamos allí para llorar su ausencia: María Dolores Márquez, Javier Gómez de Liaño, Carlos Dívar, Rafael Mendizábal. Carmen estaba tendida en el suelo, cubierta con una manta, muerta, irremediablemente muerta. Un gran vacío se adueñó de mí. Volví a casa trastornado; después me fui al Instituto Anatómico Forense. Los médicos que iban a efectuar la autopsia pidieron que entrara alguien a reconocer el cadáver. Lo hice yo. Entré tras ellos y vi su cuerpo: desnudo, frío, atravesado por varias balas pero con una sonrisa en su rostro. No pude rezar durante toda la noche. Fue muy duro asistir a la capilla ardiente, escribir el obituario que publiqué en el diario *El País*, sacar a hombros su féretro. Demasiado dolor. Los jueces de la Audiencia Nacional la despedimos fundiéndonos en un abrazo.

El golpe había sido demoledor. Necesitábamos sentirnos unidos y empezamos a reunirnos para comer o cenar. Durante un tiempo la prensa protegió nuestros rostros. No unía las operaciones judiciales con nuestros nombres. El Ministerio del Interior diseñó un plan de seguridad para todos. La cápsula protectora de la Audiencia Nacional ya estaba fabricada.

Que los terroristas comenzaran a fijarse en nosotros era algo que podía suceder, pero había que asumir ese riesgo para hacerles frente. Sin embargo, el miedo se mascaba entre los funcionarios, secretarios, jueces y fiscales. Era evidente el temor que despertaban los abogados que defendían a los terroristas. En todas partes se veían fantasmas y enemigos. La desconfianza era la norma. Este clima se había producido en el último año, desde que habían comenzado el caso GAL y el ataque judicial a ETA.

Ya sé que los únicos responsables de los crímenes son los que han participado en ellos. Pero hay veces que una postura permisiva o de pasividad crea la apariencia de que el juego está repartido y que nadie, en especial los terroristas, lo van a romper. En algún momento alguien me insinuó que mi forma de abordar los temas tenía algo que ver con el cambio de estrategia agresiva de ETA contra el estamento judicial.

Recibir a los treinta y cuatro años el impacto de una crítica de ese calado me hizo replantearme si mi actuación era la acertada, como Carmen y yo pensábamos, o si había que volver a la pasividad judicial: esperar que los asuntos te llegaran hasta el siguiente atentado. Esa reflexión sirvió para reafirmar mis convicciones: a ETA había que atacarla por todos los frentes, escudriñando cada dato o elemento por intrascendente que pareciera. La experiencia me ha demostrado que algo que hoy no significa nada puede tener un valor relevante en el futuro. Por eso me salen los papeles por el techo de mi buhardilla.

A partir de aquellos luctuosos hechos comprobé la aparición de un fenómeno que hasta ese momento no había detectado: el interés y el deseo de ser víctima potencial y que te reconocieran como tal. A éstos les llamo las «falsas víctimas» o las «víctimas interesadas».

A partir del asesinato de Carmen Tagle, de las tentativas de asesinato contra el presidente de la Audiencia Nacional Fernando Mateo Lage, del presidente de la Sección 2.ª de la Sala de lo Penal de la Audiencia Nacional, José Antonio Jiménez Alfaro, y del entonces teniente fiscal, Eduardo Fungairiño, se produjo una especie de psicosis. Tras la desarticulación de cada grupo etarra por parte de los cuerpos y fuerzas de seguridad aparecían las listas de objetivos, unos muy generales y otros más concretos. Cuando se producía este hecho, lo normal era que la policía o el juez –al menos yo lo hacía– llamara por cortesía a los compañeros señalados. Pero algunos, si su nombre no aparecía, se molestaban. Si no estabas en una lista no tenías suficiente categoría.

En una ocasión apareció el nombre de un altísimo cargo de la justicia constitucional española. Inmediatamente le llamé, a pesar de tratarse de una causa secreta. Le comuniqué que no había riesgo porque la información no estaba muy elaborada y que era mejor mantener la reserva. A los cinco minutos le oí declarar a una emisora de radio que ninguna amenaza terrorista le haría cambiar. Por supuesto, exigió enseguida que se le aumentara la seguridad.

Estas pequeñas miserias no son dignas de ser tenidas en cuenta; o quizá sí, para demostrar que las personas son humanas. Mi seguridad compete a los que deben protegerme. El juez Giovanni Falcone decía: «Soy consciente de que mi nombre está escrito en algún calendario y sólo es cuestión de que llegue el momento o tengan la ocasión de tachar la fecha». Son tantos los frentes en mi vida que tal desenlace entra dentro de lo previsible. Pero no se lo voy a poner fácil. Con los años me he vuelto precavido.

Creo que el mayor daño que se puede inferir a una organización criminal es demostrarle que aunque nos pueden matar, no tenemos miedo de ser libres ni de luchar contra ella. También que, entre todos, cada uno haciendo lo que debe, podemos acabar con ellos. Ésta es la tarea que se merecen las víctimas, ante cuya dignidad y sentimiento no se puede volver la espalda.

Recuerdo una anécdota, relacionada con mi seguridad, que ahora puedo contar. Ocurrió en el año 2000. En noviembre de 1999, la Asociación Latinoamericana de Derechos Humanos me concedió el premio Pro Derechos Humanos Leónidas Proaño en Quito (Ecuador). Juan de Dios Parra se ofreció a organizar, con absoluta reserva, un viaje a las islas Galápagos para mi familia. El 23 de diciembre de ese año un amigo me comunicó un enigmático mensaje del ex presidente del gobierno Felipe González: «Dile que tenga cuidado en sus viajes a Iberoamérica porque los militares chilenos y argentinos quieren acabar con él. Que tenga especialmente cuidado en Ecuador y que no vaya a las Galápagos».

Me quedé de una pieza; indagué un poco más y supe que al parecer había un proyecto de dinamitar la embarcación en la que íbamos a hacer la travesía entre el continente y las islas Galápagos. Llamé a Juan de Dios y le pregunté a quién había hablado del viaje; me juró que a nadie y como efectivamente el medio elegido era una embarcación en la que nos acompañaría un diplomático sueco y su familia, decidimos anular el viaje, y después de pedir que dieran las gracias a Felipe González, me quedé sin disfrutar de esas islas y de sus maravillas naturales. ¡Otra vez será!

Trabajar bajo la presión de la seguridad sobre tu persona y tu familia no es cómodo. Por eso siempre he buscado vías de escape, formas alternativas de contrarrestar la tensión del trabajo con otras tensiones diferentes a través del deporte en la montaña o en el mar. También me escondo en el extranjero. O participo en labores humanitarias. El secreto está en desconectar. Creo firmemente que todo ser humano tiene un gran potencial de energía dentro de sí mismo, que en muchas ocasiones no activamos. Muchas veces nos acomodamos a una vida carente de compromisos y responsabilidades, más allá de aquellos que nos dan de comer, es decir, el trabajo. Todos estamos etiquetados para hacer aquello que nos corresponde en la cadena. El problema es que en ningún sitio está escrito que la vida sea una cadena de producción.

La capacidad que a veces puede desplegar cada uno de nosotros es imprevisiblemente amplia. ¿Por qué quedarnos en los límites de un despacho de juez cuando puedes descubrir nuevas vías para dar respuesta a cuestiones que antes no se habían planteado porque su resolución parecía irresoluble? Si no te arriesgas, no conseguirás cambiar las cosas.

¿Por qué la labor del juez no va a ser la de participar en iniciativas solidarias a favor de diferentes colectivos? ¿Por qué aceptar el calificativo de activista o protagonista cuando haces exactamente lo mismo que miles de personas solidarias? Es cierto que la proyección puede ser mayor que en otros casos. Y, si fuera así, ¿por qué no aprovechar esa situación para buscar soluciones a problemas que no los tenían? Entre las obligaciones del ser humano, y los jueces lo somos aunque a veces no lo parezcamos, está la de ser solidarios y la de cooperar con los que precisan ayuda para conseguir una vida digna.

Quizá por estos planteamientos y otros similares, y por

mis antecedentes juveniles, tuve claro que debía hacer algo más que la simple medición de reglas jurídicas. Ésa no es exclusivamente la labor del juez. La administración de justicia es algo más. Nunca he sido partidario del aserto «ése no es mi problema». Todos los problemas son nuestros, de una u otra manera a todos nos afectan y por eso no podemos desentendernos de ellos. Del consuelo se debe pasar a la acción, al compromiso. Realmente, si no fuera juez, o en la medida en la que pudiera compatibilizarlo, sería feliz (si es que se puede ser feliz cuando el sufrimiento es tan intenso) si pudiera trabajar en alguna organización humanitaria o en un organismo comprometido en la solución de conflictos en los lugares en los que se producen, apoyando a los afectados por la situación concreta.

He procurado transmitir a mis hijos ese mismo espíritu de compromiso solidario. Mi hijo Baltasar, como ya he dicho, ha estado en la franja de Gaza, en Colombia y en las selvas andinas de Ecuador para trabajar en pro de las comunidades indígenas. Todos tenemos esa obligación.

En aquella época, años 1988-1996, en el ámbito profesional, el papel reservado a las víctimas del terrorismo en España era bastante limitado. Las asociaciones de víctimas no eran bien recibidas como parte en los procesos, y siempre se las denostaba porque se consideraba que sus soluciones eran las más extremistas. Como si exigir justicia y que los jueces y fiscales diéramos la cara fuese algo extremo. Las víctimas eran un mero dato estadístico cuando se trataba de actos terroristas, y en los demás casos tampoco importaban demasiado. Se las mencionaba en los discursos políticos o se las utilizaba en las campañas políticas. Pero se prescindía de ellas cuando se negociaba una tregua Es más, constituían un «estorbo».

Desde el primer momento en que me enfrenté a los temas que aún hoy ocupan todas mis actividades profesionales, decidí que esto no podía ser así y que las víctimas debían formar parte de la acción antiterrorista, dándoles participación y estudiando, como otros más, sus planteamientos, no rechazándolos por el mero hecho de que discreparan del ministerio fiscal, y desde luego no permitiendo que sus verdugos o quienes les representaban prolongaran su dolor.

En España tenemos la suerte de que, por tradición medieval y como una vía de control a los excesos feudales, existía la llamada acción popular ante el rey. Ahora, en el ámbito procesal, junto con la particular, los ciudadanos pueden participar e impulsar el ejercicio de la acción penal en delitos públicos con sólo cumplir los requisitos legales y jurisprudenciales exigidos (pero sin posibilidad de desconocer su existencia, ante la contundencia del artículo 125 de la Constitución española que otorga rango constitucional a la acción popular).

Gracias a esta regla o mecanismo procesal y a la interpretación favorable a que pueda ser ejercida por personas no sólo físicas sino también jurídicas, han podido desarrollarse procesos en España de una importancia considerable y de una trascendencia vital para la evolución del derecho penal interno e internacional. Los casos GAL y los conocidos como Argentina, Pinochet y Guatemala no serían realidad o ésta hubiera sido diferente si el juez no hubiera aceptado las denuncias y querellas planteadas por asociaciones humanitarias, e incluso por una asociación profesional de fiscales (Unión Progresista de Fiscales, UPF), mientras que, simultáneamente, el fiscal del caso recibía la orden del fiscal general del Estado de no actuar o de hacerlo en sentido contrario a la tramitación del asunto, con lo que adoptaba un papel más próximo al del abogado defensor que al de protector y garante de la legalidad e impulsor de la acción penal. Es una situación que hoy afortunadamente ha cambiado por decisión del nuevo fiscal general, Cándido Conde-Pumpido, de acuerdo con la doctrina de la Sala de lo Penal de la Audiencia Nacional y del Tribunal Supremo. Y ha encargado a otra fiscal, Dolores Delgado, cuya profesionalidad y sensibilidad con los derechos humanos es notable, el ejercicio de la acusación pública.

En la década de 1980, el Estado se mostraba cicatero a la hora de indemnizar a las víctimas del terrorismo. Se podía conceder mayor indemnización por una muerte en accidente de circulación que por una en atentado terrorista. Esa tendencia se fue invirtiendo. El clamor popular tomó cuerpo. Surgió el movimiento de manos blancas contra el terrorismo tras el asesinato del ex presidente del Tribunal Constitucional Francisco Tomás y Valiente el 14 de febrero de 1996. Ese movimiento se incrementó tras el secuestro y asesinato de Miguel Ángel Blanco el 12 de julio de 1997. La sociedad española tomó conciencia de que todos éramos víctimas del terror y que la adscripción social o profesional no importaba para sentir el ataque como propio. Sin duda, a esa percepción y sensibilidad ciudadanas contribuyeron también acontecimientos internacionales como la guerra de Bosnia, Kosovo y Ruanda. El carácter de víctima universal fue tomando cuerpo y se exigió más protección para ellas.

A partir de ese momento, se superó la inercia elitista y étnica hacia las víctimas, así como su categorización. Es decir, da igual que sea negra o blanca o que proceda del lugar más ignoto del planeta; lo importante es el carácter de víctima y que éste se manifiesta en tiempo real. Los medios de comunicación trasladan a millones de ciudadanos lo que está sucediendo en cualquier parte del mundo; la ineficacia de algunas instituciones; la crueldad de determinados actores, las matanzas sin necesidad de explicación. El ser humano, en esos años, ante tanta deshumanización se vuelve más sensible, más exigente, y las instituciones democráticas, especialmente las políticas, perciben esa posición y toman medidas de protección real de las víctimas. Aunque no en todos los casos.

La categoría de víctimas de hechos delictivos a veces se ha reducido demasiado. Incluso, como ha sucedido en el tráfico de drogas, se ha hecho responsable del fenómeno desde el punto de vista social o jurídico a la víctima. Es decir, al consumidor. Toda la presión recae sobre los que promueven la oferta y poco se hace por el consumidor. Se olvida de que sólo las políticas preventivas y su desarrollo pueden ofrecer una solución.

Recuerdo una anécdota macabra de un congreso sobre narcotráfico al que asistí, que tuvo lugar en Trujillo (Venezuela), junto a la frontera colombiana, en 1991. Cuando debatíamos las diferentes vías o caminos para erradicar o controlar la lacra del narcotráfico, un juez venezolano propuso que la cocaína que se incautara en el aeropuerto de Maiquetía, de Caracas, se infectara de arsénico y se dejara ponerla en circulación en Estados Unidos para acabar con la vida de los consumidores. Así se solucionaría el problema, ya que al desaparecer los consumidores, los productores dejarían de producir la droga.

Evidentemente, semejante despropósito no es la solución. Un año antes, en 1990, me topé de bruces con el problema del narcotráfico o, mejor dicho, con el rostro humano de las víctimas. La investigación judicial de la Operación Nécora me acercó al sufrimiento de las familias de los drogodependientes. Querían justicia después de haber enterrado a sus hijos, hermanos, novios y amigos. Su pérdida las convirtió en militantes de un movimiento ciudadano que ha logrado despertar las conciencias de la sociedad en la que viven y de toda España. Esas mujeres eran y son la voz de las víctimas que, por primera vez, se imponía con rabia al secuestro que el narcotráfico había impuesto sobre algunas personas en el norte de España.

Esta realidad, nueva para mí, hizo que reflexionara sobre

este fenómeno: su origen, su desarrollo, sus consecuencias. No quiero hacer aquí un análisis exhaustivo del narcotráfico, ya que hay muchos estudios y opiniones más autorizadas que la mía. No obstante, confesaré que me volqué en tres frentes: la lucha contra las estructuras nucleares de las organizaciones criminales que se dedican a este ilícito comercio, el ataque a los circuitos de blanqueo de los beneficios del narcotráfico, nervio central de estas estructuras, y la búsqueda de medios más eficaces para controlar la demanda, para conseguir una sociedad libre de drogas, ya que su existencia no obliga a su consumo. Por eso considero que la labor de prevención y educación es fundamental. Es necesario recuperar unos valores básicos que llenen los vacíos de la sociedad actual para evitar que el desencanto y la desesperanza conduzcan a esa adicción que sólo es una tapadera para evadirse de los problemas que se presentan en la vida cotidiana.

Por ello comencé a leer y estudiar el fenómeno. Quería ayudar en la medida de lo posible a que los efectos de la adicción fueran menores, mediante la cooperación en programas de recuperación y la rehabilitación de drogodependientes, así como en las áreas de prevención y educación. En 1991 tomé contacto con diversas organizaciones no gubernamentales dedicadas a esa tarea. Mi relación más intensa ha sido con Proyecto Hombre. Bajo el paraguas de esa asociación, en noviembre de 1992, mi buen amigo, ya fallecido, Ramón García, me propuso organizar un partido de fútbol benéfico contra la droga. En la iniciativa se implicaron Johan Cruyff y Luis del Olmo. Se han celebrado ya trece ediciones. Los fondos que se obtienen se invierten en la prevención y rehabilitación de drogodependientes dentro y fuera de las prisiones.

En 1993 visité por primera vez una comunidad terapéutica de desintoxicación. Durante un día conviví con los chicos y chicas que realizaban los programas de rehabilitación. Fue una experiencia sobrecogedora. Hasta ese momento, no supe lo difícil que era para esos chavales rehacer sus vidas tras la destrucción que habían sufrido a causa de su adicción. En esta línea continué cuando fui nombrado delegado del gobierno para el Plan Nacional sobre Drogas. Y lo sigo haciendo.

Considero que los jueces tenemos mayores obligaciones porque podemos ocuparnos de las dos caras del problema: el delito y el drogodependiente. Por fortuna, al menos en España, la sensibilidad de la administración de justicia se ha acentuado y cada vez se permiten con más frecuencia tratamientos de desintoxicación alternativos a la prisión a través de organizaciones como Proyecto Hombre y muchas otras.

Sin embargo no todo es tan fácil. Cuando se plantea la posibilidad de abrir un centro de deshabituación de toxicómanos, el rechazo de la ciudad o del barrio suele ser generalizado. Les contaré un caso. Mi mujer y yo contribuimos a una iniciativa llamada Proyecto Gloria en la que un grupo no muy grande de jóvenes drogodependientes, alcohólicos, con síndrome de inmunodeficiencia o sin techo son atendidos con esfuerzo y pocos medios. El año en el que venció el contrato del piso en el que viven se buscó uno nuevo. Localizaron un alojamiento que era idóneo para los fines deseados y que pertenecía a la Iglesia. Sin embargo, se les negó el alquiler al conocer la naturaleza del proyecto, ¡y era la Iglesia! Falta sensibilidad y solidaridad con las víctimas, falta en definitiva asumir que se trata de un problema que nos implica a todos y del que todos somos corresponsables.

Los datos estadísticos indican una disminución de las muertes por sobredosis, pero el consumo comienza a una edad más temprana. Y España se ha puesto a la cabeza de Europa en consumo de cocaína. Ahora, los drogodependientes son poliadictos y prefieren las drogas sintéticas. Y sobre todo se desvela que los jóvenes entre catorce y dieciocho años tienen menos miedo al efecto de las drogas. La consecuencia es que se han multiplicado por cuatro, lo que presenta un cuadro altamente peligroso frente al cual la información sobre los efectos y la educación resultan esenciales. No hace mucho tiempo mi hijo Baltasar me preguntó: «¿Eres partidario de la legalización de las drogas?». Vaya pregunta, le dije. No se puede contestar con un sí o un no. Pienso –le dije– que es necesario que esa cuestión se plantee en los foros universitarios y en las organizaciones internacionales como la ONU, que se debata esa posibilidad. Lo cierto es que las políticas penales contra el narcotráfico han fracasado, como lo desvelan los datos estadísticos sobre el crecimiento del tráfico de drogas.

Veamos el ejemplo de Colombia. Estados Unidos y el gobierno colombiano han intentado acabar con ese negocio mediante la fumigación de los cultivos de coca o las acciones militares. Sin embargo, esa política no ha funcionado. Sólo ha servido para aumentar la pobreza y para que los grupos paramilitares y las guerrillas campen a sus anchas. El Estado ha perdido poder y no puede luchar contra los grupos que controlan la venta de la cocaína. Además, la producción de la droga se ha trasladado a otros países como Ecuador, Bolivia o Brasil.

Sin embargo, la legalización, sin más, de la droga no es la solución. Esa política no va a evitar el consumo y por tanto, el problema continúa. Pienso que habría que optar por la prevención. Hay que educar a la sociedad para que aprenda a convivir con las drogas, pero sin recurrir a ellas.

No soy partidario de prohibir el consumo. Es más, considero que es necesario y que, en casos puntuales, puede ser conveniente que se suministre droga de forma controlada a los drogodependientes y a aquellos que las necesiten con fines terapéuticos, cuando no existe otra posibilidad de desintoxicación y con la finalidad de reducir al máximo el daño.

Existen muchas teorías sobre este fenómeno, pero yo estoy con la víctima. Salvo casos muy contados, los drogodependientes no eligen voluntariamente ese camino. Empiezan a coquetear con las drogas como si fuera un juego, sin saber las consecuencias, o son inducidos o conducidos a ello. Cuando se quieren dar cuenta están enganchados. La responsabilidad última de esa situación es en gran medida del Estado, que no ha sabido establecer los mecanismos para evitar ese deterioro, esa destrucción. La sociedad debe ser solidaria. El drogodependiente no es un delincuente, es una víctima. No sirve de nada encarcelarle, ocultar el fracaso; hacerlo es aplazar el problema. Además, muchas de estas personas nunca han delinquido.

Las causas de este problema habría que buscarlas en la crisis de valores que vive nuestra sociedad. Y también en los cambios que se han operado en las estructuras familiares. En las familias ha desaparecido el diálogo. Los padres han hecho dejación de sus responsabilidades. Los roles han cambiado. Ahora las madres no pueden asumir en solitario el papel de educadoras de los hijos. Tienen otras ocupaciones, su profesión. Por ello, los hombres, los padres, en paridad, han de asumir esa responsabilidad y preocuparse de sus hijos. Han de enseñarles a decir no. A ser fuertes y resistir las tentaciones. Hay que erradicar la cultura del éxito fácil, del consumismo, de la inmediatez. Acabar con los estereotipos del ejecutivo agresivo, del culto al cuerpo, del triunfador.

Los jóvenes que no encajan en ese modelo no encuentran salidas en una sociedad en la que todo resulta efímero. Esa postura les hace caer en la desilusión, en la desesperanza. No todos han nacido para triunfar. Y sienten que han fracasado sin haber empezado a luchar. Se refugian en el paraíso de las drogas. Huyen de una realidad que no les gusta, que les asfixia. No tienen futuro, o eso creen ellos. Pienso que es necesario escucharles, pasar tiempo con ellos y enseñarles a comprometerse con unos ideales que fueron útiles para otras generaciones. El compromiso social y sobre todo rebajar las expectativas. Que la cultura de la competitividad de los adultos no se traslade a su mundo. Los padres debemos aprender que nuestros hijos son personas, no objetos para competir entre nosotros. Debemos dejar de exigirles que sean los primeros de la clase, que aprendan mil y una actividades, que sean buenos chicos, que estudien una carrera universitaria para ganar dinero. Que piensen que la vida consiste en acumular reconocimientos. Lo importante es ser uno mismo, pero sin olvidar que este afán de autenticidad debe tener un horizonte de solidaridad, y ese camino se puede recorrer sin drogas, si conseguimos que esa formación integral se desarrolle. Siempre hay una posibilidad y siempre hay que dar esperanza.

A lo largo de la historia no faltan ejemplos de persecución, crueldad y tortura. El siglo XX ha sido especialmente violento. ¿Qué sentido tiene la maldad en el hombre? No lo sé. Aunque los que más me crispan, y a los que considero tan responsables de la denigración de las víctimas es a los indiferentes, ya que es su actitud la que hace posibles todas las agresiones. Sin su silencio y pasividad no habrían existido las matanzas que a lo largo de la historia se han producido y se producen.

La apatía y la aceptación de esas situaciones son la base para que se consume el fenómeno de la impunidad y para que perdure en el tiempo como una especie de gangrena que lo corrompe todo y que deslegitima cualquier intento posterior para responder desde la justicia a esos crímenes atroces.

Se trata no tanto de resarcir a las víctimas, lo cual es una obligación legal, sino de dotar de sentido y ética al futuro de una sociedad. Un sistema que se apoya sobre cadáveres que aún esperan justicia para descansar en paz es un sistema ilegítimo y condenado a sufrir antes o después la misma suerte. Es lo mismo que aquellos planteamientos que olvidan que la paz y la libertad duraderas nunca vienen de la mano de la violencia, sino de apoyar la legalidad, la justicia, el respeto a la diversidad étnica, cultural y religiosa, así como de la defensa de los derechos humanos. En definitiva, no se puede construir la paz sobre la miseria o la agresión del fuerte sobre el débil, sino que tiene que ser una construcción que una esfuerzos, educación, cultura, tolerancia y desarrollo.

Impartir justicia es una exigencia que corresponde a las víctimas, pero constituye una obligación del Estado; en ello tiene mucho que ver también la sociedad, cuya demanda de respuestas no puede ceder ante ninguna presión fáctica. Si la sociedad se inhibe en esta obligación será corresponsable del resultado producido.

Cuando desde el Estado se denigra a un grupo de mujeres por pedir justicia o cuando partidarios de un dictador, como lobos de la misma camada, atacan a quienes sólo piden justicia, no sólo se desconocen los valores del ser humano sino que se humilla aún más a toda la sociedad y a la comunidad internacional, porque los afectados por la inactividad ominosa del propio Estado somos todos.

Se ha producido hasta épocas recientes un incomprensible adormecimiento de la sociedad respecto a la defensa de los valores elementales del Estado de derecho, una inactividad alentada por el desconocimiento de los más elementales preceptos que garantizan los derechos básicos del ser humano.

Occidente y sus jerarquías, políticas, militares, sociales y económicas, han estado más ocupados en el progreso abusivo y vergonzante de la producción, la especulación y el beneficio globalizados que de una adecuada redistribución de la riqueza o de la lucha contra la marginación y la pobreza. Más atentos a una política de exclusión, que incluso aprueba estados de emergencia nacional frente a la temida inmigración, que a una auténtica política de inclusión social equitativa y justa que respete la diversidad. Más favorables al olvido interesado que a una adecuada exigencia de justicia. Más decididos a garantizar la impunidad de los dirigentes que a establecer los parámetros para exigir responsabilidades. Sólo en casos excepcionales se ha roto esa inercia y cuando ya la agresión era de tales dimensiones que no podía orillarse.

La historia de la impunidad en todos los pueblos es la historia de la cobardía de los que la generaron, pero también de los que la consintieron o consienten posteriormente. En todos los supuestos la historia está jalonada de grandes discursos de justificación y de llamadas a la prudencia para no romper los frágiles equilibrios conseguidos a cambio de la no exigencia de responsabilidades a los perpetradores o a que dicha exigencia se produzca con mesura. Asimismo, abundan los discursos justificativos. Pero la verdadera intención de toda esta parafernalia es la autoprotección y seguridad de aquellos que causaron el mal, que incomprensiblemente será asumida y aceptada por los ciudadanos a los que de esta forma no sólo se les mata o tortura sino que, además, después se les convence para que olviden y no reclamen. Cuando alguien rompe esa cadena de falsedades y de intereses cruzados, se le tilda de desestabilizador o incluso se le acusa de ser insensible con la «nueva realidad democrática», tan beneficiosa para todos. Y mientras tanto, la justicia, una vez más, es la puta de la reunión, a la que todos manosean y desprecian a la vez, mientras que la diosa impunidad es alabada cual becerro de oro por todos los interesados que silencian a las víctimas, y además será entronizada por la propia justicia, sometida y aquiescente con el nuevo poder establecido.

Se produce así una situación paradójica. La justicia no sólo no persigue al que cometió el crimen, lo impulsó o cooperó a su ejecución, sino que ataca a las víctimas, que se convierten en agresoras y que como tal son perseguidas y despreciadas. Las puertas del Palacio de Justicia se habrán cerrado definitivamente y las de la ley también, porque se han promulgado leyes destinadas a mantener esta situación. Todo debe estar formalmente establecido y así las conciencias dormirán tranquilas.

Las fórmulas para formalizar ese olvido son muy variadas. Se ponen en marcha acuerdos de transición, amnistías, indultos generales, leyes de obediencia debida y leyes de punto final. Distintos nombres para un mismo monstruo: impunidad o solución política adecuada. Las víctimas no cuentan; al contrario, estorban. Se las acusa de haberse convertido en radicales e incluso, en algunas zonas, se las considera terroristas porque, dicen, atacan la estabilidad del país con un afán tan desmedido de justicia que se confunde con venganza.

Ernesto Sábato me hizo comprender cómo el olvido es el elemento básico de la impunidad. «El responsable de un crimen necesita —me decía—, cuando de salvarse se trata, que los demás olviden cuanto antes.» Es decir, pensé, se trata de eliminar los vestigios e incluso la memoria. Durante un tiempo se reconocerá a las víctimas e incluso se conmemorará el hecho, pero después, cuando la orgía sangrienta se disipa, se precisa comprensión y olvido. El criminal necesita que se entienda por qué hizo lo que hizo, pero después, cuando fracasan sus anteriores argumentos, le resulta vital el olvido para no ver reflejado en las caras de los ciudadanos el reproche por los crímenes cometidos. A las víctimas, mientras tanto, se las persigue, se las desconoce o, lo que es más habitual, se las desacredita. No es estético que proclamen semana tras semana y año tras año que la injusticia sigue viva, que no se ha reparado la herida inferida injustamente.

Sin embargo, como le dije a Sábato, una situación como ésta no puede durar mucho, porque antes o después existirá un juez, una instancia que no se someta a esos dictados antidemocráticos y que interrumpa la cadena. En definitiva, que haga ver que esos planteamientos no pueden estar guiados por la buena fe sino por la arbitrariedad, y que a la larga pueden contribuir y de hecho contribuyen a que arraigue la corrupción en los poderes públicos y a socializar la perversa idea de que todo está permitido y que nada puede ocurrirle al agresor, lo que facilita que se restauren comportamientos y actitudes intrínsecamente corruptos en todos los rincones del poder, cuyos titulares aceptan como conveniente una democracia a tiempo parcial con tal de permanecer en su ejercicio, aunque sea a costa de tender un manto de olvido sobre el pasado con el eufemismo de mirar hacia el futuro.

«Así es –me contestó Sábato–. El poder se apoya sobre el olvido y la ausencia de memoria, haciendo recaer sobre las propias víctimas la responsabilidad de la situación.»

Conforme oía estas palabras, no pude evitar evocar a las víctimas de la dictadura argentina a partir de aquel terrible 24 de marzo de 1976, como antes me había sucedido con las de Chile desde el infausto 11 de septiembre de 1973.

La cámara de los horrores en la que me introduje a partir de la admisión a trámite de la denuncia presentada en marzo de 1996 por la Unión Progresista de Fiscales por los crímenes de genocidio, terrorismo y tortura durante el proceso militar argentino (1976-1983) me transformarían y cambiarían mi carácter, ya especialmente sensible hacia las víctimas, y mi vida entera.

Unos años antes, cuando preparé un amplio estudio sobre la tortura a lo largo de la historia, vi juntas algunas de las atrocidades a las que ahora me enfrentaba de una forma muy distinta a la académica, cultural o erudita.

Ahora eran personas destruidas, humilladas, desaparecidas respecto de las cuales se me pedía que como juez central de Instrucción de la Audiencia Nacional de España, me pronunciase abiertamente, no para opinar, sino para iniciar una investigación por los delitos más graves que puede cometer un ser humano. Alegaron que eran crímenes contra la comunidad internacional y que entre las treinta mil víctimas había ciudadanos españoles.

En el informe *Nunca más* leía:

> La noche del día 16 de septiembre de 1976 en la ciudad de La Plata fueron secuestrados por fuerzas de seguridad en sus respectivos domicilios siete jóvenes de entre catorce y dieciocho años que formaban parte de un grupo de dieciséis que habían participado en una campaña pro boleto escolar. «Cada uno de ellos fue arrancado de sus hogares» porque la policía de la provincia de Buenos Aires había dispuesto un operativo de escarmiento, ya que consideraba esa campaña como «subversiva en las escuelas». Tres de los chicos fueron liberados. Los cuatro restantes fueron asesinados después de padecer torturas en distintos centros clandestinos de detención.

Fue la llamada «noche de los lápices». Todas las víctimas me estallaban en pleno rostro para avergonzarnos por nuestra indiferencia. En este teatro de la crueldad y de la infamia hasta ahora habíamos hecho una especie de representación clásica y clamorosa de la injusticia; una banalización del mal como símbolo de una tragedia inútil. Nos denunciaban desde su silencio, una vez más, los que habían caído sin razón, los derrotados sin motivo; ahora comenzaba el largo camino de la representación de la justicia y el Estado de derecho. ¿Qué sucedería?

La lectura del testimonio de una niña de catorce años, secuestrada en su casa de la ciudad de Córdoba y llevada al centro clandestino La Ribera, me resultó especialmente dura:

> Entrada la noche, se acercó uno de los guardias y me amenazó con un arma comenzando a desvestirme y manosearme. En ese momento me encontraba atada de pies y manos. Debido a la operación de tabique nasal, no podía respirar por la nariz sino sólo por la boca. El guardia colocó entonces su pene en mi boca. Comencé a gritar y se despertaron todos, lo que obligó al guardia a dejarme [...]. En ese momento llegó otro guardia preguntando qué pasaba, a lo que contestó que yo era peligrosa porque había colocado bombas y tirado panfletos.

Otro chico de la misma edad relata igualmente en el informe que le colocaron la «picana» eléctrica en la boca, encías y genitales, le arrancaron una uña del pie, le sujetaron el cuello con una soga.

Otro de catorce años fue asesinado y apareció en el Río de la Plata en Uruguay, con las manos y piernas atadas, desnudo y con signos de haber sufrido graves torturas; éstos son algunos ejemplos de los casi doscientos cincuenta niños y niñas que tenían entre trece y dieciocho años desaparecidos como fruto de la represión.

En aquellos días, la carga emocional por la lectura detenida de los casos me obligó a reflexionar si la impunidad que se vivía en Argentina era legal. Sabía que las leyes de punto final habían sido descalificadas por organismos internacionales y a pesar de ello se impusieron. Por eso quise responder desde el derecho a los que habían negado toda posibilidad de sortearlas.

Así que recurrí una vez más a aplicar el principio de justicia penal universal (la primera vez que lo hice fue en 1992 en el proceso del Achille Lauro). Ahora en Argentina estaba solo. Los medios de comunicación españoles, salvo el equipo de investigación de *La Vanguardia* (Barcelona), integrado por Eduardo Martín de Pozuelo y Santiago Tarín, que siguieron el asunto desde el principio, no se interesaron demasiado por esta investigación. Incluso para algunos constituía un simple brindis al sol.

Lo que más me dolía no era tanto la despreocupación como el rictus autoritario y xenófobo que aprecié. «¿Qué se nos había perdido a nosotros en Argentina?» Además se decía que la denuncia estaba promovida por unas viejas locas ridículas con pañuelos en la cabeza. Lo cierto era que en esas «locas con pañuelo en la cabeza» he encontrado más dignidad que en toda la carrera judicial junta.

Inicialmente no tenía claro lo que debía hacer. Desde el principio sabía que debía admitir a trámite la denuncia, pero era difícil. Existían problemas para definir la jurisdicción, ya que el delito se había cometido en el extranjero, los autores eran argentinos y en parte era cosa juzgada. También era complicado definir los tipos legales de genocidio, tortura y terrorismo y había que lidiar con la posible prescripción de los hechos.

Debo reconocer que aquella tensión inicial, aumentada por la oposición frontal del ministerio fiscal, incomprensible para mí, sólo fue compensada por la tesonera actuación de la acusación popular y de las víctimas, sin cuya acción no hubiera existido ejercicio de la acción penal y el procedimiento no habría prosperado.

El carácter internacional de los crímenes de genocidio torturas y terrorismo entraba en el ámbito de aplicación del artículo 23.4 de la ley española, que permitía aplicar el principio de jurisdicción universal. La prescripción quedaba solventada, ya que la acción supuestamente delictiva se había desplegado desde 1976 a 1983 y la denuncia había tenido entrada en marzo de 1996. Los convenios sobre el genocidio y la tortura también permitían la actuación. Respecto del terrorismo, la competencia estaba mucho más clara, a pesar de la falta de definición como tal del terrorismo desde el Estado, pero la trama organizada que se trataba de desentrañar lo justificaba. Además, no había concurrencia de jurisdicciones, ya que en Argentina, y a excepción de los secuestros de menores y los delitos contra la propiedad cometidos durante la dictadura, no se estaban investigando estos hechos. Pero, sobre todo, había víctimas españolas y descendientes de españoles. Este elemento es el que a la postre se convertiría –al menos de momento– en el definitorio para la afirmación de la jurisdicción española en esta causa, según la Sala Segunda del Tribunal Supremo.

El procedimiento se puso en marcha. Tenía la convicción íntima de que si éramos capaces de consolidarlo en España, abriríamos un camino cuyas perspectivas podían ser muy positivas y constituir un rayo de esperanza para que la impunidad no tomara carta de naturaleza en nuestras sociedades. Especialmente lo sería en Argentina, en donde quizá –algunos jueces y fiscales ya estaban trabajando en esa línea– se lograría abrir una rendija al futuro. De alguna forma, se repararía la injusticia cometida diez años antes con el cierre en falso de todos los procesos, y la dignidad de las víctimas sería recuperada.

Por mi parte, el camino iniciado no iba a ser nada claro. Mis compañeros de viaje fueron, además de los textos legales, algunos periodistas intrépidos, el fiscal Carlos Castresana, un par de fiscales comprometidos en Argentina, como

Hugo Omar Cañón y Eduardo Freiler, y los organismos de Derechos Humanos con el abogado Carlos Slepoy y Manuel Ollé a la cabeza. No había nadie más. Era consciente de que el ministerio fiscal, por órdenes directas de la Fiscalía General del Estado, y por convicción propia, no iba a prestar ninguna ayuda, aunque tampoco imaginé que de una actitud pasiva inicial pasara a otra militante, en contra de la instrucción. No seré yo el que trate de explicar lo inexplicable de esa postura, desacertada en lo jurídico y profundamente injusta e insolidaria en lo material con las víctimas a las que debía proteger.

A pesar de todo esto, existía un apoyo fundamental para mí que a la postre fue lo que me dio fuerza y decisión para continuar, así como la seguridad de que estaba en el camino correcto, si se cree en la justicia como algo más que un sistema de aplicación de normas. Eran las víctimas.

La familia Labrador es originaria de Salamanca y emigró a Rosario (Argentina), buscando un porvenir que aquí se le negaba, sin que pudiera imaginar que, precisamente por ser españoles, iban a entregar su vida. Al recordar a Esperanza Labrador no puedo evitar que las lágrimas me enturbien la vista y el recuerdo. Es difícil sufrir tanto dolor y mantener tanta dignidad. Perder a su marido, dos hijos y una nuera y presentarse firme exigiendo justicia es algo que te reconforta y te hace avergonzarte por todas las veces que has tenido dudas o desinterés por la justicia. Es imposible abandonar a estas personas, sin hacer lo que sea para que se administre justicia, para que la impunidad no sea una moneda de cambio en manos de los poderosos. Ahora, después de la elección de Néstor Kirchner como presidente de Argentina, parece que, por fin, el poder político ha dejado vía libre al judicial para que actúe sin más límite que la ley. Pero de una ley renovada tras la anulación en 2003 de las leyes de Obediencia Debida y Punto Final. Aunque todavía a fines de 2004 la Corte Suprema no se ha pronunciado sobre el particular. Sería terrible para la humanidad y para la causa de la justicia que ésta una vez más diera ejemplo de cobardía y de desprecio por el dolor insepulto de las víctimas, cerrando la puerta al clamor contra aquella ignominiosa época.

Si la justificación judicial es escasa, la moral es inexistente. Ningún argumento ampararía a unos jueces que no fueran capaces de discernir entre la seguridad de unos pocos frente a la seguridad del Estado de derecho integrado por todos los ciudadanos, que son los que deben ser resarcidos porque todos son las víctimas.

Las voces que postulan el olvido pueden tener un argumento dialéctico o incluso político, pero no moral. No se puede decidir sobre aquello sobre lo que no se tiene derecho sin el consentimiento y participación de su titular. El dolor de las víctimas, el olvido y la memoria constituyen derechos inalienables y sólo a ellas corresponde administrarlos.

Al juez le corresponde impartir recta e imparcial justicia, y a ello es a lo que me apliqué en la causa de Argentina. Obviamente no hablaré de los entresijos de la misma porque el deber de secreto se extiende incluso hasta estos límites, pero sí puedo comentar los acontecimientos que se fueron sucediendo en aquellos años, como las comparecencias del honesto fiscal Julio Strassera, del admirado Ernesto Sábato, del premio Nobel de la Paz Adolfo Pérez Esquivel, de la ex presidenta de Argentina María Estela Martínez de Perón —incomprensible que ocupara ese cargo—, del valeroso cónsul de España en Rosario y la impúdica llamada telefónica del presidente de Argentina Carlos Menem para exigir explicaciones por la orden internacional de detención en marzo de 1997 contra Leopoldo Fortunato Galtieri. Mi negativa categórica a contestarle para mantener la dignidad de la justicia. La incoación posterior de la causa sobre los hechos delictivos similares producidos en Chile entre 1973 y 1991 en el Juzgado Central de Instrucción n.º 6. La apertura como pieza separada de la investigación sobre Argentina del denominado Plan Cóndor; la puesta a disposición judicial de Adolfo Scilingo; los procesamientos; las órdenes de extradición; las primeras extradiciones no tramitadas; la extradición de Ricardo Miguel Cavallo desde México, su entrega y puesta a disposición judicial; los procesamientos; las nuevas órdenes de detención en 2003, ahora sí cumplimentadas en Argentina por el juez Rodolfo Canicoba Corral el 20 de julio de 2003.

El 29 de agosto de 2003 fue un día muy triste para mí. El gobierno de José María Aznar se negó a dar curso a las extradiciones de los militares argentinos. Pensé que quizá no había sabido hacer las cosas como debía a la hora de plantear judicialmente el caso. Por eso me acordé de aquella mujer de unos setenta años de edad, con su pelo blanco sobre una frente ancha, y unos ojos vivos pero transidos por las mil lágrimas mil veces vertidas, que apenas se entreabrió la puerta de mi despacho profesional, y con lágrimas en los ojos, me dijo: «¡Gracias por recibirnos, por devolvernos la fe y la confianza en la justicia! ¡Gracias por tratarnos como personas en un tribunal de justicia!». Me quedé sin poder articular palabra. Totalmente cohibido, con unos deseos enormes de darle las gracias por haberme salvado de la desidia y de la mediocridad del cargo y por permitirme sufrir con todos ellos. Era demasiado: en los libros de derecho no había estudiado esa asignatura.

Ahora en esta situación en la que de nuevo se bloqueaba el procedimiento, no por Argentina sino por España, después de tanto camino recorrido, era como asistir a la más absurda ceremonia de la confusión. ¿Quién estaba jugando con quién? ¿Por qué el gobierno se saltaba de forma tan grosera la legislación vigente? Alguna razón debía existir, por endeble que fuera. Ahora que el gobierno argentino no se oponía –al menos así lo entendía yo– y que el propio Senado argentino había ratificado la nulidad de las leyes de Punto Final y Obediencia Debida y que ya no había obstáculos para investigar los hechos, se decidía que no había razón jurídica en mi petición.

El entonces ministro de Justicia, José María Michavila, me llamó ese 29 de agosto para ofrecerme explicaciones. Me dijo que el gobierno no había rechazado la demanda de extradición, sino que la había suspendido porque al haberse anulado las leyes de Punto Final y Obediencia Debida se podían juzgar los hechos en Argentina. «Pero ministro –le dije–, esto no es totalmente cierto, porque la Corte Suprema de Argentina todavía no ha resuelto el recurso formulado y no lo hará en mucho tiempo. Además, resulta vergonzoso que se tenga que poner en libertad a los reclamados, después de haber pedido la detención y de que se acordara ésta.» Me contestó que hablaríamos un poco más tarde y que el portavoz del gobierno explicaría que el juzgado había actuado correctamente. Unas horas más tarde, volví a hablar con Michavila y me comentó que el gobierno y toda la sociedad me agradecían los esfuerzos que había hecho en favor de la reconciliación en Argentina. Y añadió: «Baltasar, en este tema hemos hecho lo que nos ha pedido el gobierno argentino. Nos han pedido tiempo para poder desarrollar la acción contra la impunidad». «¿Es eso cierto?», le pregunté, un poco sorprendido por la información. «Ana Palacio, ministra de Asuntos Exteriores, ha estado en constante contacto con su colega argentino a lo largo del mes de agosto.»

La sensación del «nuevo punto final» por parte del ejecutivo español me llenaba de angustia, y la información de que había sido en cooperación intergubernamental, más aún. Por ello me puse en marcha con celeridad y conseguí hablar con el fiscal argentino Eduardo Freiler. Le informé de que mandaría a mi colega Canicoba una comunicación para que me informara si efectivamente era posible la persecución y si no lo fuera que me lo comunicara con urgencia para plantear de nuevo la extradición. Estuvo de acuerdo conmigo, pero al igual que yo tenía dudas de que esta acción evitara la libertad de los detenidos.

Al parecer Eduardo Freiler habló con el canciller argentino y éste le transmitió, según me dijo el día 30, que era verdad lo que me había comentado el ministro de Justicia español. A pesar de ello, decidí que podría desplegar otra acción: después de enterarme de lo que había sucedido realmente, ya que no había conseguido evitar que los detenidos quedaran en libertad, había denunciado los hechos para que los jueces argentinos actuaran, en el marco de los convenios bilaterales de asistencia penal y de extradición. Con esta solución, si fuera aceptada, habríamos dado un paso importante para que en Argentina se iniciaran abiertamente varias o todas las causas sin necesidad de esperar a la decisión de la Corte Suprema, dada la nulidad acordada por el Parlamento. Todavía era posible que lo que era una situación adversa para las víctimas se transformara en una situación favorable. Esto último se confirmó cuando el fiscal Eduardo Freiler me llamó por teléfono y me comunicó que le había tocado por sorteo la causa del Primer Cuerpo de Ejército derivada de mi denuncia. «¡Dios existe!», pensé en ese momento.

Pero no dejaba de darle vueltas a por qué el gobierno se había planteado estas alternativas discrepando del criterio del juzgado. Mis inquietudes tuvieron respuesta pronto. Exactamente el día 3 de septiembre. En esa fecha me entrevisté con el entonces ministro de Justicia José María Michavila y, para mi sorpresa, me dijo que el fiscal Fungairiño había hecho llegar al gobierno, no sabía por qué cauce, un informe contrario a la extradición y al del propio Ministerio de Justicia. Me comentó que él no compartía la postura del fiscal sino la mía. Aquí sí que me dejó totalmente fuera de juego, porque en honor a la verdad yo había creído que era al contrario y así se lo dije.

En todo caso, el curso de la acción de la justicia a ambos lados del Atlántico discurre ahora por caminos paralelos y con puentes de unión que facilitan el tránsito de información y la cooperación, como siempre debió ocurrir. Pero está visto que la senda de la justicia nunca es fácil para los más débiles, aunque siempre la esperan con confianza, quizá porque es lo único que les queda.

No es pacífica la discusión cuando se habla de estos temas y en particular sobre cuál es la mejor fórmula para que se produzca la reconciliación entre los ciudadanos cuando las consecuencias de la represión derivan de crímenes contra la humanidad, genocidio o terrorismo.

No voy a pretender aportar aquí la fórmula mágica para solucionar un problema tan grave como el de superar la humillación, la persecución, la degradación del ser humano hasta límites insoportables, entre las gentes de una sociedad que pretende reconstruirse.

La historia nos muestra que el dolor por la pérdida de seres queridos es a veces insuperable. Como juez debo decir que la responsabilidad penal no puede dejar de exigirse a quienes quebrantaron gravísimamente los límites de toda norma mínima de derecho. Hacerlo sería contribuir a posteriori a que las conductas que se tratan de corregir y de sancionar se conviertan en paradigmas de la impunidad.

Las fórmulas han sido diferentes en los distintos países del mundo que han sufrido esta situación. Yo rechazo de plano la pura y burda impunidad revestida de aparente legalidad, como se ha pretendido hacer en todos los países de Latinoamérica. Defiendo la reparación histórica, siempre que no excluya cualquier otra fórmula de exigencia de responsabilidad. El derecho a la verdad permite a la sociedad tener acceso a la información esencial para el desarrollo de los sistemas democráticos y a la vez facilita una forma de reparación a las víctimas y a sus familiares.

Por eso apoyo las comisiones de la verdad o de la reconciliación, siempre y cuando se constituyan para establecer cuáles fueron los hechos y qué debe hacerse para que no puedan volver a repetirse. Pero ese proceso quedaría desnaturalizado si incluyera la impunidad de las conductas y de las personas. «El valor de las Comisiones de la Verdad es que su creación no está basada en la premisa de que no habrá juicios sino en que constituyen un paso en el sentido de la verdad y, oportunamente, de la justicia.»

Una Comisión de la Verdad no puede ser equivalente a

impunidad porque ello sería contradecir la propia esencia de la Comisión. La función judicial debe quedar expresamente reservada. Esto no es incompatible con el efecto catárquico que la simple presencia de la víctima ante el juez, sin que éste le haga responsable, tiene y esa petición de justicia atendida tiene verdaderos efectos de reparación. Ahora bien, me parece adecuado que, también, como medida de reconciliación y en casos muy puntuales, una vez establecida la responsabilidad penal, se pueda disminuir la sanción mediante el ejercicio responsable del derecho de gracia, es decir, el indulto. Pero nunca antes, porque sería una solución injusta con las víctimas y no ayudaría a resolver el conflicto.

Por otra parte, la amnistía o el perdón suele aplicarse cuando la democracia sustituye a un régimen autoritario. Sin embargo, esa norma no debe aplicarse a los dictadores o represores, ya que con sus delitos han prostituido la propia idea de Estado y del ordenamiento jurídico; en España no se ha cumplido esa máxima por la ausencia de normativa penal aplicable –genocidio, lesa humanidad– en la época de la posguerra, o porque han muerto los autores responsables. Éste es un capítulo oscuro de nuestra historia que al menos deberíamos limpiar con la creación de una Comisión de la Verdad o Reconciliación para rehabilitar a las miles de víctimas que fueron muertas o expulsadas de España por discrepar ideológicamente de los vencedores de la guerra que llegaron al poder alzándose ilegalmente contra el sistema constitucional.

Es cierto que hablar de los traumas que nos ahogan nos

ayuda a superarlos. Por supuesto que guardar por vergüenza, por miedo o simplemente por desconfianza en las instituciones o en las personas, aquello que casi nos destruyó, no contribuye a que se resuelva, pero tampoco podemos aceptar que los represores y responsables de gravísimos crímenes contra la comunidad internacional queden impunes cada vez que deciden iniciar una aventura que suponga pérdida de vidas humanas y destrucción de los valores básicos de la democracia, porque si no se les exigen responsabilidades ante la justicia nunca podrá superarse la situación y nunca habrá verdadera democracia. Lo que habrá que hacer entonces es reforzar de tal manera el sistema, dotarlo de tales controles y garantías que haga imposible una involución y posible la exigencia de responsabilidades ante la justicia, que no venganza. Sería injusto que cuando se conquista a un país o se derroca a un dictador se le pueda someter a juicio, y no cuando se exilia o se esconde con todos los beneficios que su expolio le han supuesto.

Por ejemplo, Sadam Husein. Todo el mundo ha estado de acuerdo en juzgarlo porque sus crímenes fueron atroces; sin embargo, son muchos los dictadores a los que se les ha dado amparo en países, incluso democráticos, en una forma pragmática de «a enemigo que huye, puente de plata».

Se trata de actuar cuando la jurisdicción nacional no puede o no quiere hacerlo y los delitos sean de genocidio, de lesa humanidad, de guerra o terrorismo. Frente a este tipo de crímenes contra la humanidad no hay ni puede haber fronteras.

Toda la comunidad internacional es víctima de la agresión y por tanto cualquiera debe actuar. Las fronteras de un país no pueden constituirse en barreras de impunidad a favor de aquellos que propiciaron las matanzas. Es curioso que en todos estos casos se apele al principio de soberanía y al de igualdad entre estados para afirmar a continuación que ninguno puede actuar en el territorio de otro, y sin embargo se apele y se cite este mismo principio para perseguir las formas de delincuencia transfronteriza si no afectan a cualquiera que no ejerza el poder. Cuando los afectados están relacionados con el poder político o económico, la cosa cambia totalmente y se produce una especie de apropiación nacional del delito y los delincuentes, obviamente para ampararlos y no perseguirlos.

Esto, aparte de un ejercicio de cinismo político, es el ejemplo más claro de que la mayoría de los líderes políticos y militares se pasan la vida blindándose ante los propios tribunales de justicia para que no les investiguen y persigan los delitos que tienen pensado cometer. Es decir, un gran número de responsables políticos, cuando acceden al poder, ya llevan consigo la intención de quebrantar la ley y por ello deben protegerse apelando a un sentimiento nacionalista de la justicia con la finalidad de quedar impunes. De aquí se desprende que hay casos en los que no se puede invocar normas de derecho interno, hechas a la medida para amparar la impunidad, como las auspiciadas por Pinochet en Chile, Fujimori en Perú, o Alfonsín y Menem en Argentina. La amnistía erosiona los esfuerzos por lograr los derechos humanos, contribuye a crear una atmósfera de impunidad entre los autores de las violaciones a esos derechos y constituye un muy grave obstáculo a los esfuerzos por consolidar la democracia y promover el respeto de los derechos humanos, a la vez que impide (la amnistía) la investigación y el castigo apropiado a los responsables de aquellos crímenes.

El mayor problema del sistema internacional de derecho es su falta de credibilidad y respetabilidad. Sobran las buenas intenciones y faltan acciones concretas, sin discriminación en función del poder del afectado. Es decir, todos estamos de acuerdo con tales normas pero nadie, salvo las víctimas y unos pocos más, está convencido de que realmente el mejor sistema de derecho para la comunidad internacional es el que se cumple, el que exige la reparación cuando se quebranta la ley. Debería ser válido el principio de obligatoriedad de las normas, tanto las nacionales como las internacionales, pero parece que existe una especie de miedo a que los mecanismos de protección funcionen cuando se trata de estas últimas, sin saber bien a qué se debe ello.

Recuerdo una anécdota muy ilustrativa de lo que digo: unos días después de la entrega por México de Ricardo Miguel Cavallo, militar argentino y procesado por genocidio, torturas y terrorismo, para ser juzgado en España por los hechos acontecidos en Argentina durante la dictadura militar, dos ex asesores de los presidentes Ronald Reagan y George Bush publicaron un artículo en *The New York Times* en el que decían que las iniciativas judiciales que aplicaban las normas internacionales para hacer efectivo el principio de justicia universal eran perturbadoras y ponían en peligro la estabilidad y soberanía de los países, ya que olvidaban que las normas que establecen este principio y protegen aquellos derechos son normas establecidas para no aplicarlas. Es decir, simplemente de decoración. A muchos nos parecerá esto una aberración, pero desgraciadamente es lo que opina mucha gente y los gobernantes autoritarios. Está claro que éstos quieren cerrar las fronteras a quienes perturban sus orgías de sangre y sufrimiento. Todo queda como en un coto privado de caza en el que es posible apropiarse de todo incluida la vida de los demás, pero en el que no se puede exigir nada.

He hecho una reflexión sobre Argentina. No sería justo si no la hiciera también respecto de Chile. En julio de 1996, el Juzgado Central n.º 6 admitió a trámite la denuncia y querella contra Augusto Pinochet por los delitos de genocidio, terrorismo y torturas. El 13 de octubre de 1998, el abogado Joan Garcés me informó de que Amnistía Internacional le había comunicado que Augusto Pinochet Ugarte había viajado a Londres para someterse a una operación quirúrgica. No obstante, poco podía hacer, ya que el juez competente era Manuel García Castellón. Por eso recomendé a Garcés que hablara con mi colega. Pero desconfiaba de la diligencia de García Castellón. Así que paralelamente llevé a cabo gestiones discretas a través de la Interpol para que me concretaran al máximo la situación y de esa forma actuar sobre seguro.

García Castellón aceptó tramitar una comisión rogatoria para interrogar en Londres al dictador chileno. Yo no podía hacer nada. Sin embargo, la historia o el destino, quién sabe, tenían sus propios planes. Mis gestiones con la Interpol dieron su fruto. Los acontecimientos se precipitaron. El viernes 16 de octubre yo había admitido, a primera hora de la mañana, una nueva querella contra el dictador chileno por genocidio, torturas y terrorismo por su implicación en la llamada Operación Cóndor. Unas horas más tarde, la policía británica me informó de que Pinochet había pedido el alta voluntaria del hospital en el que estaba internado. O se cursaba una orden de detención o nadie podría impedir que volviera a su país. ¿Qué hacer? No tenía suficientes elementos para redactar la orden. El proceso principal dependía de otro juzgado. Los abogados de la acusación, los que representaban a las víctimas, habían empezado a disfrutar de un merecido fin de semana. Hice lo que creía que debía hacer. Redacté la orden de detención internacional. En ese momento, no medí las consecuencias. Sólo quería evitar que se perdiera esa oportunidad de hacer justicia, de acabar con la impunidad de un hombre que tenía las manos manchadas de sangre. Quería dar una respuesta a las familias de los desaparecidos, recuperar su memoria, reparar su dignidad. Con la ayuda de un eficiente funcionario y la lealtad de un agente de policía, hicimos llegar la orden a Londres. No pensaba que fuera a ser tramitada. Así que continué con mis planes. Me fui a Jaén para pasar el fin de semana en familia.

Pero los milagros existen. Poco antes de que acabara el día, me comunicaron que mi orden había sido cumplimentada: el dictador había sido detenido por orden de un «comunista», como él me calificó en el momento de serle comunicada la decisión: «¡Ah Garzón, ese comunista de mierda!».

Empezó entonces una batalla judicial que culminó dieciséis meses después cuando Pinochet descendió de un avión y sorprendentemente recuperó la salud y casi de un salto se puso en pie y dejó atrás la silla de ruedas. Quizá el aire de Santiago de Chile contribuyó a esa mejoría.

La tramitación del caso Pinochet superó todas mis expectativas. Era consciente de mi responsabilidad. En cierto modo, era un bálsamo para mitigar el dolor que los demócratas habíamos sentido cuando aquel 11 de septiembre de 1973 acabó con el sueño de libertad de Salvador Allende. Era una posibilidad única de poner las cosas en su sitio y a los autores de ese golpe de Estado contra las cuerdas. Es cierto que se me ha reprochado que me haya inmiscuido en la jurisdicción de otros países. Que debía haber dejado que los chilenos saldaran sus cuentas. Pero ¿podían hacerlo? ¿Querían hacerlo? Ahora están actuando. Quizá porque los agoreros se equivocaron. La actuación de los jueces no ha provocado el caos sino que ha devuelto la esperanza a los que perdieron todo ese 11 de septiembre. Recuerdo que el mayor reconocimiento que he tenido por esta investigación me lo ofreció la madre de un joven chileno que desapareció durante la dictadura. «Durante todos estos años –me dijo–, he tenido que soportar el dolor por la muerte de mi hijo, saber que su final fue terrible y esconder mi drama. En su país era considerado un delincuente. Los que le habían secuestrado, torturado y asesinado se pavoneaban libremente por las calles. Presumían de haber limpiado la nación de esa escoria. Eran como los nazis. Ahora, con su decisión, he recuperado la dignidad de mi hijo. No era un delincuente, sólo un muchacho con unas ideas políticas que le costaron la vida. Ahora, mi hijo descansa en paz. Los malos son los otros.» A ese testimonio se sumaron miles. Toda la rabia contenida de las familias de las víctimas durante todos esos años llenaron las calles. Las manifestaciones se sucedían. Las decisiones de los tribunales españoles y británicos eran recibidas con algarabías populares. Gritos, lágrimas de alegría, aplausos y un sentimiento de paz eran las expresiones de esas concentraciones. Las puertas del tabernáculo de la justicia se habían abierto y habían dado entrada a todos aquellos que durante decenas de años habían carecido de voz. Ahora veían escenificado, con toda la solemnidad de los ritos y sin que las fuerzas militares o fácticas pudieran hacer otra cosa que respetar el Estado de derecho, el principio de la igualdad de todos ante la ley. ¿Qué mejor celebración para el quincuagésimo aniversario de la Declaración Universal de los Derechos Humanos?

Pero no fue un camino fácil. Más bien, una carrera de obstáculos. Las primeras pegas surgieron en la fiscalía de la Audiencia Nacional. El ministerio público se empleó a fondo para que el caso no prosperase. En toda mi carrera judicial no he tramitado tantos recursos interpuestos por el ministerio público. Y espero no tener que volver a hacerlo.

La batalla jurídica se desarrolló en dos escenarios. La Audiencia Nacional y los tribunales de Londres. Mis compañeros tenían que ratificar que los delitos cometidos por el dictador chileno habían traspasado las fronteras y eran perseguibles en cualquier lugar del mundo por ser delitos contra la humanidad. El debate fue largo e intenso. Pero al final se ganó. Las familias de las víctimas lloraron de alegría, por primera vez en muchos años, cuando el presidente del tribunal, Carlos Cezón, les comunicó que la Audiencia Nacional podía y debía investigar esos atroces crímenes. Previamente, mi colega García Castellón me remitió su investigación. A partir del 20 de octubre de 1998 fui el juez encargado del caso Pinochet en exclusiva.

Pero no todo estaba ganado. En Londres, los abogados del dictador chileno desplegaron toda su artillería. Primero, recurrieron la orden de detención. Perdieron. Luego, apelaron contra la demanda de extradición. Perdieron. La Cámara de los Lores apoyó el proceso. Aún se me ponen los pelos de punta cuando recuerdo la votación. Tres a dos.

Pero ese acuerdo histórico –reconocía que Pinochet no tenía inmunidad y podía ser juzgado por los crímenes de tortura cometidos bajo su mandato– fue anulado por un defecto de forma, ya que uno de los lores está casado con una afiliada a Amnistía Internacional, una de las partes del proceso. La vista se repitió en enero. En marzo, la cámara volvió a apoyar la entrega. Ahora por seis votos a uno. Sin embargo, a medida que la justicia desbrozaba el camino, la política hacía su entrada. Los gobiernos español y británico no pudieron o no quisieron hacer frente a la presión del ejecutivo de Chile. Y cedieron. El ministro del Interior del Reino Unido, Jack Straw, hasta entonces un claro defensor de los derechos humanos, se escudó en unos informes médicos para mandar a su Chile natal al dictador. ¡Qué decepción! Como español y como juez me sentí avergonzado por la decisión de un gobierno –el español– que había hecho dejación de sus obligaciones en este proceso de extradición, y por el hecho de que fuera otro país, Bélgica, el que asumiera el protagonismo en la defensa de los derechos humanos, en un caso iniciado por nosotros, al recurrir la decisión del ministro británico. La verdad es que durante todo este tiempo no me he sentido solo en ningún momento. Las víctimas, su recuerdo y sus derechos me han hecho compañía junto con todos aquellos que creen que la justicia debe imperar sobre la oportunidad política.

La decisión de autorizar a Pinochet a volver a su país me dejó muy frío. Sólo pensé en las víctimas para las que por siempre irá mi solidaridad y cariño. A duras penas pude contener mis lágrimas. Lloré de rabia e impotencia frente al poder político y por la indiferencia ante estos hechos de la gran mayoría de los ciudadanos. Por estas omisiones y actitudes pasivas suceden luego otras cosas que son aceptadas como algo normal. ¿Cuándo dejaremos de aceptar que nos manipulen una y mil veces, con bellas palabras o con falsas actitudes en aras de la democracia y de la defensa de la patria? No he podido hacer más, me he quedado decenas de noches sin dormir, sin atender a mi familia, sin disfrutar de ellos ni de mis amigos, me la he jugado, he trabajado con denuedo, me he dejado la piel y lo he hecho gustoso, como siempre, porque merecía la pena.

Alguna vez pensé que el juicio era posible y que de esta forma la justicia ocuparía el lugar que debe tener en la defensa de los derechos de los ciudadanos. Sin embargo, al final, la política, la de los pactos urdidos en secreto, llenos de componendas y de miserias transidas por lo económico, puso fin a una utopía.

Las víctimas, tan manoseadas por tantos, tan utilizadas políticamente por todos, quedaron, de nuevo, solas y desamparadas. Son seres molestos que han cometido el terrible delito de existir para recordar la miseria humana.

A mi hija María le afectó mucho esa decisión.

—Papá, ¿sentiste tanto dolor y tristeza como los he experimentado yo?

—Sí, hija, dolor por las víctimas. Pero también agradecimiento. Nunca se me olvidarán tantas caras, tantos rostros en los que todavía y a pesar de los años, se conserva el dolor por los seres queridos o por la propia humillación. Nunca pasarán de mí tantas voces y tantas palabras que abrieron su corazón y su memoria para que las escuchara, para implorar justicia, para que entendiera que no es posible hacer la paz sobre montones de cadáveres.

¿Había valido para algo el esfuerzo? A pesar del resultado negativo, creo que sí mereció la pena hacer todo lo que se hizo. Con ello fuimos un poco más libres, creímos un poco más en la justicia, se demostró que a pesar de los acuerdos políticos hay límites que no pueden superarse y que la justicia tiene un papel que desarrollar en la resolución de conflictos, y que, después de toda esta historia, el miedo a la impunidad es un poco menor.

Los ciudadanos habíamos recuperado un espacio que había estado secuestrado durante mucho tiempo. Ahora, sin miedo, podíamos afirmar ante la justicia que no todo está permitido. Esto nadie podrá quitárnoslo. Ya nadie podría mirar con desprecio a las víctimas impunemente. De alguna forma ésta había sido su reivindicación histórica y su victoria sobre un dictador decrépito, engreído y soberbio hasta el final, o mejor sobre todos los dictadores que nunca han sentido vergüenza de estar vivos.

Para todos los que tuvimos ocasión de ver de nuevo los pasajes del horror, de volver la vista atrás y sentir a aquellos que fueron injusta y vilmente arrojados al arcén de la vida con la mayor impudicia, la vida será un puzzle al que le faltan piezas. Esa mirada retrospectiva nos ayudará a superar la culpable indiferencia y a recuperar la fraternidad con los humillados como bálsamo que cubre las heridas abiertas por tantas injusticias y cobardía. Por cierto, cuatro años después Augusto Pinochet, a pesar de su edad, sigue disfrutando de una envidiable salud. ¿Qué pensará Straw cuando haya leído el nuevo informe sobre las torturas y las atrocidades de aquel régimen al frente del cual estaba al que puso en libertad? Pero la justicia para las víctimas llega antes o después, y ahora, en esta primavera chilena renovada y solidaria podemos mirar con satisfacción y afirmar que lo que se hizo mereció la pena.

Es esa solidaridad la que el día 15 de diciembre de 2004 nuevamente recorrió las arterias de la sociedad española y sacudió nuestra cansina existencia. En esta ocasión la lección ha venido de la mano de una mujer menuda, de una madre destrozada, Pilar Manjón, por la pérdida de su hijo en los atentados del 11 de marzo de 2004 en Madrid, y en representación de todas las víctimas de esos crueles ataques.

Por fin, con toda la publicidad necesaria, la clase política, las instituciones, los medios de comunicación, han tenido que bajar los párpados porque la vergüenza les impedía —como al señor Zaplana, que en forma absurda y parsimoniosa pasaba las páginas de un informe que no leía– mirar a quien denunciaba, en nombre de todos los humillados por la violencia, la manipulación, la desidia, la incompetencia, el aprovechamiento político, la escenificación del abotargamiento intelectual de quienes sólo alcanzan a verse la punta de su nariz con una indiferencia que sobrepasa cualquier medida razonable.

Las palabras de la señora Manjón retumban en mi memoria: «... no utilicen nunca más, ni aquí ni en ningún otro contexto, el dolor de las víctimas con fines partidistas. No lo utilicen como bandera de su propia causa...»; «... sólo sus intereses partidistas pueden hacerles ciegos a esta realidad. Con la autoridad moral que ostentamos, la única que jamás nos podrán usurpar, les exigimos que no nos manipulen, que no nos usen...».

Desgraciadamente, no han pasado muchos días para comprobar que a algunos responsables políticos y a algún comunicador, como el ínclito Jiménez Losantos, les ha faltado tiempo para denigrar, una vez más, a los que encarnan el dolor. Pero, ahora, a gentes como ellos, insensibles seres representantes de la patología social, cualquier persona de buena voluntad puede arrojarles a la cara un buen trozo de verdad y decirles que no nos manipulen, que no aprovechen la situación para hacer su guerra, que no nos importa lo que interesadamente ustedes quieren crear, transformando una apariencia en una realidad inexistente.

Ahora por fin, los que creen que sólo su punto de vista y su interés existe, han quedado descubiertos por la fuerza de la palabra y por la nobleza de los miles y millones de voces que gritan, a través de la quebrada voz de la señora Manjón, pidiendo respeto y dignidad con su dolor.

La mejor denuncia que podíamos recibir del secular olvido de las víctimas lo hemos recibido en diciembre de 2004 en un discurso en el que se hacen compatibles la exigencia de justicia, la denuncia de la desidia, el desinterés o la imprevisión y la reivindicación de la buena política en interés de los ciudadanos.

Queridos hijos, no dejáis de sorprenderme. A pesar de los años que lleváis conviviendo con el terrorismo y con otros acontecimientos luctuosos que han marcado la vida de tantas personas, no habéis protestado nunca por el sistema de vida que os he impuesto, que os ha obligado a vivir entre medidas de seguridad con las limitaciones que eso conlleva. Quizá habéis aprendido a no ser indiferentes o también sois víctimas, como parte de una sociedad que ha vivido, y en cierto modo aún vive, amedrentada por el terror de unos pocos. Pero, como tantos otros, habéis sido capaces de ser solidarios y ayudar en la medida de vuestras posibilidades a los que lo necesitan. Ésta es la sociedad que debe prevalecer, y éste el esfuerzo al que debéis contribuir. Hacer comunidad y vertebrar las ilusiones de todo un conjunto de personas que, a pesar de sus diferencias, quieren y luchan por un proyecto común de convivencia. Los pueblos que han sufrido con el terror y la violencia se hacen más fuertes y su fortaleza es la base sobre la que apoyar el edificio de la democracia

Recuerdo un encuentro especialmente emotivo que tuvimos vuestra madre y yo en La Plata (Argentina) en un acto al que asistieron muchas víctimas de la dictadura. Les hablé de la necesidad de combatir la impunidad y de la recuperación de la dignidad. Al finalizar el acto, que había presidido Ernesto Sábato, una mujer de unos setenta años, con el rostro roto por un dolor inacabable, me dijo: «Doctor, sus hijos deben estar orgullosos de usted y de lo que hace». Yo le contesté, un poco cohibido: «Señora, ustedes dan ejemplo de dignidad y hacen que me sienta orgulloso de ser juez y de mis hijos, porque con su fuerza y ejemplo tengo algo que transmitirles y mantener la esperanza intacta en el futuro». El paso del tiempo ha hecho que me reafirme más en que las víctimas y su defensa son la base sobre la que debe apoyarse todo el sistema jurídico de protección.

CRIMEN ORGANIZADO

Querida María:

Mi carta responde a la petición que me hiciste para que te diera algunos datos sobre el crimen organizado para el trabajo que tienes que presentar en la Universidad. La verdad es que es muy difícil condensar una materia sobre la que se ha escrito tanto, se ha dicho más y es tan cambiante y versátil, pero lo intentaré.

Si tuviéramos que buscar los orígenes del crimen organizado como fenómeno caracterizado y con entidad propia en la sociedad, nos tendríamos que remontar muy atrás. La literatura, la historia, la geografía y la propia humanidad nos hablan de este fenómeno. Los grandes magnicidios de antes y de ahora, la explotación sexual de mujeres, hombres y niños, son conocidos desde la antigüedad. El tráfico de personas, la corrupción, el tráfico de drogas, de órganos, las extorsiones, las estafas y el tráfico de armas son tan viejos como la historia y forman parte de esa zona oscura del ser humano.

No te asustes, no te voy a dar ahora una lección de historia, aunque no renuncio a comenzar la obra más o menos por los cimientos. Ya sabes que me gusta mucho la historia.

Para situarnos, te contaré una anécdota de jueces y mafiosos que le relataron a un gran magistrado italiano. Ese juez interrogaba a Frank Coppola, un conocido jefe mafioso; en un momento determinado, al margen de las indagaciones sobre los delitos concretos, le picó la curiosidad. «¿Qué es realmente la Mafia?», preguntó el juez a Coppola. El delincuente reflexionó unos instantes y contestó: «Señor juez, actualmente son tres los magistrados que desean convertirse en procuradores de la República. Uno de ellos es muy inteligente, otro está muy apoyado por los partidos que forman el gobierno y el tercero es un imbécil. ¿Quién cree que será elegido? Pues el imbécil. Esto es la Mafia», sentenció Coppola.

Como ves, a poco que reflexiones sobre la aguda respuesta del *capo* Coppola descubrirás que el asunto de la criminalidad organizada va mucho más allá del juego del ratón y el gato entre policías y ladrones, ya que se adentra en las entrañas de la sociedad y de la democracia.

La Mafia es una organización que representa la quintaesencia del crimen organizado. Tanto es así que, pese a que no hay más que una y además es siciliana, se habla coloquialmente de ella como sinónimo de grupo humano organizado para delinquir. Pero no te equivoques, hija.

La Mafia nació cuando los Borbones reinaban en Sicilia. Los historiadores italianos establecen tres etapas: la *Vecchia Mafia*, de 1800 a 1950; el período de 1950 a 1970 y la *Nova Mafia*, de 1970 hasta hoy. Por cierto, el término Mafia aparece por primera vez entre 1862 y 1863 cuando se representó en Palermo, con gran éxito, un drama popular de Giuseppe Rizzoto y Gaetano Mosca titulado *I mafiusi di la Vicaria*. Desde entonces y gracias a la obra teatral la palabra se hizo una expresión corriente para designar a los grupos de individuos violentos y temibles, ligados entre ellos por misteriosos lazos secretos y dedicados a actividades delictivas o inconfesables.

La verdad es que sobre el origen de esta palabra hay otra leyenda que sitúa el término en tiempos mucho más lejanos y que, desde luego, resulta un tanto increíble. Pero para que tengas todos los datos te diré que algunos estudiosos del fenómeno mafioso dicen que esa palabra se remonta a la primavera de 1282 cuando Sicilia fue invadida por los franceses. Según la leyenda, un soldado invasor violó y mató a una chica que se dirigía a Palermo para casarse. Entonces, el novio ofendido se abalanzó sobre el criminal gritando: «Morte a Francia Italia anella», algo así como «Italia desea la muerte de Francia», y cuyas iniciales forman la palabra Mafia.

En cuanto al nacimiento de esta organización criminal hay que remontarse a la Sicilia de principios del siglo XIX, donde –a diferencia de lo que sucedía en el resto de Europa que avanzaba hacia un mundo moderno con nuevos conceptos sobre el comercio– los burgueses sicilianos vivían en torno a la nobleza local en una relación de sumisión propia del medievo. Con ese planteamiento social, la corrupción, el favoritismo y en definitiva el desgobierno caracterizaban a la mayor isla del Mediterráneo. Entonces, los terratenientes que vivían lejos de las tierras que les daban de comer, dejaron que sus fincas fueran explotadas por los *gabellotti* (aparceros) que con el transcurso del tiempo se convirtieron en amos y señores de la isla y dieron paso a un modo de ser y comportamiento basado en normas enfermizas de respeto, códigos, obediencia y secretismo en torno a la figura del jefe (*capo*) de una familia (clan) dominante en un territorio específico. Al conjunto de esas peculiares familias, la gente lo denominó Mafia mientras que entre ellos pasaron a llamarse la Cosa Nostra y a reconocerse como «hombres de honor».

Sería muy largo y tal vez tedioso, querida hija, explicarte la tremenda historia de la Mafia desde aquel tiempo hasta nuestros días, pero al menos debes saber que desde entonces fue creciendo y extendiéndose dejando tras de sí un reguero de sangre y miseria. Muy lejos de la realidad quedan esos mafiosos de película, que pueden resultar hasta simpáticos y que muestran cierto código de honor que los hace respetables. Por el negocio –que es su gran fin– y el poder, corrompen o matan a quien consideren necesario y siempre con un gran sentido práctico y desprovisto de sentimientos.

La historia de Italia –y la de nuestro mundo– va indefectiblemente unida con la de la Mafia, que ha teñido con sangre muchos de sus capítulos, sobre todo en las últimas décadas. Sus crímenes no se cuentan por cientos sino por miles, pero entre sus asesinatos más sonados sobresalen, por el impacto político y social que tuvieron, el del juez Cesare Terranova (1979); el del presidente de la región de Sicilia, Santi Mattarella (1980); el del capitán de carabineros Basile (1980); el del procurador de la República de Palermo, Gaetano Corta (1980); el del diputado nacional y secretario del PCI, Pío de la Torre (1982); el del delegado del gobierno en Sicilia, Della Chiesa; el del juez Giovanni Falcone (1992); el del juez Paolo Borsallino, sucesor de Falcone, y el del eurodiputado de la Democracia Cristiana y ex alcalde de Palermo, Salvo Lima, al que, por cierto, se le consideró siempre un hombre muy próximo a la Mafia.

Que te quede claro que los asesinos de estas personas funcionan como lo que son: una sociedad secreta antidemocrática, ávida de dinero y riqueza que para conseguirlos corrompe o controla el poder político con todos los medios a su alcance, incluido, claro está, el asesinato, el chantaje o el secuestro. Pero, a veces, no les hace falta corromper, por la simple razón de que logran colocar a uno de los suyos en el poder. En Italia y en Estados Unidos saben bien de qué te estoy hablando. En definitiva, son gente cuyas mentes funcionan con unos parámetros y valores muy distintos a los habituales en una sociedad moderna, social y democrática. Te explicaré algunas características de la Mafia para que puedas utilizarlas en tu trabajo y también para que te hagas una idea de lo extraño y cruel que es ese mundo oculto con el que me las tengo que ver con bastante frecuencia.

En términos generales se puede afirmar que en la Mafia la violencia no es gratuita, aunque a un mafioso se le niega la opción de no matar. Si se lo ordenan, debe obedecer, pues de lo contrario sería él quien moriría. Es una norma que aceptan como lo más natural del mundo, como nosotros aceptamos que un semáforo en rojo quiere decir no pasar. Del mismo modo, si un mafioso tiene que matar a alguien de su misma familia, incluso sanguínea, normalmente será él mismo quien lo haga, pues dicen que sólo uno puede derramar sangre de su sangre.

Sobre las formas de matar, los mafiosos dicen que es un error pensar que la Mafia tiene preferencias ya que, en realidad, elige siempre el camino menos costoso. Esto es así porque la Cosa Nostra prefiere no llamar la atención. Por eso el estrangulamiento es un método habitual. No hay sangre y la víctima puede ser disuelta en un barril de ácido que luego será vaciado en un pozo u hoyo cualquiera. A eso le llaman *lupara bianca*, que no es otra cosa que hacer desaparecer a una persona sin dejar rastro.

En el universo de la Cosa Nostra todo es mensaje, todo está cargado de significados. Ningún detalle, por insignificante que parezca, es gratuito. Por eso, en determinados casos, el tipo de asesinato es indicativo del motivo del homicidio. Por ejemplo, un cantante que se llamaba Marchese fue hallado con sus órganos sexuales en la boca por cometer el imperdonable delito de mantener relaciones con la esposa de un hombre de honor. Y Pietro Inzerillo, que era mafioso, fue hallado muerto en el maletero del coche con dinero en la boca y una nota en los testículos que rezaba: «Has querido comer demasiado dinero y he aquí la situación en que te encuentras». Pero no creas que esos crímenes son así para que todo el mundo lo sepa. No, ni mucho menos. Sólo quieren hacer llegar su mensaje a los hombres de honor. Por cierto, un hombre de honor no se suicida.

Como te decía, el mafioso es sobre todo un tipo práctico. Si quiere controlar una red de lavanderías, volará la furgoneta de recogida de prendas o el local y amenazará al empresario; pero si puede acercarse al dueño mediante amigos comunes también lo hará. Si no puede hacerlo, matará al propietario y hará desaparecer su cadáver. Es decir, tomará el camino que convenga y de la manera más discreta para lograr el objetivo deseado, que siempre es el negocio.

A diferencia de otras organizaciones criminales occidentales, como, por ejemplo, las bandas del Este o las rusas, que son más bien de gatillo fácil, aunque igualmente bien estructuradas, los miembros de la Cosa Nostra exigen ser respetados y ofrecen respeto a quienes les manifiestan un mínimo de consideración. Aunque, ¡ojo!, eso no quiere decir que no vayan a matar si lo consideran necesario. Matan con respeto, pero matan. Verás, cuando un mafioso se refiere a una persona como *signore* (señor), en realidad la está menospreciando, pues para ellos no equivale al *mister* inglés, el «señor» español o el *monsieur* francés. Cuando se trata de un profesional al que respeten, como un abogado, un médico, un arquitecto o un juez será un *zu* (tío), un don o un *dottore*.

Éste es el modo de comportarse de los integrantes de una organización piramidal y territorial, según fue desvelado por el gran arrepentido de la Mafia, el gran capo Tomasso Buscetta. Pero no puedo dejar aquí el tema de la Mafia sin añadir o al menos mencionar alguna de las otras organizaciones secretas italianas que tanto han trabajado en España. Estoy seguro de que recuerdas las veces que he hablado en casa de la Camorra, que surgió en Nápoles a finales del siglo pasado, aunque al contrario que sus homólogos sicilianos su origen no es rural sino urbano. Cuentan que inicialmente los camorristas fueron tenidos por la Mafia como criminales de poca monta, pero Salvatore Lucania (1897-1962), más conocido como Lucky Luciano, que era hijo de Palermo y huido a Estados Unidos, volvió a Italia terminada la Segunda Guerra Mundial, se instaló en Nápoles y colocó a la organización napolitana a un nivel similar al de la Mafia, dando paso a lo que sería la Nuova Camorra Organizzata (NCO). Por cierto, la historia cuenta que a Luciano lo liberaron los norteamericanos como pago por la ayuda prestada por la Mafia para que el desembarco aliado en Sicilia fuera un éxito.

Actualmente, los camorristas se mueven por todo el mundo y desde hace tiempo sus capos dirigen sus negocios desde sus respectivos exilios, como España, por ejemplo. Siempre han tenido estrechos lazos con el mundo político y, a diferencia de los mafiosos, parece ser que no exigen ningún rito de iniciación y su estructura interna es más horizontal. Se supone que en la actualidad operan en el mundo más de ciento once familias camorristas.

Hay más grupos similares, como la n'Drangheta (Calabria) o la Sacra Corona Unita (Apulia), de las que también habría mucho que hablar. No obstante, no respondería correctamente a tu petición si no te diera al menos una pincelada de la Mafia en Estados Unidos. El caso es que mafiosos, obviamente procedentes de Sicilia, se instalaron a principios de siglo en Estados Unidos y a base de cobrar «impuestos de protección» (*racket*) a los comerciantes locales crearon uno de los grupos de delincuentes más famosos de la historia, gracias en buena parte al cine. Su época de máximo esplendor empezó en la Segunda Guerra Mundial. La famosa Ley Seca proporcionó a algunas «familias» un buen negocio con el contrabando de alcohol. También se dedicaron a la prostitución, al juego, al tráfico de drogas y a todo lo que pudiera suponer dinero fácil, incluidos algunos negocios legales. Al igual que sus hermanos sicilianos, se organizaron, y siguen haciéndolo, por zonas geográficas y «familias», en principio con los mismos códigos y ritos que la Mafia.

Sabrás, hija, que se ha vinculado a la Mafia italoamericana con muchos hechos históricos de las últimas décadas: desde cierto apoyo para la ascensión hacia la presidencia de

J. F. Kennedy hasta su asesinato, pasando por el control de los grandes sindicatos estadouidenses, el tráfico de drogas en Estados Unidos (el primer consumidor del mundo), el control de diversos sectores de Hollywood o una mayoría de los negocios de Las Vegas.

Sus principales sedes han estado tradicionalmente en Florida, Detroit, Chicago y Nueva York, donde siguen actuando con extensiones hacia otros estados. Actualmente, aunque se hable poco de ella, sigue siendo una agrupación poderosísima que controla una parte de la industria del país, que siempre ha respetado sus códigos y en la que difícilmente se hallaría todavía hoy un integrante de la Cosa Nostra norteamericana con un apellido que no sea de origen italiano.

Verás, hija, si la Mafia para nosotros representa el crimen organizado tradicional, los grupos venidos del Este simbolizan la novedad. La situación que vive la antigua Unión Soviética ha propiciado el nacimiento de una de las «mafias» más emergentes del momento. Los grupos se multiplican y sus negocios también: tráfico de drogas y medicamentos, asesinatos por encargo, prostitución, trata de blancas y de seres humanos, juego, tráfico de armas, extorsión, secuestros, estafas financieras y todo lo que uno pueda imaginar. Su avance es tan rápido que ya se han infiltrado en las instituciones y sistemas financieros de Rusia, donde los «jefes» sitúan a «hombres limpios», es decir, sin antecedentes. Una prueba de la magnitud del problema que representan es que al final del siglo pasado el Banco Mundial informaba de que el 40 por ciento de la economía rusa estaba en manos del crimen organizado, formado entonces por unos ocho mil o diez mil clanes diferentes que habían establecido relaciones con otros grandes grupos, como los cárteles colombianos, la Camorra napolitana, las tríadas chinas y las yakuza japonesas. Además, habían introducido sus tentáculos en Estados Unidos, América Latina y Europa, donde ya controlan negocios de todo tipo.

Como te decía, los grupos del Este han tenido contactos con otras organizaciones, como las tríadas, consideradas como los más antiguos de los grupos del crimen organizado. Los historiadores sostienen que se originaron a raíz de los acontecimientos sucedidos en el siglo XII en China, cuando los Tsing, de origen manchú, se hicieron con el poder tras derrocar al último representante de la dinastía Ming. Posteriormente el emperador manchú aniquiló a casi todos los monjes guerreros chinos del monasterio de Chao Ling, en la provincia de Fukien, pero cinco de ellos consiguieron escapar refugiándose en otro monasterio. Ellos fueron los fundadores de las tríadas, que bajo el lema «derrocar a los Tsing y restablecer a los Ming» tenían un carácter nacionalista y una finalidad patriótica. Se extendieron rápidamente por todo el país. En 1841, cuando Hong Kong se convirtió en colonia británica, la ciudad era ya sede de algunas tríadas. Por ello en 1845 se promulgó la primera ley antimafia.

A principios del siglo pasado ya había tríadas en Malaisia, Singapur, Filipinas, Macao y Borneo, y sus principales actividades eran el comercio del opio, el tráfico de emigrantes y la extorsión. Negocios que han mantenido a lo largo de todo el siglo, instalándose en lugares como Holanda, Francia o Estados Unidos, a los que se ha sumado el tráfico de heroína procedente de Tailandia. En España también se ha detectado su presencia, pero es un tipo de organización de muy difícil estudio para los occidentales, pues actúan como el agua y el aceite: aunque compartan espacio y tiempo, nunca se mezclan.

Y, como grupo oriental, también muy cinematográfico, quedan las yakuza, de Japón. Parece ser que su historia se remonta al siglo XVII. El caso es que los kabukimono eran unos excéntricos samuráis que empezaron a organizarse en bandas que aterrorizaban a la población. Se caracterizaban por su violencia, su forma de hablar, su indumentaria y sus códigos internos de fidelidad y defensa. Muchos de ellos llevaban el dedo meñique cortado. En algunos momentos fueron tolerados por las autoridades. Tenían ritos iniciáticos, una estructura interna muy jerarquizada y se organizaban en familias. Con los años fueron introduciéndose en las instituciones y en el sistema financiero japonés. Actualmente constituyen uno de los grupos del crimen organizado más poderosos del mundo. Dividen su territorio para explotar sus negocios ilegales; las luchas entre bandas son habituales en las grandes ciudades de

Japón, donde atemorizan a la población con sus sangrientos métodos. Las drogas, la prostitución y las armas son sus principales negocios. Las altas sumas de dinero que mueven han hecho tambalear el sistema financiero del país en diversas ocasiones; continúa siendo una sociedad hermética, extremadamente peligrosa y en constante expansión.

Como resumen puedo hacer mías las palabras de Luciano Violante, presidente de la Cámara de Diputados italiana, que durante años presidió la Comisión Antimafia del Parlamento de aquel país y que en su libro *No es «La Piovra»* hace una aproximación a la Mafia que puede servir para acercarnos a una descripción general del crimen organizado. Dice Violante: «Las principales características comunes de las organizaciones mafiosas en todo el mundo son cuatro: la internacionalización, la financiación, la gangsterización y la corrupción». Y es que, hija, independientemente de su origen, nacionalidad, religión o cultura, esos grupos tienen unos rasgos que los hacen similares, porque sus métodos y fines son parecidos.

Como has visto, resulta muy interesante el análisis y el conocimiento de la historia para analizar las actitudes y las tendencias del delito para saber cómo afrontar este tipo de cuestiones y que en el futuro sean menos perjudiciales para el ser humano.

Para ello, existe una primera norma básica: conocer a tu enemigo, pues si no sabes a lo que te enfrentas, mal puedes combatirlo, y si lo haces sin conocerlo, siempre te llevará ventaja, es decir, irá dos pasos por delante de ti. Y eso es lo que ha ocurrido en el mundo y en particular en Italia y España durante mucho tiempo, y todavía hoy.

Un fenómeno curioso del que quiero dejarte constancia es que las instancias oficiales de cada uno de los países que conozco, y son muchos, a lo largo de muchos años, han negado sistemáticamente la evidencia del crimen organizado. Parecía que así desaparecería el peligro, como el avestruz cuando atisba riesgo y esconde su cabeza bajo el ala. Con esa actitud se ha perdido mucho tiempo y sólo a golpe de insistencia se ha conseguido avanzar.

Recuerdo cuando al principio de los años noventa se proclamaba de forma permanente que Galicia no era Sicilia. Efectivamente, no lo era. Pero también es cierto que la deriva que se estaba viviendo en la zona por la acción de las bandas criminales era espectacular. Los ciudadanos se habían visto obligados a renunciar a amplias cotas de libertad porque la calle era de los narcotraficantes.

Dicho de otra forma, ni los políticos ni los jueces les inspirábamos confianza porque no éramos capaces de ver más allá de un palmo de la cara mientras nos pasábamos horas muertas observándonos el ombligo, ausentes, como si la cosa no fuera con nosotros, olvidándonos de quiénes son los que nos «contratan» y a quiénes hay que rendir cuentas, es decir, a los ciudadanos. Pero ésta es la historia recurrente de los últimos años en muchas materias.

Resulta triste comprobar, por ejemplo, cómo a un juez como Giovanni Falcone (éste es el juez de la anécdota), que dedicó su vida hasta perderla en la lucha contra el crimen, le surgieron sistemáticamente críticos que trataron de destruirlo tildándolo de «juez político», «juez estrella», «oportunista», «profesional de la antimafia» y de cosas peores. ¡Nada importa! De lo que se trata es de acabar con quien destaca de la mediocridad y trata de comprometerse realmente con la ciudadanía y no con el poder. Es decir, cuando alguien quiere aplicar la ley para el fin que realmente fue creada, la protección de los derechos de los ciudadanos, se convierte en un tipo peligroso al que hay que observar y, en su caso, eliminar para que las cosas recuperen su estabilidad precedente. Con saña política, jurídica y mediática se tratará de neutralizarlo; desde luego, en el momento en el que el crimen organizado pueda, acabará con él.

Recuerdo ahora, y quiero compartir contigo, una historia que contaba el juez Falcone para ilustrar la utilización de las drogas para alterar el resultado en unas elecciones. Gobierna un partido cualquiera, pero de izquierdas. Las elecciones locales en una capital siciliana están a dos meses vista. Para «calentar» el ambiente, la Mafia corta radicalmente el suministro de heroína en la región. Sube el precio de la droga, lo que dispara los atracos y la delincuencia callejera. Los comerciantes y la sociedad protestan por el aumento de la inseguridad. La Mafia mueve sus hilos para amplificar esas críticas en los medios de comunicación y en los foros municipales.

En este clima, llega el día de las elecciones y el voto se dirige hacia el partido conservador que era el que apoyaba la Mafia y con el que ya había establecido lazos que le van a permitir obtener las prebendas pactadas: contratos, concesiones, obras públicas, cuotas, participaciones, etc. Un partido que, además, prometía en su programa electoral el fin de la inseguridad.

¡Diana! Victoria del partido deseado. La Mafia abre el grifo de la heroína. Bajan los precios de golpe. Los toxicómanos ya no necesitan atracar tanto para pagar sus dosis y la Mafia «prohíbe» los asaltos callejeros. Se ha producido el vuelco deseado. Aparentemente disminuye la delincuencia, pero lo cierto es que aumenta la denominada de «cuello blanco». También la corrupción que, a partir de ese momento, de forma subrepticia, irá penetrando en todas las estructuras para obtener mejor cuota de beneficio y rentabilidad.

Probablemente me digas que éste es un ejemplo del pasado y que cosas así no ocurren en la actualidad. Pero yo te diría que, aunque es cierto que han aumentado los controles, no lo es menos que en muchas partes del mundo la realidad es mucho peor, ya que los índices de criminalidad, ante la ausencia de respuestas efectivas desde las instituciones, se han disparado hasta el punto de que muchos consideramos al crimen organizado junto al terrorismo —e imagínate a ambos juntos– como la mayor amenaza al mundo y el reto más extraordinario para la humanidad.

Me tendrás que disculpar de nuevo, querida niña, pero seguro que otro ejemplo puede ilustrarte lo que trato de decirte: la Medvedkovskaya es una de las organizaciones más poderosas de Moscú. Extiende sus redes por diversos países del mundo y en concreto por España. Cuenta con estructura militar suficiente para perpetrar sus delitos y hacer frente a otras bandas y con una infraestructura financiera que encauza sus beneficios a través de una serie de empresas ficticias mediante las cuales circulan sus fondos para adquirir propiedades en Rusia o para canalizarlas hacia el exterior. Incluso controla un banco, lo que le permite subvencionar actividades de otros grupos menores a quienes concede créditos para que puedan financiar sus negocios o comprar el armamento necesario para sus fines criminales.

Evidentemente, una organización como ésta no se limita a un solo tipo de criminalidad, sino que se extiende a otros, como el contrabando de petróleo, el tráfico de armas a gran escala, extorsiones y chantajes. Además, lo hace en conexión con otras organizaciones, como la Orekhovskaya, uno de cuyos máximos responsables, Serguei Butosin, y su guardaespaldas, Marat Polianski, fueron detenidos en España.

La implantación de estas organizaciones es un hecho consumado que debemos combatir, sobre todo si tenemos en cuenta que, a poco que bajemos la presión en la persecución de estas estructuras, la «mancha del mal» puede extenderse como el petróleo del *Prestige*, contaminándolo todo. No son baladíes las estadísticas de la Orekhovskaya en ejecuciones violentas, entre las que figuran un fiscal que osó investigarla, seis agentes de policía, empresarios y miembros de bandas rivales.

Querida María, ésa es la historia. Lo cierto es que hemos mejorado en la persecución de esta lacra, pero aún queda mucho por hacer, sobre todo si tenemos en cuenta el repunte del tráfico organizado de drogas y los nuevos métodos de la criminalidad organizada, que buscan campos más asequibles, como el medio ambiente, el urbanismo y las acciones financieras.

Han transcurrido varios días y ahora que te veo con la ilusión de comenzar tu futuro inminente deseo continuar la carta inacabada sobre el crimen organizado hilvanando experiencias de una vida profesional.

Desde aquel 25 de mayo de 1992 han pasado más de doce años, casi dos tercios de tu vida, y me veo como un viejo prematuro recordando historias trasnochadas. Pero prometo recuperar el hilo argumental, si es que la mente y los recuerdos pueden ser ordenados.

Muchas veces he pensado que lo bueno de los recuerdos es que los vas acomodando a placer y por materias, aunque en ocasiones la anarquía supere toda norma.

Bien, como te prometía, vuelvo al redil argumental, y

después del largo camino de estos años y las malas experiencias del pasado y del futuro que vendrá, puede decirse que hemos mejorado bastante. Parece que por fin el virus de la imbecilidad y la miopía nos ha abandonado, aunque para ello hayamos tenido que perder vidas, energías, ilusiones, juventudes y tiempo.

Sin embargo, en el día a día, la historia es diferente, ya que en ella abunda la incompetencia, la improvisación, la falta de preparación científica, la falta de coordinación, el desinterés, el solapamiento entre servicios y el derroche de fondos. Es decir, la poca profesionalidad que nos hace olvidar el problema y decir: «¡Bueno, no es para tanto!».

Pero no es así: las organizaciones criminales facturan alrededor de 750.000 millones de dólares al año, una cifra superior a los presupuestos generales de España. Igualmente, esas redes blanquean más de medio billón de dólares a través de diversos instrumentos legales, como los denominados paraísos fiscales. María, deberías destacar en tu trabajo que estas organizaciones actúan simplemente para obtener pingües beneficios de la forma más rápida y segura posible, de ahí que la actividad del blanqueo sea la imprescindible y la más desarrollada, su auténtico núcleo.

Para ella emplean desde el depósito de fondos en cuentas de países con secreto bancario, la utilización de sociedades instrumentales, la mezcla de transacciones procedentes de una actividad de comercio real con fondos de origen delictivo, hasta la facturación falsa. También usan actividades comerciales legales, adquieren y venden bienes por precios diferentes a lo declarado y recurren a intermediarios financieros y cuentas puente para dificultar el origen de la transferencia. Además, utilizan transacciones electrónicas que dificultan dar con la identidad del ordenante. También a personas que realizan operaciones de cambio de moneda por un elevado importe, la mayoría de las veces en locutorios telefónicos, que en muchos casos son propiedad de las propias organizaciones y que lavan sus beneficios a través de los envíos de dinero a los países de origen, en los que se utilizan como remitentes identidades ficticias o verdaderas, pero sin el consentimiento de sus titulares.

Esta realidad evidencia la propia falsedad de los planteamientos de los que partimos, porque es el propio sistema capitalista el que propicia los medios, métodos y formas para que existan y se desarrollen estos mecanismos delictivos. Por ejemplo, es difícil explicar por qué existen y se autorizan los sistemas de opacidad y secreto bancario; por qué hemos inventado normas que, so pretexto de proteger a los ciudadanos, lo que hacen es favorecer el enriquecimiento de unos pocos en perjuicio de la generalidad. Todo o casi todo son estructuras y superestructuras creadas para mantener un sistema diseñado para la potenciación del fraude, la evasión y el beneficio ilícito consentido, o no controlado.

En esta contradicción nos movemos, primero permitiendo las actividades ilícitas, luego persiguiéndolas, más tarde despenalizándolas y finalmente tolerándolas. Así acabamos encontrándonos con casos de delincuentes internacionales que ofrecen el pago de la deuda externa de un país a cambio de impunidad.

A lo largo de la historia han sido muchos los casos en que, ante la impotencia del Estado para hacer frente al crimen, ha pactado con el criminal y le ha permitido un retiro muy beneficioso, la formación de una nueva organización e incluso ocultarse en un país que impide la extradición.

En esta dinámica, Estados Unidos se lleva la palma. Sus acciones protegiendo a criminales internacionales o permitiendo la corrupción rampante a cambio de «estabilidad» en los países respectivos han sido paradigmáticas. Noriega en Panamá, Somoza en Nicaragua, Pinochet en Chile, Aristide en Haití pueden ser una muestra de una larga lista de países, como Colombia, Brasil, Honduras, El Salvador, Argentina, Paraguay, China, Israel, Turquía, Italia, Bolivia, Perú, Paraguay, en los que de una u otra forma ha sucedido lo mismo.

En todos los casos, para justificar esa ineficacia y coincidencia se han dictado normas que ocultaban la impotencia frente al fenómeno y sus causas verdaderas y profundas. Es cierto que, poco a poco, este sistema falso de combatir el crimen ha ido cambiando y hoy día se desarrolla de una forma más honesta, aunque todavía muy ineficaz.

Para que te centres un poco, hagamos referencia al caso de España. Según los últimos datos policiales de mayo de 2004, se podría decir que nuestro país no es de los que más sufren la plaga del crimen organizado, pero ¡cuidado!, eso no quiere decir que no exista ni que no tenga sus redes extendidas dentro y fuera de España, en conexión con otras organizaciones internacionales. Lo que sucede es que la labor que se viene desarrollando desde hace años ha rendido sus frutos, aunque se observan figuras delictivas emergentes altamente preocupantes.

Durante el año 2003, los grupos criminales que han desplegado su acción en España son doscientos treinta y cuatro. Si comparamos las cifras de 2001, 2002 y 2003, se observa una ligera disminución. Por nacionalidades, te diré que en esos años el 50 por ciento aproximadamente de los grupos estaban formados por individuos de nacionalidad española. A mucha distancia también los integraban colombianos, rumanos, marroquíes, rusos, británicos y nigerianos, y así hasta un total de veintiséis nacionalidades. Sus principales actividades delictivas son: tráfico de drogas y sustancias psicotrópicas, blanqueo de capitales, falsificación de documentos, tráfico de seres humanos con fines de prostitución y explotación laboral, estafa, robo con fuerza, falsificación de medios de pago, extorsión, tráfico ilícito de vehículos, secuestro, delito fiscal, receptación, asesinato/homicidio, falsificación de moneda, tráfico de armas o explosivos e inmigración ilegal. Como ves, María, a pesar de los «éxitos», la actividad organizada de los grupos de delincuentes sigue, y si no se mantiene la presión, volverán a reestructurarse.

Además, las organizaciones criminales se acomodan al ritmo de los tiempos y aprovechan los nuevos medios y métodos tecnológicos, informáticos, audiovisuales, electrónicos, digitales, de transportes, armas, infraestructuras y formas sofisticadas de ocultación o simulación para eludir la acción policial y progresar en su acción delictiva.

Otro de los aspectos que cabe tener en cuenta es el incremento de la criminalidad organizada de países de Europa del Este, así como el asentamiento de grupos criminales rusos, y la fuerte entrada de otros de procedencia rumana, albana, yugoslava, lituana y búlgara. En este sentido se hace necesario resaltar la continua proliferación de grupos organizados de origen rumano que se viene dando en los últimos años. Estos grupos se dedican a diversas especialidades delictivas contra el patrimonio, relacionadas con la inmigración ilegal, principalmente mediante la captación de mujeres para destinarlas a la prostitución. Por eso están especializados en la falsificación de tarjetas de crédito y documentos, como medios imprescindibles para el desarrollo de sus actividades.

Como puedes comprobar, nos enfrentamos a un auténtico poder invisible. Además, desde hace tiempo, el terrorismo ha dejado de tener un móvil exclusivamente político. Sin embargo, muchos gobernantes, anclados en un falso romanticismo y cautivados por el canto de sirena de algunos movimientos armados, guerrilleros y terroristas, no se han dado cuenta o no han querido ver un fenómeno que, para mí, es meridianamente claro: el crimen organizado ha sido el patrón de muestra que han elegido la mayoría de los grupos armados para convertirse en organizaciones de poder. Así, las Fuerzas Armadas Revolucionarias de Colombia (FARC), las Autodefensas Unidas o Paramilitares Colombianas (AUC) se han asociado a los cárteles colombianos clásicos. Las organizaciones integristas se nutren en gran medida de delincuentes comunes y se han convertido en la manifestación más violenta de la criminalidad organizada, como los grupos de narcoterrorismo. Esas organizaciones se prestan ayuda para el suministro de armas, cambian droga por material nuclear, utilizan los mismos circuitos financieros para el blanqueo de fondos, crean bandas armadas de mercenarios que alquilan a organizaciones económicas a cambio del pago de sus servicios de corte mafioso.

A pesar de que lo que digo puede parecer ciencia ficción, es el momento de decidirse por iniciativas más ambiciosas en estos tiempos de confusión social y política en nuestras sociedades. Un sistema compacto de inteligencia, una comunidad de información que fluya de forma ágil y que aglutine y recoja, sin zonas oscuras, la que se produce en los diferentes países, para elaborarla y explotarla operativamente, exige un organismo superior que dirija dicha coordinación. ¿Cómo es posible que subsistan los intereses particulares de cada uno de los países, por encima del interés común de toda la humanidad?

Cuando se habla de este tipo de delitos, por ejemplo de drogas, intervienen varios países. El que facilita la materia prima, el que tiene los elementos químicos para manipularla, el que transporta o esconde el estupefaciente, el que la distribuye y el que se ocupa de la contabilidad. En este tipo de delitos complejos, al menos territorialmente hablando, resulta esencial que la coordinación exista. Por eso, resulta llamativo que muchos países, aplicando una visión localista y miope, no vean las dimensiones del problema acogiéndose a una territorialidad que se convierte en el mejor instrumento de la impunidad.

Recuerdo que un narcotraficante muy conocido en España, gallego él y reincidente donde los haya, me decía en una de sus múltiples visitas judiciales que siempre irían por delante de nosotros, ya que tras cada caída les facilitábamos las pistas de nuestras investigaciones. De ese modo, aprendían lo que no tenían que hacer para la próxima, y además favorecíamos los contactos de narcotraficantes en la prisión que de otra forma nunca hubieran hablado o coincidido.

—Es cierto –le dije–, pero también lo es que usted está detenido y cumpliendo condena, con lo cual no sé hasta qué punto le interesa jugársela.

—Pues si le digo la verdad, señor juez, me compensa totalmente, ya que por cada diez operaciones en las que intervenga, como mucho caerán dos, de modo que, haciendo cuentas y con la imposibilidad de hallar el dinero en los paraísos fiscales, la actividad resulta rentable.

Esto significa que la cuestión está en encontrar la fórmula para que la actividad no sea rentable y por tanto habrá que apuntar al núcleo económico de la organización y sancionar con mayor dureza las conductas relacionadas con el reciclaje del dinero y los beneficios de esa delincuencia.

Por eso, apuesto por la cooperación internacional para superar esta lacra. Parece fácil, pero no es así. Por ejemplo, a finales de febrero de 2003 viajé a Yakarta (Indonesia) para explicar la Convención de Palermo, en el marco de la ONU, a los funcionarios, policías, fiscales y jueces del lugar. Ninguno de los presentes tenía idea de lo que era la cooperación jurídica internacional. Es más, ninguno de ellos se atrevía a exponer sus ideas en voz alta, por temor a las represalias o por desconocimiento, de modo que parecía que no tenían interés. Al terminar, un chico joven, abogado, me dijo: «Doctor Garzón, me encantó su exposición, pero me perdonará que no haya intervenido, pues si lo hubiera hecho, previsiblemente habría perdido mi empleo, porque entre nosotros hay asistentes que tienen por misión denunciar a los que mostremos un interés crítico con este tema».

Por ello, defiendo la creación de un nuevo organismo

que aglutine todas las competencias legislativas, políticas, de fiscalización, información y operativas, para que bajo una sola dirección y con algunos departamentos, no demasiados, pueda desarrollar y coordinar, bajo la dirección del secretario general o del director del Programa de Prevención del Delito de la ONU, toda la acción de la comunidad internacional frente a la delincuencia organizada.

Este único organismo tendría una relación permanente y constante con cada uno de los países miembros, tanto para prestar el apoyo científico, informativo y operativo que se solicitara, como para analizar y facilitar la cooperación de cada uno de los países afectados por las investigaciones internacionales sobre los delitos cometidos por grupos organizados.

En noviembre de 2000 tuvo lugar en Milán la Asamblea de la Asociación de Comerciantes de Italia. Entre las cifras que se manejaron, aparecían publicadas las de 150.000 millones de euros como importe aproximado de los negocios «lícitos» que la Mafia mueve en el país transalpino, lo que equivale al 15 por ciento del PIB de ese país. Uno de cada cinco negocios, el 20 por ciento de la estructura empresarial de la nación, está en manos de las organizaciones criminales italianas. Por ello, tienen más fondos que las fundaciones bancarias y tienen un espectro de inversiones inmobiliarias muy amplio. Por ejemplo, existen datos que demuestran el control por parte de la Mafia del 70 por ciento de las industrias cementeras, del 35 por ciento de las financieras y del 20 por ciento de los restaurantes. Igualmente extienden sus redes no sólo a los empresarios, sino también a los funcionarios de justicia y policía. Asimismo invierten en negocios como el comercio de animales exóticos.

En Nigeria se ha calculado en más de 50.000 millones de dólares la cuantía extraída ilegalmente del país. Internet ofrece sistemas seguros y opacos para mover el dinero, aunque a veces resulta más rentable comprar el banco que utilizarlo para mover el dinero sucio. Todos estos ejemplos no hacen sino poner de manifiesto las dimensiones del problema al que nos enfrentamos, y eso que hasta ahora no he tocado la cuestión de la utilización de la corrupción por parte del crimen organizado como un instrumento más para conseguir mayores beneficios y márgenes de impunidad. Sin olvidar que la corrupción política o sobre los políticos puede acabar en algunos casos con el propio sistema de partidos, de modo que no sería muy exagerado afirmar que son las grandes corporaciones transnacionales las que propician los métodos de corrupción internacional.

Como ejemplo, sirva el pago de comisiones ilegales a cargo de esas empresas. Una media de 200.000 millones de dólares estarían destinados a esta finalidad. Los costes empresariales en China se encarecen en un 46 por ciento a causa de la corrupción, en Rusia en un 43 por ciento y en Turquía en un 36 por ciento.

Además, cuando la economía se ve sometida a conflictos violentos, las organizaciones criminales no pierden el tiempo y sus redes se vuelven mucho más operativas que los ejércitos, o se adelantan facilitándoles ilegalmente armas o propiciando la propia alteración violenta del sistema para controlar los sistemas de producción, los recursos naturales o la propia financiación de la guerra entre clanes. Ejemplos paradigmáticos de lo que digo los tenemos en Uganda y la explotación de las minas de diamantes; en Congo; en Colombia y la explotación del negocio de la cocaína por las FARC y las AUC; en Afganistán y la explotación de la heroína para mantener el enfrentamiento entre las diferentes facciones tribales.

Este universo mafioso, como apuntaba al principio, se completa con todo tipo de actividades ilícitas, también deleznables e irresponsables para el ser humano. No existen fronteras sentimentales para los grupos criminales organizados. Allí donde vean posibilidad de éxito, allí actuarán. Por ejemplo, más de doscientos millones de personas, la mayoría niños, según datos de la ONU, están sometidas a algún tipo de esclavitud laboral, sexual o física.

Pues bien, ésta es la realidad. Para luchar contra esta criminalidad no hay que inventar prácticamente nada, sino analizar crudamente el problema y tratar de solucionarlo con una perspectiva de futuro amplia, renunciando a las posturas más o menos cómodas que hasta ahora hemos mantenido. Es el momento de que los países desarrollados inviertan muchos más recursos para combatir las lacras que afectan a la humanidad y que ayuden a los países donde se propagan para que puedan establecer los controles que impidan el desarrollo de estas conductas. Si sólo se lucha contra los resultados o los efectos no se ganará la partida. Es como aquellas ciudades fortificadas a las que se pone cerco. Antes o después caerán en poder del enemigo: cuando no tengan con qué subsistir ni defenderse, ni fuerzas con las que hacerlo, máxime cuando, como en este caso, el enemigo no tiene una sola forma sino múltiples caras y manos ocultas que manejan los hilos que sujetan al mundo.

Es necesario radiografiar el crimen organizado en sus orígenes, causas, desarrollo, efectos, mecanismos, medios y formas. Es decir, hay que conocer las fuerzas a las que te enfrentas y con qué medios, para poder cortocircuitar la energía que les alimenta. Sin duda el conductor de esta misión es importante, pero más esencial aún es que exista el convencimiento de que tenemos un grave problema y que debemos solucionarlo por encima de la soberbia y el egocentrismo que se desvela en cualquier foro internacional sobre la materia.

Es esencial una acción concertada, definitiva e institucional contra los sistemas financieros, bancarios y económicos que favorecen el desarrollo del crimen organizado. Acabar con los paraísos fiscales debe ser condición básica para actuar. Es básico potenciar al máximo y proteger la independencia del poder judicial. Resulta fundamental combatir definitivamente la corrupción y no sólo con medidas formales legislativas.

Se puede hacer y se tiene que hacer. No conseguirlo es uno de los fracasos más grandes de la comunidad internacional en su conjunto y de los propios países en particular.

El 6 de septiembre de 1994, asistí en Ginebra (Suiza) a la primera reunión con varios jueces y fiscales para hablar sobre corrupción. Había dejado a mi hija María recién operada de una broncoestasia, que le supuso la extirpación de dos tercios del pulmón izquierdo. Fue uno de los momentos más duros de nuestra historia familiar. Tiempo después me preguntó:

—Papá, ¿tú crees que esto vale para algo?

—No lo sé. Espero que sí. Estoy convencido de que si nos comprometemos podemos reconducir el fenómeno de la corrupción y posiblemente acabar con él en el ámbito de la gestión pública. Se trata de tejer una tela de araña que, como un filtro, no permita el paso ni de las personas ni de las conductas que desnaturalizan la propia idea de Estado de derecho. Por supuesto que siempre habrá quien quebrante las normas, pero si somos capaces de poner en funcionamiento todas las alarmas de seguridad será mucho más fácil perseguirlos y acabar con ellos. Lo que buscan los corruptos y los delincuentes de cuello blanco es agotar nuestra voluntad de compromiso y fidelidad con el juramento o promesa hechos de administrar recta e imparcial justicia.

—Ya te entiendo. Se trata de actuar coordinadamente y de «educar» a todos para que no nos aprovechemos ni traicionemos al Estado de derecho, y a la vez para que generemos una auténtica actitud de denuncia y rechazo al fenómeno.

—¡Eso es! Se trata de crear una actitud crítica y responsable que nos permita exigir una ética más estricta en la gestión pública y en los servicios públicos. Pero teniendo en cuenta que esa actitud de intransigencia tiene que comenzar por nuestras propias actitudes privadas. No se puede predicar lo que no se cumple ni exigir lo que se infringe, sería una actitud cínica, aunque muchos la desarrollen.

—Papá, ¿es aquí donde situarías esa labor de educación de la que tanto me has hablado?

—Efectivamente. Recuerdo que en un encuentro internacional en la ciudad de Palermo, en junio de 1997, coincidí con el emblemático alcalde Leoluca Orlando, el fiscal antimafia Giancarlo Casselli y con Hillary Clinton. Allí hablé de la necesidad de instaurar en los colegios de primaria y secundaria la asignatura de la democracia, que incluyera el estudio y aprendizaje de los valores básicos para formar y defender a un Estado de derecho. Creo firmemente en la educación como medio para conseguir todo aquello que es difícil obtener con la represión.

—Y esas reuniones ¿sirven algo más que las de Naciones Unidas que tanto criticas en tu carta?

–Son diferentes. Diríamos que en esos encuentros vamos a trabajar y a poner puntos de vista y experiencias en común. Somos como unos pilotos que conducimos diferentes vehículos pero con los que tratamos de abrir nuevas vías en nuestros lugares de trabajo. Además, al conocernos facilitamos los trámites de la cooperación judicial, ya que agilizamos la remisión de documentos. Sin lugar a dudas, estos movimientos espontáneos de jueces, fiscales y técnicos sin sometimiento a programa previo ni a control gubernamental han supuesto importantes avances en la construcción del espacio judicial europeo y una mayor eficacia judicial en nuestros respectivos países, aunque muchas veces se nos ha denostado y atacado desde el poder político al acusarnos de formar una especie de coordinadora o internacional de jueces «rojos», o incluso de haber fundado la «república de los jueces». Por supuesto que estos nombres los inventan y distribuyen los que protagonizan el fenómeno.

Una de esas reuniones fue especialmente significativa. En octubre de 1996, junto con otros seis colegas, hicimos pública *L'Appel de Genève* (La Llamada de Ginebra). Con esa declaración denunciamos ante la sociedad y los medios de comunicación la falta de compromiso en la lucha contra la corrupción, el blanqueo de dinero y la criminalidad organizada. También criticamos las cortapisas que se ponían a la cooperación internacional en estas materias y la existencia de los paraísos fiscales. Por eso reclamamos la aplicación de normas que permitieran la persecución transnacional de estas conductas. Esta declaración sirvió para concienciar a muchos sobre el problema, tantas veces comentado, de que se aprueban normas que luego no se aplican en mucho tiempo. *L'Appel de Genève* tuvo eco en las instituciones europeas, ya que permitió una cooperación judicial más fluida.

También como consecuencia de esas experiencias compartidas se han dado avances importantes, como el de la creación de la orden europea de detención que ha supuesto la desaparición de la extradición en los países en los que se aplica este nuevo mecanismo. De este modo, se evita la interferencia del poder político, ya que con esa orden el procedimiento se resuelve entre los jueces en breve espacio de tiempo.

No obstante, la apuesta más innovadora se recoge en la Constitución Europea, aunque su germen radica en aquellos movimientos como *L'Appel de Genève*. Me refiero a la figura del fiscal europeo, cuya característica fundamental es su independencia. Su función consiste en buscar y perseguir infracciones que afecten a los intereses financieros comunitarios. En este camino hacia la consecución de un espacio judicial europeo, esa figura podría aglutinar todas las posibilidades de investigación y persecución de estas conductas y ofrecer una verdadera seguridad jurídica a los ciudadanos.

Está definitivamente claro que la Unión Europea debe superar sus reticencias nacionalistas para afrontar de forma independiente, desde el ámbito de la justicia, los retos a los que se enfrenta con unas fronteras permeables que soportan la presión de la inmigración y con una criminalidad organizada, cada vez más activa, ya que extiende sus tentáculos a cualquier actividad e institución al aprovecharse de las eventuales deficiencias de éstas o de las contradicciones que pueden existir entre los diferentes ordenamientos nacionales.

»Por ello, es necesario que el fiscal europeo potencie la cooperación judicial y agilice la aplicación de la orden de detención europea hasta su homologación en los sistemas nacionales. También debería controlar y dirigir Europol para luchar contra el crimen organizado, económico y financiero. En el ámbito del terrorismo debería coordinar e impulsar las investigaciones, así como canalizar la cooperación jurídica internacional. Por eso resulta básico que ejerza su acusación en estrecha cooperación con los órganos nacionales y cuando se trate de materias de su competencia actúe ante los órganos de justicia europeos. De este modo podemos construir una paz fundada en la justicia, los derechos del hombre, los principios democráticos y la primacía del derecho.

—¿Y es así, papá? ¿De verdad os habéis puesto de acuerdo los jueces para perseguir a algunas personas? Porque de ser así habríais cometido un delito.

—No, hija, ni mucho menos. Sólo aquellos que desprecian el Estado de derecho y que emplean las instituciones y la política en beneficio propio pueden pensar eso. Claro que quizá lo hagan porque al final pueden salir perjudicados en sus torcidos intereses cuando son descubiertos e investigados con todas las garantías. Realmente, aquellos que disponen de poder político o económico, y lo utilizan torcidamente, no aceptan el principio volteriano de que nadie está por encima de la ley. En estos casos, la actitud del magnate investigado será inicialmente de ofensa e incomprensión, luego de desprecio hacia quien se atreve a cuestionar la legalidad de sus acciones, después de ataque y descrédito personal del investigador, y finalmente usará la denuncia, la presión o la amenaza para evitar al juez incómodo. La cuestión está, como os he contado a ti y a tu hermano, en blindarse ante estos ataques o lisonjas, según los casos, y aplicar con rectitud la ley.

–Pero, papá, esas iniciativas no han terminado con los casos de corrupción.

–Es cierto, porque acabar con la corrupción es difícil. Siempre habrá una nueva fórmula para eludir una ley que imponga la limitación. Pero eso no quiere decir que no debamos aportar ideas e iniciativas en todos los ámbitos y no sólo en el penal. Cuando a Victor Hugo le preguntaron: «Maestro, ¿qué debemos hacer para acabar con la corrupción?», éste contestó: «Hagan ustedes escuelas». Y es que la educación, en este campo, es un factor decisivo. Recuerda la idea que te conté y que expuse en el Foro Social de Porto Alegre en 2000: consistía en la creación de una red internacional de profesionales para descubrir y perseguir los fondos ilícitos de que disponen gobernantes corruptos o empresas multinacionales sin escrúpulos –que aprovechan las lagunas legales del derecho internacional–, y entre aquellos profesionales, funcionarios y abogados capaces de trabajar con solvencia.

Así se podrían evitar casos como el del ex presidente Menem, en el que, por ese desconocimiento de las normas, cuando se quiso recuperar el dinero ya no fue posible.

—¿Y en todos los casos es lo mismo?

—Algunos países, como España, han sido bastante renuentes a la ratificación de algunos instrumentos internacionales. Por ejemplo, todavía no ha ratificado el Convenio Penal sobre la Corrupción del Consejo de Europa de 1999 ni la Convención sobre la Corrupción de la ONU firmada en México en diciembre de 2003.

—Eso quiere decir que en España no existe una decisión clara de investigar y perseguir la corrupción.

—No existe una clara voluntad política en ese sentido, y especialmente en los últimos ocho años del gobierno del Partido Popular. En ese período se han producido demasiados enfrentamientos con la Fiscalía Especial para la Represión de la Delincuencia Económica y la Corrupción. Y, dicho sea de paso, la corrupción no está tipificada como delito principal en el Código Penal.

—Papá, después de *L'Appel de Genève*, ¿habéis realizado alguna otra iniciativa en esta materia?

—El 19 de junio de 2003 participé, junto con otros jueces y personalidades del mundo de la cultura, las ciencias y el derecho, en otro proyecto. En esta ocasión el marco era incomparable, la Sorbona de París. En la declaración de París hicimos, por enésima vez, una denuncia pública y una llamada de atención para aglutinar fuerzas a la hora de hallar el camino más adecuado para liberar a nuestras sociedades de la atadura de los comportamientos irregulares y corruptos. Coincidimos en que la gran corrupción contribuye a deslegitimar el sistema democrático, ya que le provoca daños irreparables y causa falta de confianza en el ciudadano. Por eso exigimos la suspensión de la inmunidad diplomática, parlamentaria y judicial de los afectados por investigaciones financieras, porque permite el blindaje ante la justicia de aquellas personas que cometieron un hecho delictivo sin relación alguna con el cargo que representan. Sostuvimos que la inmunidad en estos casos no debe convertirse en impunidad, lo que normalmente sucedería si se aguarda a la finalización del mandato para perseguir el delito, ya que la prescripción no se detiene por la suspensión del procedimiento. El ejemplo más claro lo hemos tenido en Italia, donde el primer ministro, Silvio Berlusconi, ha pretendido blindarse de sus actividades como empresario. Los jueces le han respondido con dos huelgas judiciales.

»Además, en la declaración de París instamos a que se adoptaran las medidas necesarias para que las empresas consoliden geográficamente sus cuentas, país por país. También pedimos que la justicia del lugar donde se encuentra la sede matriz de las multinacionales pueda investigar cualquier filial en el extranjero sospechosa de corrupción. Éste es el caso de los denominados paraísos fiscales.

»Asimismo, apelamos para que se cree un comité de vigilancia bancario alrededor de dirigentes políticamente expuestos. Es decir, aquellos que ocupen puestos estratégicos en un gobierno, en la alta administración y en la dirección general de empresas privadas que intervienen en sectores de riesgo.

»Si no somos capaces de impedir el desarrollo impune de los comportamientos de corrupción y aceptamos que al hambre y la necesidad se las considere subversivas podemos preguntarnos con Ernesto Sábato: "¿En qué clase de sociedad vivimos? ¿Hasta dónde vamos a aceptar que se degraden todos los valores que hacen fuerte a la democracia?".

»Aceptar la dirección interesada del gran capital, del poder de las grandes corporaciones y renunciar al control de las élites políticas y económicas es sucumbir en manos de una globalización que fagocita todo aquello que se le opone. Los que dirigen la política o la economía deben ser prístinos en su actuación para recuperar el terreno perdido durante tantos años de inactividad.

La verdad, querida hija, es que, a veces, pienso que en Europa la corrupción es un tema que no interesa a nadie y que se ha conseguido la máxima de que «no da miedo ser corrupto» o que incluso no perjudica a nadie que existan pequeñas o grandes corrupciones, hasta el punto que lo que se repudia es no hacer bien las cosas para que no te descubran. Por eso confío en vosotros, los jóvenes, para cambiar esa visión.

—Te confieso, papá, que parece que me hayas leído el

pensamiento, porque realmente no es un tema que nos preocupe demasiado a los jóvenes.

—Pero, cariño, la cuestión es optar entre lo ético y lo incorrecto, entre lo legal y lo ilegal, entre lo que debe ser y lo que desgraciadamente es. Es cierto que en especial en Europa y en España se ha hecho el discurso falso de que la corrupción se acabó con la pérdida del poder de los socialistas y por tanto el fenómeno ya no es preocupante. Falso y peligroso, porque es ahí donde prende de nuevo la llama de la corrupción y la acción de los «corruptores». Esta inversión de la escala de valores produce abulia y aceptación de aquélla como algo común y amable.

—¿Cómo se desarrolla la corrupción? Porque quizás, sin saberlo, estamos contribuyendo muchas veces a justificar el fenómeno, o incluso a asimilarlo.

—La corrupción ha estado presente en los diferentes sistemas de una u otra manera. Siempre se ha distinguido lo correcto de lo inaceptable, pero algunos pensadores han justificado cierto grado de corrupción como parte indispensable de un sistema democrático para sostener a los partidos políticos. Así, han admitido que, puesto que la existencia de las formaciones políticas es fundamental, éstas puedan recurrir a ciertas prácticas irregulares de financiación para garantizar su actividad. Sin embargo, tal postura es inaceptable porque la credibilidad política de una formación debe radicar no sólo en el hecho de que se apoye en unas ideas solventes y coherentes, sino que también lo haga en la transparencia de sus finanzas, lo que implica, a su vez, garantizar la honradez de sus dirigentes. Existen unos mecanismos de corrupción tradicionales que ya han sido subsanados en muchos países pero que todavía despliegan sus efectos en otros con fórmulas más novedosas, más sutiles, pero mucho más efectivas.

»Lo que podemos llamar corrupción clásica se produce sobre todo en los países del tercer mundo y va acompañada normalmente de subdesarrollo, falta de democracia y falta de Estado. Es de carácter eminentemente individual, persigue el enriquecimiento personal a través de la malversación de caudales públicos y en su desarrollo influyen decisivamente razones económicas e incluso demográficas y geográficas. Un ejemplo: en Dinamarca, uno de los países con menor índice de corrupción, como el Estado otorga una protección económica elevada a los funcionarios y empleados públicos, a éstos no les hace falta corromperse. Por el contrario, en la India, el tener muchos familiares a su cargo hace que el funcionario sienta la tentación de corromperse para redondear sus ingresos. De esta forma asistimos de nuevo a la constatación de un círculo vicioso difícil de destruir y cuyos puntos de unión son la pobreza, la imposibilidad de desarrollo, la desigualdad social y, por tanto, la corrupción, que a su vez genera menos posibilidades de desarrollo y más pobreza.

»Por su parte, lo que podría calificarse como corrupción moderna es mucho más compleja y difícil de detectar y perseguir. Es inherente al funcionamiento de las instituciones y se utiliza casi de forma generalizada por las grandes empresas en el sector público y en el mercado. Comprende la financiación irregular de los partidos políticos y de las campañas electorales. Por ejemplo, el coste de las elecciones presidenciales en Estados Unidos del año 2000 y las legislativas del martes 5 de noviembre de 2002 han superado en cada uno de los casos los mil millones de dólares. Supongo que en las del año 2004 el importe ha sido similar o superior. Esta realidad se completa con otra que acoge a los grandes empresarios que dejan de pagar campañas ajenas y se financian las propias, como el vicepresidente Dick Cheney o el primer ministro Berlusconi.

»¿Acaso alguien piensa que los grandes contribuyentes a las campañas electorales lo hacen por altruismo y sin esperar nada a cambio? No; incluso puede llegar a pensarse que quienes gobiernan en estos casos no son los presidentes sino los consejos de administración de las empresas que los apoyaron. Sin embargo, son muchos los países en los que no se considera delictiva la financiación irregular de un partido político, a pesar de haberse desvelado como una de las formas más habituales de corrupción en países como España, Italia, Alemania y Francia. En este sentido, desde la perspectiva de la ética política resulta inaceptable la falta de claridad y transparencia de las fuentes de financiación de aquéllos.

—Entonces, ¿qué razones existen para mantener oculta la identidad de quienes contribuyen a financiar un partido político determinado?

—Supongo que obedece a razones inconfesables, relacionadas con el pago de favores posteriores en adjudicaciones o acuerdos sobre puestos de responsabilidad, preferencia en la inversión de sectores concretos y específicos, y ventajas «objetivas» a ciertas empresas.

»En este ámbito, la moderna corrupción suele aliarse con el blanqueo de fondos en paraísos fiscales, a través de un entramado financiero y de "empresas pantalla" que impiden o hacen muy difícil la penetración en el núcleo de la trama. Hasta tal punto esto es así que la propia Comisión Europea, preocupada por el elevado nivel de las pérdidas financieras, ha denunciado junto con España, Alemania, Italia, Portugal, Francia, Suecia y Luxemburgo, ante la justicia de Nueva York, a la empresa tabaquera Reynolds, acusándola de blanquear millones de euros anuales a través de grupos terroristas.

»También existe falta de transparencia en las instituciones financieras y en los medios de comunicación y grandes entidades. Los parlamentos, a veces, se hallan mediatizados por los intereses de sus sustentadores en campaña (caso Enron).

»Son mecanismos propios de este nuevo tipo de corrupción el tráfico de influencias, las negociaciones prohibidas, la administración desleal, la falsedad de balances, la información privilegiada. También los fraudes comunitarios en el sector de la leche, de los productos textiles, del azúcar, de los planes de empleo, así como de la formación ocupacional.

–El panorama es desolador. ¿Realmente la sociedad puede verse libre de la corrupción? ¿Puede el poder no ser corrupto?

–En esa labor de denuncia, la sociedad tiene un papel

primordial para que no arraigue la idea patrimonialista de las instituciones y del servicio público, transformándolas en haciendas privadas y servicios particulares. A poco que se pierda ese nivel de compromiso, la inercia del poder blindará a quienes lo ejercen, convirtiéndolos en propietarios, en detrimento de sus auténticos titulares: los ciudadanos.

»No es extraño ver cómo este tipo de gobernantes, que desgraciadamente no son pocos, de lo único que están pendientes es de enriquecerse o de colocar "sus fondos" (que obviamente no son suyos) a buen recaudo en alguna isla perdida del océano Pacífico, "paraíso fiscal" y "paraíso terrenal", o mucho más cerca, junto a las fronteras de su propio país, a dos horas de avión o tres de coche. Estos fondos no serán normalmente recuperados ni entregados, o, en el mejor de los casos, cuando la acción audaz de algún magistrado o fiscal consiga la devolución, estarán tan mermados que no cubrirán ni la cuarta parte de los gastos del juicio. Los jueces también tenemos que hacer la correspondiente autocrítica por la falta de acción rápida, por no actuar o hacerlo mal.

»La razón principal debe encontrarse en el hecho de que algunos políticos o funcionarios públicos, cuando llegan al poder, sufren una especie de metamorfosis que les transforma en propietarios y no en simples usuarios de él. Olvidan pronto el principio de que el poder no es de nadie y que periódicamente lo otorgan o lo niegan los ciudadanos.

»Este tipo de responsables políticos, demasiado frecuentes, ostentan el poder como cualquier otro objeto adquirido a bajo precio en unos grandes almacenes. Pasan así a disfrutar de "su" cargo, o "su" ministerio, o "su" coche, o "su" casa oficial. Recuerdo en este sentido el caso de un ministro en el gobierno de Paraguay de 1997 al que se le había abierto un procedimiento porque utilizaba el coche oficial para alquilarlo y cuando se lo reclamaron no quería devolverlo. Esta pretensión patrimonial del poder es demoledora para el ciudadano, a la vez que se acomoda como anillo al dedo para quienes buscan márgenes de impunidad política y judicial en todo lo que hacen.

»En este contexto, atreverse a investigar en "su" casa, "su" patrimonio, "su" trayectoria o "su" trabajo, no sólo es un atrevimiento sino una "aberración", un "delito" y, en cualquier caso, razón suficiente para atacar, denostar, perseguir, controlar y presionar a quien lo hace, que será una mujer o un hombre normales, nada extraordinarios, que cuando decidieron servir a la sociedad desde la judicatura nunca pensaron que con ello se verían abocados a actos de heroísmo o de suicidio profesional, sino que pensaron y estaban convencidos de que en un sistema democrático y de derecho las instituciones deben funcionar y al juez sólo se le debe exigir independencia, imparcialidad y conocimiento del derecho.

»En estos casos, máxime si se tiene la mayoría parlamentaria suficiente, el implicado, o implicados, y los que le apoyan, a veces, "prostituyen" la voluntad popular, el mandato conferido en las elecciones, e invierten la situación para blindarse y protegerse de quienes (los jueces) deben a su vez defender los derechos básicos de los ciudadanos. Algo verdaderamente contradictorio.

»¿Quién está pues violando la voluntad popular como instrumento básico del sistema democrático? ¿El político que modifica una ley para impedir la acción de la justicia, o el juez que trata de aplicarla? ¿El político infiel y corrupto, o el juez o fiscal que pretende descubrirlo y someterlo no a su voluntad, sino a la acción de la justicia, como a cualquier ciudadano (también a los jueces) en aplicación del principio constitucional de igualdad ante la ley?

»¿Quién está violando el sistema y la voluntad democrática que le da forma? ¿Quién, en definitiva, utiliza las instituciones democráticas para defraudar, aprovecharse de ellas y eventualmente destruirlas? Desde luego no lo es quien busca la defensa de los ciudadanos frente a este tipo de conductas ilícitas.

»La perversión que se produce cuando el sistema financiero se utiliza como instrumento de dominación política es equivalente al hecho de que la justicia permanezca silente o inerme ante dicha situación, aceptándola o participando en ella. No se trata de que los jueces ocupemos espacios que no nos corresponden, ni que reivindiquemos a modo de catálogo político la dirección de la política judicial o criminal de un país, sino de que se ejerza, caso a caso, el deber de administrar justicia recogido en la Constitución, y que esto se haga con independencia, imparcialidad, inamovilidad y sometidos exclusivamente al dictado de la ley. Si estos postulados se cumplen, da igual que sean jueces de instrucción o fiscales instructores los que conduzcan la investigación. De hecho, al menos en España, en muchos casos es así, aunque también es verdad que la mayoría de los fiscales deberán cambiar su mentalidad y abandonar la mala costumbre de no asistir a las declaraciones, o de no motivar las peticiones que se hacen al instructor. Es decir, deberán asumir la realidad de la instrucción y el juez ser severo con el control de las garantías en ella.

»En fin, María, con estas reflexiones lo que quiero transmitirte es que resulta de todo punto inaceptable que un juez pueda verse sometido en su labor, no ya al control jurisdiccional o disciplinario previsto por la ley, sino que su misma persona, su intimidad e incluso su vida puedan ser objeto de ataques y acoso, más propios de una película de ficción, a manos de quienes deberían protegerlo. Al juez, como antes te decía, no se le deben pedir actos de heroísmo, o al menos no debería ser así, sino simplemente que cumpla con su deber frente a todos, asumiendo los riesgos pero sin que entre sus principales preocupaciones se encuentre la de protegerse de los propios aparatos del Estado.

—Papá, y cuando los comportamientos de corrupción provienen del sector empresarial, económico o financiero, ¿las cosas son así?

—O quizá peores, aunque más subrepticias. La delincuencia de cuello blanco nunca es grosera y los que la ejercitan inclinarán su cabeza ante ti, te adularán, te alabarán y celebrarán lo magnífico que eres. Pero a partir del momento en el que tocas al Consejo de Administración se producen varios fenómenos curiosos. Por una parte, los afectados experimentan indignación. ¿Cómo es posible que se atrevan a hacerme esto a mí? ¡Esto no puede seguir así! ¡Hablaré con tal o cual! ¿Por dónde se le puede entrar a este tío? ¿No tiene ningún punto flaco? ¡Invítenle a conferencias! ¡Que le envíen colecciones de libros jurídicos! ¡Que le inviten a actos sociales a los que antes nunca se le invitaba! También es posible que surja un amigo de la nada para ofrecerte condiciones ventajosas, dentro de la legalidad, en tus iniciativas particulares o las de tus allegados.

—¿Y entonces?

—Entonces, tienes que estar alerta y saber muy bien discernir la paja del grano y no dejarte llevar por esos falsos amigos o aduladores. Debes renunciar a muchas iniciativas a las que antes te sumabas para preservarte de la contaminación, y aplicar con el máximo rigor la ley, pero sin ceder a los cantos de sirena ni tener en cuenta lo que de ti digan los hacedores de opinión, porque en muchos casos estarán mediatizados, cuando no alimentados, al menos intelectual e ideológicamente, por los implicados.

»También debes estar muy pendiente cuando surge un súbito interés de las altas instituciones por tu trabajo y tu persona, por saber qué vas a hacer, y sobre todo no te dejes llevar por esta inercia de intereses compartidos o enfrentados para que no te utilicen con fines espurios.

»Sólo la fuerza ética y moral que otorga el hecho de estar convencido de actuar conforme a derecho te confiere el apoyo necesario para hacer efectivo el juramento o promesa que el juez hace ante la Constitución cuando toma por primera vez posesión de su cargo judicial.

—¡Ah!, la independencia. Veo que es un tema que te obsesiona. Ya leí lo que le escribiste a Balti.

María ha crecido muy rápido. Me sorprende que le interesen estos temas. No sé si lo hace por halagarme o porque realmente está preocupada por asuntos tan ásperos como la independencia judicial. Aprovecho y le explico que es necesaria frente al poder político y económico y ante el propio órgano de gobierno del poder judicial. Habrás notado, le digo, que he hecho referencia intencionada al poder político y no a los poderes ejecutivo y legislativo. Hoy se percibe en lo político una vía expansiva que trata de abordar todas las manifestaciones clásicas del poder, por supuesto también del judicial. Esa independencia debe apoyarse en la legalidad democrática para hacer frente a fenómenos que constituyen auténticos cánceres de la sociedad moderna, como el crimen organizado, la corrupción y el terrorismo. Por ello, el primer eslabón en la cadena de elementos o garantías que deben revestir a la independencia judicial es la propia integridad del juez. Desgraciadamente, son muchos los países en los que los jueces no pasan de ser meros instrumentos del poder político de turno, que los nombra, los sustituye, los promociona o los elimina según el interés concreto. Es decir, la dependencia del juez con el que tiene que promocionarle, premiarle o reconocerle es una de las causas de corrupción más habituales en el ámbito judicial, por encima o a la par que la corrupción económica a la que éstos, como otros funcionarios, pueden verse expuestos. Normalmente, no hará falta que se le pida la decisión o acción corrupta, porque ese juez la ofrecerá sin esperar a que la petición se produzca, ante la expectativa de lo que puede conseguir, o simplemente por esa especie de sumisión o temor reverencial hacia el poder político o económico.

En todos los países, los jueces clamamos reiteradamente por una independencia real, pero la cuestión es que la mayoría de las veces se hace bastante poco por defenderla en aquellos casos complejos en los que el juez debe adoptar una postura firme frente a los excesos del poder de otras instituciones públicas o del sector privado. Con demasiada frecuencia se ha constatado la inhibición frente a estos fenómenos en los que la mera pasividad ya comporta responsabilidad. La independencia debe garantizarse no sólo hacia fuera sino también hacia dentro.

En algunos países, la complacencia o inactividad de los jueces a veces es clamorosa. Esta situación puede erradicarse mediante un sistema definido y objetivo de selección que elimine la arbitrariedad partidista en los que designan, cuestión de gran actualidad en España, en donde intencionadamente se pretende confundir por algunos independencia judicial con arbitrariedad en las decisiones del órgano de gobierno de los jueces. No alcanzo a comprender cuál es la solvencia de defender –como hacen el Partido Popular, la Asociación Profesional de la Magistratura y el sector conservador del Consejo General del Poder Judicial– que el nuevo sistema de fijación de mayorías para nombrar altos cargos judiciales (tres quintas partes de los votos de los vocales frente a la mayoría simple actual) altera o afecta a la independencia judicial.

La demagogia de este planteamiento me parece tan evidente como cierto es que lo que se exige a los vocales es que obtengan acuerdos y consensos que representen a un espectro más amplio de jueces como candidatos óptimos a esos puestos, así como una evaluación científica y continuada del juez que garantice su preparación, unas retribuciones adecuadas a la importancia de la labor que desarrolla, la implantación de la inamovilidad y un régimen de incompatibilidades riguroso después de abandonar el cargo, y un adecuado sistema de responsabilidades disciplinaria, civil y penal. Para terminar, es necesario un control de la oficina judicial que garantice la pureza de los procedimientos, el rendimiento de los funcionarios y la evaluación de los retrasos, más allá del propio sistema de Inspección del Consejo General del Poder Judicial, que en todo caso tendría que ser modificado para que no actuara, a veces, como un arma de destrucción. Junto a la independencia judicial es necesario que la actuación del fiscal sea independiente.

—¿La Fiscalía Anticorrupción es independiente?
—En España, como en otros países, existe una fiscalía especial para la investigación de los delitos económicos y

relacionados con la corrupción, y dos fiscalías más, asimismo especiales, contra el terrorismo y antidrogas. La Fiscalía Anticorrupción se creó por ley en 1995. Depende jerárquicamente del fiscal general del Estado y se halla sometida al criterio de unidad y dependencia respecto de aquél. Esta dependencia es la que representa o puede representar, objetivamente, el problema principal, máxime si se tiene en cuenta que el fiscal general puede decidir qué asuntos se encomiendan a dicha Fiscalía.

»Todos sabemos que con demasiada frecuencia las investigaciones por delitos relacionados con la corrupción pueden afectar a ciertos representantes del gobierno, de partidos políticos, de instituciones del Estado o de organismos económicos influyentes. Cuando esto sucede, la eventual diferencia de criterio entre la Fiscalía Especial Anticorrupción y el fiscal general, nombrado por el gobierno, puede resolverse, a no ser que se establezcan medidas favorables al gobierno de turno o los intereses personales, políticos o económicos de determinadas personas o empresas, y ello puede influir en la "sustracción" del asunto al conocimiento del fiscal especial y en la pérdida de efectividad de la institución.

»Por tanto resultaría imprescindible, desde mi punto de vista, que el fiscal general no fuera designado por el gobierno, sino por el Parlamento con mayoría cualificada, que su mandato no coincidiera con el de la legislatura o presidencia, y que se protegiera con firmes garantías su futuro tras el cese en el cargo. También sería preciso que el fiscal general explicara cuando relevara o contradijera al fiscal anticorrupción las razones de su decisión.

»El informe GRECO (Grupo de Estados contra la Corrupción), por el que se hace la evaluación sobre la corrupción en los países del Consejo de Europa, ha sido especialmente crítico en 2002 con España y ha levantado las alarmas sobre el encubierto interés del gobierno del PP en controlar la actividad de la Fiscalía Anticorrupción. Un buen ejemplo ha sido la modificación del estatuto del ministerio fiscal, que ha supuesto el injusto relevo del fiscal Carlos Jiménez Villarejo, jurista de prestigio y de elevada talla ética. Su pérdida en sí misma es irreparable.

—Papá, ¿y no sería necesario formar un conjunto de profesionales que os ayudaran en esta tarea?

—Para que la labor del juez y el fiscal sean efectivas es necesario un conjunto de profesionales independientes de cualquier institución, gubernamental o privada, y dependientes sólo del juez o del fiscal. En este marco han de incluirse: unidades policiales especializadas y grupos técnicos expertos en contabilidad, gestión y actividades financieras. Los funcionarios, peritos o especialistas, nacionales o internacionales, deberían ser relevados de cualquier otra función y no podrían despachar más que con el juez. También se les debería garantizar la reintegración sin restricción a sus puestos una vez terminada su labor en el juzgado y protección jurídica frente a posibles represalias.

—Entonces, papá, en este ámbito de la criminalidad

transnacional y de la corrupción resulta imprescindible el auxilio de organismos nacionales, internacionales o regionales competentes en la materia.

—Efectivamente, María. En la investigación de delitos económicos y de corrupción resulta imprescindible la coordinación y el apoyo internacional a través de los organismos y oficinas internos e internacionales. También la ampliación y el desarrollo de EUROJUST (organismo de coordinación de jueces, fiscales, policía y técnicos en la Unión Europea), y la actuación del Grupo de Estados contra la Corrupción en el Consejo de Europa (GRECO).

—Y en otros países, papá, ¿el enfrentamiento de los jueces con la corrupción y el crimen ha sido tan frontal como en España?

—Enumerar los casos de corrupción que han existido y que se investigan en Italia daría para varios libros. Sólo puedo decirte que, si existe un caso en el que los magistrados hayan pagado más caro su enfrentamiento con el poder, sea éste político, económico o mafioso, ha sido en el país transalpino. El desafío que plantean el primer ministro, Silvio Berlusconi, su gobierno y sus socios de coalición es difícilmente soportable en un sistema democrático. En Italia se observa en estado puro la confusión entre el interés particular y patrimonial de los que ostentan el poder y que se parapetan en él para no responder de sus conductas, frente al interés de los ciudadanos, que exigen responsabilidad.

»Para completar la situación, añádasele el control directo o indirecto y el dominio de casi el 90 por ciento de los medios de comunicación por parte de quien ostenta el poder político para estar en disposición de superar cualquier control democrático.

»En esta situación, organizaciones criminales como Cosa Nostra están en disposición idónea de asumir el control de zonas amplias de poder económico, financiero e incluso político y, con acuerdos concretos, abrir zonas de impunidad tan amplias que resulte imposible combatirlas.

»Ante esta situación, el pueblo, la sociedad debería rebelarse y exigir, como lo hizo, apoyando a los jueces de Mani Pulite, la persecución de estos comportamientos. Sin embargo, hoy día se percibe una Italia extraviada, recelosa, en busca de identidad, en la que los italianos se sienten pesimistas, desconfiados frente a las instituciones y convencidos de que sus economías van a peor.

»En Francia, la última década ha reunido un ramillete de casos de corrupción económica y política escandalosos, muchos de ellos relacionados o con proyección en otros países, como Suiza, Alemania y España. Entre todos ellos el caso Elf es paradigmático. En Alemania destacan los escándalos de la financiación irregular de la Democracia Cristiana de Helmut Kohl o, últimamente, el caso del presidente del Bundesbank, obligado a dimitir por haber aceptado invitaciones del Dresdner Bank, o la detención el 9 de marzo de 2004 del presidente del club de fútbol Munich 1860 en relación con la supuesta aceptación de sobornos en la construcción del estadio Allianz Arena, en el que se iba a inaugurar en 2006 el Mundial de Fútbol.

»En España, a los casos clásicos de la década de 1990, entre los que destacan KIO, Banesto y varios que afectan a otras entidades bancarias, hay que añadir los actuales de Gescartera, Atlético de Madrid, el ayuntamiento de Marbella y la Hacienda vasca. Estos casos demuestran que la criminalidad económica organizada continúa activa y que quizá no se ha prestado demasiada atención a esta gran delincuencia, apostando por otro tipo de acciones contra la pequeña delincuencia, juicios rápidos, que no han producido el resultado deseado pero que han supuesto inversión de medios humanos y materiales que deberían haber estado destinados a la criminalidad económica y financiera, cuya tramitación judicial se alarga y retrasa indefinidamente.

De esta realidad se puede extraer la consecuencia de que no interesa demasiado la persecución de este tipo de delitos.

Si damos un salto imaginario y nos trasladamos a América Latina, nos encontramos con un panorama absolutamente desolador. Faltan mecanismos que garanticen la independencia judicial, la implicación de responsables políticos en tramas criminales es elevada, la corrupción alcanza a las diferentes instituciones y reinan los cárteles y organizaciones criminales de tráfico de drogas, de seres humanos, de armas y de evasión de capitales. La situación de inseguridad es generalizada y la venalidad rampante de muchos políticos, jueces y policías está generalizada. Todo ello hace casi imposible desarrollar una política eficaz contra las redes organizadas del crimen.

No obstante, es posible combatirlo si se comienza por restaurar la respetabilidad de las instituciones; esencialmente del poder judicial, dotándolo de contenido, independencia e inamovilidad de sus miembros, que deberían tener una adecuada preparación científica. También habría que subsanar la tradicional escasez de recursos y presupuesto de las instituciones de la administración de justicia, facilitar el acceso a la judicatura, acabar con su corrompida gestión, desarrollar medios alternativos para la resolución de conflictos y agilizar la tramitación de los procesos. Para ello resulta imprescindible asumir el problema como una cuestión de Estado. En los países de América Latina, salvo contadas excepciones, se percibe que la reforma del sistema judicial es una necesidad urgente si se quieren superar las cotas alarmantes de corrupción y crimen organizado existentes en la zona.

Por ejemplo, en casi todos los países (Perú puede ser un ejemplo) falta una auténtica y efectiva carrera judicial que asegure la profesionalización y la independencia, y que evite la discrecionalidad y la movilidad hoy día existentes; también la puesta en marcha, que en algunos países tiene rango constitucional (Colombia o Perú), de la justicia especial de las comunidades indígenas.

Esta necesidad se percibe especialmente en países

como Argentina, que está saliendo de una situación económico-política caótica y en la que la judicatura no sale muy bien parada, salvo honorables excepciones; en Bolivia, país en el que la ausencia de Estado ha contribuido a una depredación y corrupción inigualables; en Perú, que estuvo en una situación en la que el Estado con sus máximos representantes eran los que dirigían la acción corruptora en forma institucional (Fujimori y Montesinos).

—¿Conociste a alguno de ellos?

—Sí, hija. Fue el día 10 de octubre de 2002, en la base militar de El Callao, próxima a Lima, en donde se encuentra preso Vladimiro Montesinos desde que fue entregado a Perú para que se le juzgara. La vez anterior que estuve allí, en noviembre de 2001, estaba en plena ebullición el escándalo de los vídeos en los que se constataba el pago de sobornos a empresarios, políticos y personajes públicos peruanos por parte de Montesinos, brazo derecho en ese momento del presidente Fujimori, hoy huido del país y oculto en Japón para eludir la acción judicial sobre crímenes de lesa humanidad (casos Barrios Altos y la Cantuta) y por el caso de los rehenes de la embajada de Japón.

—Papá, ¿te acuerdas de cómo fue el encuentro?

—Sí. Sobre las 15 horas del día 10 de octubre de 2002 nos trasladamos a la base militar en la que, después de sortear la entrada principal y a los periodistas, entramos en una especie de antesala de un módulo de aislamiento, comunicado por una puerta y un panel de vidrio, no blindado, de la que salió el detenido señor Montesinos. Es un tipo curioso, el típico espía. Nos analizó a todos y a mí me miró fijamente a los ojos. Finalmente, me saludó con una sonrisa y dejó sobre la mesa, ostensiblemente, un libro titulado *Después del 11 de septiembre*, que contiene varios artículos periodísticos, uno mío, sobre los atentados terroristas en Estados Unidos. Desde el primer momento procuró hacerse el dueño de la situación y controlar el curso de la diligencia dirigida por la fiscal peruana. Como había previsto, en un momento de su declaración testifical, sacó a colación mi artículo (lo tenía subrayado) y lo citó literalmente para defender sus posiciones. ¡Genial! A la vez que un poco cutre y esperpéntico.

»El personaje, al margen de lo que es el contenido judicial de la diligencia, a la que no prestó demasiada atención, no tiene conciencia de haber actuado mal —dice— en aquellos casos en los que le acusa la justicia peruana, y está convencido de que todo es una cuestión política y una persecución de sus enemigos que, por ende, son enemigos del Perú. En algún momento, durante la conversación que tuve con él después de concluir su declaración, me vino a la memoria la figura de Rafael Vera, que tampoco tuvo conciencia, o al menos así lo manifestó, de haber hecho algo mal con su irregular utilización de fondos reservados, reconocida en sentencia. Todos son similares.

»Montesinos me sacó de esa reflexión cuando afirmó que todo lo había hecho por su patria. La razón de Estado, llevada hasta sus últimas consecuencias y ante la que no tienen relevancia la corrupción, el latrocinio, la desviación de fondos ni eventualmente el asesinato. Aprovechó la ocasión para atacar al presidente peruano Alejandro Toledo al acusarle de cocainómano, y exhibió la copia de un documento que, al parecer, contiene un análisis que lo acreditaba. De pasada mezcló al presidente Clinton y a toda su Administración, para quienes, dijo, trabajó.

»Mientras se corrige su declaración, los dos, de pie, un poco apartados de los demás, conversamos. En un momento determinado le pregunté:

»–Señor Montesinos, ¿tiene usted más vídeos?

»Y me contestó:

»–Doctor Garzón, ya sabe que los servicios secretos lo guardan todo, y en diez años hay muchos guardados.

»–Es decir, que tiene usted muchos más vídeos –le repregunto.

»Me miró y asintió con la cabeza. Después criticó las condiciones de su detención.

»–Un día u otro –añadió– cambiará el régimen político y yo quedaré libre, y entonces se hará verdadera justicia.

»–Pero usted ha actuado fuera de la ley y tiene que responder ante la justicia.

»–No ante una justicia que ya me tiene condenado. Y, además, en algún momento se tendrá que valorar que soy una persona "íntegra" y responsable. Por ejemplo, le cuento que para conseguir que el presidente de Ecuador señor Bucaram y sus diputados –al parecer tenía sólo veintisiete y por tanto sin mayoría– firmaran el tratado de paz entre Perú y Ecuador y que también lo hicieran los demás, les tuve que entregar veinte millones de dólares; esta entrega la tengo grabada, y sin embargo no he mostrado el vídeo, por responsabilidad de Estado.

»Tengo que reconocer que a lo largo de mi vida he recibido muchas confesiones, confidencias y comentarios, incluso en alguna etapa de mi vida me he considerado un hombre muy bien informado, pero en esta ocasión, mi interlocutor me dejó pasmado con la revelación y sobre todo con la tranquilidad con la que la hizo. Durante todo este tiempo no he sabido qué hacer con esta información y desconozco su alcance, pero tal como la viví la cuento ahora.

»En ese momento introdujo un comentario de mi artículo sobre Afganistán y afirmó que el presidente norteamericano Bush tenía decidido atacar Irak y que después lo haría con Colombia, en la que ya tenía varios miles de agentes y soldados.

»Tal afirmación me dejó un poco perplejo y le pregunté:

»–¿Usted tiene datos de que la invasión de Irak se va a producir?

»–No sólo estoy convencido, sino que me consta que se va a producir en un plazo relativamente breve –me contestó.

»Posteriormente, tal como se han ido produciendo los acontecimientos, por los datos que se aportan en el libro de Richard A. Clarke *Contra todos los enemigos* y los informes publicados, he llegado a la conclusión de que Vladimiro Montesinos, por su vinculación con los servicios de inteligencia norteamericanos, debía de saber lo que iba a suceder porque en ese tiempo ya estaba decidido.

»–¿Y por qué Colombia? –le pregunté con interés.

»–Colombia es estratégicamente la que interesa a Estados Unidos para controlar América Latina.

»No supe qué decir ni tuve argumentos para descalificar la opinión de quien dirigió los servicios secretos peruanos y estuvo tan próximo a los de Estados Unidos. Vladimiro Montesinos siguió haciendo una especie de alegato exculpatorio ante mí y afirmó:

»–Doctor Garzón, yo moriré en Perú, que es mi patria, y nunca me iré al Japón ni huiré, como otros.

»Se le notaba muy resentido con Fujimori. Ante lo expuesto le espeté:

»–¡Pero, señor Montesinos, usted escapó y se escondió en Panamá!

»Con una agilidad mental impresionante me contestó:

»–Eso no fue una huida y las autoridades americanas lo saben, sólo fui a arreglar unos papeles, y si llega el caso lo explicaré.

»Luego, en el avión de vuelta a Madrid, pensé que tras el aspecto aparentemente gélido del personaje se ocultaba una persona llena de rencor hacia aquellos que le habían traicionado: los norteamericanos y Fujimori. Pero también me dio la impresión de que al igual que otros, y en España hemos tenido varios ejemplos, se limitan a amenazar con decir lo que saben, pero cuando quieren hacerlo ya nadie les cree. Para cada cosa hay un tiempo, y si se deja pasar se pierde la oportunidad y nadie presta atención a lo que se cuenta, como no sea como una simple referencia histórica.

María, ya sabes que me gusta escribir y no quiero concluir esta conversación sin explicarte en una carta algo que me has preguntado muchas veces.

Quizá tú no te acuerdes, pero cuando eras pequeña me dijiste: «Papá, quiero que vengas a casa». Y yo te contesté: «Por supuesto, mi vida, así lo voy a hacer». «No, papá –me insististe–, te lo digo porque siempre te oigo afirmar, cuando mamá te pregunta por qué sigues complicándote con el trabajo, que *alguien lo tiene que hacer*... ¿Y por qué tienes que ser tú?»

Y es verdad: hemos tenido que sacrificar tantas ilusiones y esperanzas, tantos desencuentros en esta vida demasiado corta que principalmente yo he podido desperdiciar en mil empresas utópicas... Pero, cariño, lo cierto es que realmente no creo que haya sido tiempo perdido. La decisión, la desgracia o el azar te colocan en un lugar determinado en esta vida, y a partir de ahí debes dar de ti mismo todo lo que tienes, hasta el último aliento. Así es como entiendo la vida, el trabajo, la amistad, el amor. Aunque en este último capítulo creo que estoy en números rojos en la expresión de mi cariño hacia vosotros.

«Alguien tiene que hacerlo», eso decía también Giovanni Falcone cuando le preguntaban por su pelea contra la Mafia. Lo mataron a las 16.20 horas del día 23 de mayo de 1992 haciendo estallar mil kilogramos de explosivos colocados bajo la autopista que une el aeropuerto de Palermo, que hoy lleva su nombre, con la capital. Murieron él, su esposa Francesca Morvilio y los escoltas Rocco Di Cillo, Vito Schifani y Antonio Montinaro. Dos meses después, ese neofascismo mafioso italiano produjo otro mártir de la justicia al asesinar con un coche bomba a su amigo y también juez Paolo Borsellino. La Mafia no perdona a sus enemigos, antes o después te pasa la factura. Llevamos la marca y con ella moriremos.

Desde siempre he tenido a Falcone como un gran profesional y como modelo. Para bien o para mal, no sé si he conseguido alcanzar la suela de su zapato, pero te juro que he dedicado mi vida como juez a conseguir que la sociedad en la que vivimos se libere del miedo que muchas veces le atenaza y a lograr que las lacras que ancestralmente la marcan dejen de hacer sentir esos efectos de forma tan grosera.

Un grupo de hombres y mujeres lo intentó en Sicilia, casi lo consiguió y en ello invirtieron la vida; aunque sólo fuera por ellos, nosotros también tenemos que hacerlo. Utilizando las palabras de J. F. Kennedy y que a Falcone, como a mí, le gustaba repetir: «Un hombre debe hacer aquello que su deber le dicta, cualesquiera que sean las consecuencias personales, cualesquiera que sean los obstáculos, el peligro o la presión. Ésta es la base de toda la moralidad humana».

Recuerdo el día 25 de mayo de 1992 como si fuera hoy mismo. La experiencia vivida en unión de dos compañeros españoles en la catedral de Palermo fue inenarrable. Miles y miles de personas se dieron cita en el templo y su explanada para llorar a un hombre que había dado la vida por ellos, siendo consciente de su sacrificio. Del nudo en la garganta pasamos a las lágrimas y todavía no me he recuperado de aquella impresión. Cuando después he ido a Palermo en otras ocasiones, por razones de trabajo o para dar alguna conferencia, siempre he rezado una oración, al pasar por el lugar de la matanza, por este hombre valiente que, como otros, fue coherente con lo que pensaba hasta sus últimas consecuencias.

Cuando volví a casa en aquellos momentos me juré a mí mismo que nunca volvería la cara ante la presión, fuera la que fuese y viniera de quien viniese, y que no cedería al desánimo; de alguna forma, retomé el juramento que un día hice ante la tumba de Carmen Tagle de que estaría en primera línea frente al terrorismo hasta que acabáramos con él, desde la ley y con la ley.

No te canso más, preciosidad, otro día seguiré hablándote de este tema. Sé que cuando recibas esta carta, ya sabes que me hace ilusión dejártelas en tu habitación o en tu mochila, estarás dormida. Una vez más te habré privado de nuestro tiempo común y nos habremos comunicado por escrito; desde estas páginas añoraré el beso de buenas noches que a todos os daba de pequeños. Pero «alguien tiene que hacerlo».

Buenas noches, pequeña.

TERRORISMO

Queridos María y Baltasar:

La edad te enseña que hay preguntas que no tienen respuesta. Al menos yo no las tengo. A lo largo de estos años me habéis preguntado muchas veces: «¿Por qué tú?». «¿Por qué sigues?» Lo cierto es que he intentado racionalizar mi decisión, pero no he podido. Sin embargo, ahora que he decidido poner un punto y aparte en mi carrera judicial reflexiono y recuerdo que el día que decidí solicitar la plaza del Juzgado Central n.º 5 de la Audiencia Nacional me dejé llevar por un impulso. Pensé que podía ser útil. Intento ayudar a los que sufren y sacar algo bueno del horror. Por eso, María y Baltasar, quiero compartir con vosotros mis conocimientos y mis experiencias. Sé que he cometido errores, sobre todo con vosotros. Muchos —quizá no tantos— opinan que siempre me guió la vanidad y el reconocimiento. No deja de ser un análisis bastante simple después de estar tantos años al pie del cañón.

A lo largo de estos años me habéis oído hablar muchas

veces de terrorismo y de la forma de combatirlo. No todos los terrorismos son iguales ni deben afrontarse de la misma manera, aunque sus efectos sean similares. Lo que sucede es que en su génesis los movimientos ideológicos que dan lugar a las distintas clases de terrorismo son diferentes. En España tenemos ejemplos muy claros de lo que digo. A lo largo de los últimos treinta y seis años, ha habido una organización que surgió en los años cincuenta y que atentó por primera vez en 1968. Se trata de ETA, un grupo terrorista nacionalista vasco que aún sigue en activo.

En las postrimerías del franquismo apareció el FRAP. Durante la transición existieron grupos de extrema derecha, contraterroristas, el GRAPO, Terra Lliure o el Exercito Guerrillero del Povo Gallego Ceibe. Además, durante la década de 1970, organizaciones terroristas internacionales como Abu Nidal o Hizbullah también atentaron en nuestro país. Esas organizaciones eran de corte nacionalista o estaban influidas por la revolución islámica de los ayatolás en Irán, pero no tenían nada que ver con el terrorismo de al-Qaida. Por ejemplo, con el tiempo, Hizbullah se convirtió en un partido político con representación parlamentaria en Líbano.

A partir de 1989 nació un movimiento islamista que después recibiría el nombre de al-Qaida (la Base o base de datos). Como precedente se hallaría el Maktab al-Kedamat u Oficina de Servicios, creada en Peshawar (Pakistán) por Osama Bin Laden y Abdullah Asma. Esa organización tenía por objeto canalizar el dinero desde esa localidad a la resistencia para construir infraestructuras, generar medios de comunicación y atraerse a los muyahidines de todo el mundo hacia Afganistán. Incluso el Maktab llegó a disponer de una oficina de reclutamiento en el centro de refugiados al-Kitab en Brooklyn (Nueva York).

Se puede afirmar que en el mundo coexisten tres tipos de organizaciones terroristas. Las occidentales, que a su vez se desdoblan en tres grupos: las de reivindicación nacionalista, como ETA, IRA o nacionalistas corsos; las internacionalistas ideológicas (Fracción del Ejército Rojo, Acción Directa, Brigadas Rojas y GRAPO), y las de extrema derecha (Ordine Nuovo, Guerrilleros de Cristo Rey y Triple A). Otro bloque lo componen las organizaciones terroristas árabes, que pueden ser de tendencia nacionalista, internacionalista o islamista. Y por último, las organizaciones internacionales islamistas actuales encabezadas por al-Qaida.

Entre estos tres grandes bloques no han existido unas relaciones orgánicas o de cooperación estable. Es decir, no ha existido una Internacional del terror, aunque, puntual o coyunturalmente, sí han podido existir apoyos, ayudas, prestación de infraestructuras, armas y campos de entrenamiento. Ese tipo de relaciones también ha existido entre las diferentes organizaciones mafiosas, que además de prestarse ayuda financiera se han distribuido territorios y ámbitos de actuación a lo largo de su existencia. No obstante, aunque tengan historias separadas, trayectorias distintas y objetivos diferentes, hay una cosa que les une: su ilegalidad, el uso del terror y la clandestinidad. Ahora bien, en ocasiones algunos miembros de esas organizaciones han buscado alianzas con otros grupos tras establecer contacto en las cárceles. Sin embargo, esas gestiones no han fructificado gracias a la actividad de la policía o a la falta de tiempo para alcanzar acuerdos. Por ejemplo, en las décadas de 1970 y de 1980, ETA buscó aliados en Bulgaria, Líbano y Argel. La dirección de esa organización se instaló en Francia y logró apoyos de países como Cuba, Venezuela, Uruguay, Argentina, Portugal, México, Holanda y Bélgica.

En esta historia del terror puede afirmarse con rotundidad que se ha avanzado mucho en la lucha contra esas lacras, a pesar de los obstáculos. La enseñanza más clara es que contra el terrorismo no hay atajos. No puede haberlos porque, aunque a corto plazo logran resultados, a largo plazo perjudican al sistema democrático.

Lo cierto es que en todos los lugares del mundo, sin distinción de credos o religión ni de sistemas políticos, se rechaza el terrorismo. Muchas veces he tratado de ponerme en el lugar de los terroristas, he procurado conocer su forma de pensar y de actuar, sus impulsos, su política, sus creencias, la causa de sus acciones para tratar de entender el fin que persiguen mediante la utilización de la violencia. La mayoría de las organizaciones terroristas presentan una deformación de la realidad que les convierte en grupos sectarios con una clara incapacidad para acomodarse al debate político. Sus posturas radicales e integristas les impiden, salvo contados casos, reaccionar ante los cambios políticos y sociales que les ofrecen la posibilidad de abandonar sus planteamientos violentos e incorporarse al sistema democrático. Además, antes o después, atacan los intereses de los pueblos que dicen defender y recurren a cualquier argumento para responder contra el Estado de derecho con el único fin de mantenerse en su espiral de violencia.

A pesar de esa coincidencia no se ha conseguido definir el concepto de terrorismo. Bajo ese nombre se han situado, erróneamente, por ejemplo, acciones de resistencia que han ejercido algunos países contra las fuerzas que les han invadido. Es cierto que no todos los actos de esa resistencia justifican la lucha por la liberación, ya que, en ocasiones, quienes los ejercen también cometen actos terroristas, crímenes de guerra y de lesa humanidad.

La cuestión es bastante problemática pero resulta imprescindible encontrar una coincidencia plena sobre la diferencia que existe entre el terrorismo internacional y la resistencia.

En la década de los años 1970 se empezó a buscar esa diferenciación. El debate se inició tras conocerse que los secuestros de aviones, los coches bomba, las cartas bomba y los asesinatos selectivos no eran sólo responsabilidad de grupos terroristas o paramilitares. Los servicios de inteligencia de muchos países, como Estados Unidos (CIA), Israel (Mosad) Gran Bretaña (MI6) y Francia, también estuvieron implicados en esos hechos. Entre enero de 1960 y abril de 1974 se contabilizaron 486 actos de terrorismo internacional. Por tanto, no fue casual que la XXVII Asamblea General de la ONU, de 1972, discutiera en su orden del día: «Medidas para prevenir el terrorismo internacional, que amenaza la vida de personas inocentes, ocasiona su muerte o pone en peligro las libertades fundamentales, y estudio de las causas de estas formas de terrorismo y actos de violencia, originados por la miseria, la decepción, las calamidades y la desesperación, que incitan a ciertas personas a sacrificar vidas humanas, inclusive las suyas propias, en el afán de lograr cambios radicales». Notad que, entonces sí, se hizo una mención a las causas, cosa que en la actualidad no ocurre, habiéndose concretado todos los esfuerzos en los efectos tanto en organizaciones internacionales como en cada uno de los respectivos países. En este sentido destaca la posición común de la Unión Europea de 27 de diciembre de 2001 para definir el terrorismo. A partir de esa fecha se considera terroristas tanto a las personas que ocupan distintos puestos en la organización como a los que la dirigen, financian y compran armas; es decir, una organización terrorista es algo más complejo que un conjunto de personas que matan, ponen bombas y secuestran para conseguir sus fines políticos, pero no se incluyen como tales las acciones de terror desde el poder, el denominado «terrorismo de Estado».

La falta de confianza en los organismos internacionales, la sensación de humillación de los débiles y el doble rasero con el que se medían esas actividades impidieron alcanzar un acuerdo sobre esa definición en las XXVII y XXVIII Asambleas Generales de la ONU. Esa imposibilidad se debió, además, al afán de Estados Unidos y sus aliados de extender a toda costa el concepto de terrorismo internacional a todos los movimientos de liberación nacional del hemisferio sur (Asia, África y América Latina). Las autoridades estadounidenses consideraban esos movimientos como una amenaza a sus intereses vitales. Por eso apoyaban a organizaciones de poca implantación popular, como el caso de Unita, de Angola, y la contra nicaragüense, o directamente a las Juntas Militares, como en Chile, Argentina, Guatemala o Marruecos, para implantar un modelo de terror desde el Estado.

La lucha de los pueblos contra las tiranías, el colonialismo y el apartheid, a ojos de los gobiernos occidentales, sobre todo Estados Unidos, Inglaterra o Francia, era considerada una especie de instigación soviética contra el mundo libre de Occidente. Por ello se entremezcló la legitimidad de la lucha de estos pueblos con los actos de los grupos u organizaciones terroristas contrarios al sistema, como ETA, IRA, las Brigadas Rojas y Baader Meinhof, entre otros.

La caída de la URSS brindó la ocasión de oro para que esta situación terminara. Sin embargo, nuevamente se impuso el criterio unilateral contra el terrorismo internacional, al margen del derecho, que se había iniciado a comienzos de 1981 bajo la presidencia del presidente Ronald Reagan y que alcanzaría su grado máximo tras los atentados del 11-S de 2001.

A partir de esa fecha, cualquier acto hostil a Estados Unidos ha pasado a ser considerado como acto terrorista. Por ello vuelvo a insistiros en la necesidad inexorable de la definición de terrorismo desde el punto de vista internacional.

No es verdad que el mundo árabe albergue un sentimiento de odio y venganza frente a Occidente, pero sí de desconfianza. El origen del terrorismo islamista no reside en la frustración y la humillación que los pueblos árabes e islámicos vienen padeciendo desde hace décadas por razones de variada índole. Las causas habría que buscarlas en la falta de democracia en la mayoría de los países árabes, la corrupción, la miseria y una concepción religiosa extremista. Además, la política de Estados Unidos en Oriente Próximo ha desempeñado un papel destacado en ese fenómeno. En 1979, tras el triunfo de la revolución islámica de Irán, de signo inconfundiblemente antiamericano, Estados Unidos vio la necesidad de buscar nuevos aliados de corte religioso islámico y de signo contrario al iraní, para alcanzar varios objetivos a la vez. Por un lado, quería alejar todo peligro que atentara contra los llamados intereses vitales en la región, restar poder a la URSS en esa zona y crear un clima de alarma. Así lograría que las monarquías del Golfo fueran más dependientes de los estadounidenses, lo que provocaría una mayor inversión en compra de armas y evitaría que la OPEP tuviera capacidad decisoria sobre el mercado de crudos.

Previamente, con el acuerdo de Camp David de 1978, Estados Unidos había logrado sacar a Egipto del frente común árabe contra Israel. Este mismo año, Israel invadió el sur del Líbano tras ocupar una franja de ocho kilómetros de profundidad. Ello desencadenó una oleada de atentados con coche bomba y de incursiones aéreas. Israel utilizó a la derecha libanesa mientras que su propio servicio de inteligencia, el Mosad, no andaba lejos. La consecuencia fueron las matanzas de Sabra y Chatila, todavía impunes a pesar de los intentos de someterlas a la justicia penal universal en este caso en Bélgica.

En 1980 Reagan presentó un plan de paz de diez puntos que llevaba su nombre y que no se diferencia demasiado de los planes posteriores de Oslo o de Camp David II. A finales de 1980 y después del fracaso de la operación de comando en Teherán para liberar a los rehenes de la embajada estadounidense, se activó una guerra contra Irán cuyo protagonista fue Sadam Husein. Esa contienda logró varios objetivos a la vez: la destrucción de dos países (Irán e Irak) y de sus respectivas economías; la ampliación de la venta de armas a toda la zona del Golfo al conseguir los contratos del siglo para Kuwait, Arabia Saudí, Bahrein y Qatar, y la venta de armas para los dos bandos en guerra (asunto Irán-contra). De esta época datan las armas biológicas y de destrucción masiva de Sadam Husein, luego destruidas, el ataque de Israel a la central nuclear iraquí, la salida de la OLP del Líbano, la reactivación del Plan Reagan de nuevo y el intento de imponer el Estado federado jordano-palestino en Jordania con la anexión de una parte mínima de Cisjordania al reino en 1985.

En 1987 se produjo la primera intifada palestina, que supuso un contratiempo para los planes estadounidenses. Con el fin de la guerra irano-iraquí aparecieron nuevos aires de cambio. Pero iba a entrar en escena un nuevo elemento que tendría una influencia trascendental para la actual situación. En 1989, se puso en marcha en Afganistán un plan de apoyo a las fuerzas opuestas a los soviéticos. Estados Unidos (la CIA) equipó a miles de muyahidines con la ayuda de Arabia Saudí y Pakistán. Los objetivos eran expulsar a la URSS, pero también buscaban sustituir a todas las fuerzas democráticas y laicas en la zona. Esa política favoreció el surgimiento e implantación del régimen talibán. En ese contexto aparece Osama Bin Laden como líder y al-Qaida como organización. Ese grupo terrorista se nutrirá de todos los muyahidines entonces abandonados por los servicios de inteligencia estadounidenses. Simultáneamente, en 1991, Irak, arruinado por la guerra con Irán pero con un ejército muy experimentado, invadió Kuwait en agosto de 1990, con las consecuencias ya conocidas.

En 1991 tuvo lugar la guerra del Golfo y la caída de la URSS. Este nuevo panorama internacional llevó a Estados Unidos, bajo la administración de George Bush, a implantar su nuevo orden internacional unipolar. Una de sus primeras medidas fue el embargo económico a Irak. Por su parte, los árabes afganos muyahidines, que durante tres años habían colaborado en las guerras de Afganistán, Chechenia y los Balcanes, regresaron a sus países de origen dispuestos a instalar en ellos su doctrina, al aprovechar el estado de crisis y corrupción reinantes en esos países que favoreció su actuación violenta. Argelia fue uno de los escenarios más propicios; allí surgió el GIA (Grupo Islámico Armado) tras la anulación de las elecciones, que había ganado el movimiento fundamentalista conocido con las siglas FIS.

El divorcio entre Estados Unidos y sus antiguos socios talibanes presagió una nueva estrategia de confrontación entre ambos. Por un lado, Estados Unidos creó un enemigo común y un eje del mal. Por otro, el integrismo, ahora liderado por Osama Bin Laden, se proyectó como vanguardia frente a los infieles al intentar capitalizar el apoyo a la causa palestina y a la situación de Irak. A partir de 1993 (primer ataque contra el World Trade Center) comenzó el camino sin retorno de atentados que tendría su punto de inflexión el 11 de septiembre de 2001. Entre 1998 y mayo de 2004 se han contabilizado doscientos atentados, con un balance de más de cinco mil muertos y casi trece mil heridos, sin incluir los producidos en las Torres Gemelas de Nueva York.

Como ya os he explicado, no todos los terrorismos son iguales, al menos en sus causas, desarrollo y finalidad. Por eso, voy a procurar ofreceros algunas pinceladas básicas que ayuden a sostener esa afirmación en España.

Sobre la organización terrorista ETA se ha escrito mucho, aunque creo que, no sé por qué razón, nunca se ha hecho desde el mundo judicial. Los jueces hemos escrito sobre casi todas las materias jurídicas y de política criminal, e incluso sobre temas que nada tienen que ver con nuestro trabajo, como cualquier ciudadano. Sin embargo, no recuerdo que se haya contado el papel, no siempre positivo, que la justicia ha representado en la lucha contra el terror. No pretendo ocupar ese lugar, pero sí quiero compartir con vosotros algunas ideas e historias de las que, de una u otra forma, también habéis sido protagonistas pasivos, ya que, por mi profesión, habéis sufrido y aún padecéis las consecuencias de que yo tenga un protagonismo en esa contienda.

En la historia de la lucha judicial contra ETA hay varios momentos clave que es conveniente recordar. Dejando atrás la época franquista, el primer momento importante fue la concesión, en 1976, de una amnistía a la organización terrorista que la banda criminal rechazó. El segundo fue la aparición de la organización antiterrorista conocida como el Batallón Vasco Español, que actuó durante la transición y hasta el inicio de los años ochenta. Su actividad fue apoyada por algunos aparatos o instancias oficiales no suficientemente aclarados, pero el Estado lo persiguió y sancionó. El tercer momento fue la fractura de la banda criminal con el adiós a las armas de ETA político-militar en el primer lustro de los ochenta. El cuarto estuvo representado por la aparición de los GAL, cuya acción, especialmente en el sur de Francia, se desarrolló entre el otoño de 1983 hasta el verano de 1987, con veintiséis muertos, veinticuatro heridos y varios secuestros. Esas acciones fueron perpetradas por grupos de mercenarios extraídos del mundo del hampa y de la extrema derecha, y estuvieron coordinadas y dirigidas por algunos funcionarios y autoridades de los cuerpos y fuerzas de seguridad españoles y del máximo nivel en el seno del Ministerio del Interior, tal como han establecido las sentencias del Tribunal Supremo sobre los casos Lasa y Zabala y Segundo Marey. La existencia de los GAL y su vinculación oficiosa a aparatos del Estado dio argumentos a los que justificaban internacionalmente las acciones de ETA, que en esa época y en la práctica totalidad de los países era considerada como una organización que luchaba, al igual que los guerrilleros latinoamericanos, por la libertad de un pueblo oprimido y torturado.

A esa visión claramente deformada y falsa contribuyeron las acciones de los GAL, pero también la legislación antiterrorista excepcional (representada por la ley de 1984) que prorrogaba la detención policial de los imputados hasta los diez días, y cierta desidia en la persecución de los excesos por parte de los jueces y fiscales, que sólo excepcionalmente abordaron la investigación de los delitos de torturas y malos tratos que eventualmente se habían producido, y que en el caso de los GAL tan sólo produjo un par de acciones judiciales por hechos criminales concretos.

En diciembre de 1987 el Tribunal Constitucional declaró la inconstitucionalidad parcial de la legislación antiterrorista, de esta forma la incomunicación pasó de diez a cinco días como máximo, siempre que el juez lo autorizara y la controlara.

Otro momento importante de la década de 1980 aconteció con la legalización en 1986, por el Tribunal Supremo, de Herri Batasuna (HB) como partido político. Una decisión que a muchos nos sorprendió, ya que sospechábamos, como el tiempo ha demostrado, que la misión de HB no era otra que deslegitimar, en la medida de lo posible, al Estado español y trabajar presuntamente para que ETA llegara con amparo legal donde sus estructuras clandestinas no podían hacerlo.

ETA encabezaba, lideraba y dirigía todo un movimiento, al que denominaba Movimiento de Liberación Nacional Vasco (MLNV), para conseguir, a todos los niveles y en todos los frentes, solapar otro alternativo en el Estado español, al que declararon la guerra hasta conseguir la independencia o la autodeterminación de su Estado. Por ello, recurrieron a una estrategia político-violenta que alcanzaba a todas sus estructuras, frentes y bases, con vocación expansiva hacia toda Euskal Herria (País Vasco español, francés y Navarra), y discriminaban las acciones, objetivos y lugares de comisión según le interesaba en cada momento.

Por eso resultó tan incomprensible la legalización de HB. Para la sociedad, era más que evidente que esa coalición política estaba integrada en ETA, que controlaba todas y cada una de sus decisiones políticas, económicas y sociales y su estrategia interna, hasta el punto de que forzó una crisis importantísima en el seno de HB, después del atentado de Hipercor (1987), al tomar ETA directamente las riendas de Hasi, que era el principal partido que integraba la coalición hasta su desaparición en 1991. Los miembros de Hasi se convirtieron en militantes del entramado terrorista. Sin embargo, la justicia no podía hacer nada por la decisión del Tribunal Supremo.

Asimismo, mientras que la banda criminal, en toda su complejidad, se extendía y hacía proyectos de futuro, tratando de consolidar y dar forma a un nuevo Estado dentro del Estado, mediante el denominado Proyecto Udaletxe, la justicia aceptó las reglas del juego impuestas por ETA y sólo respondió a movimientos del frente militar, es decir, los atentados. Mientras, el núcleo político de la organización terrorista permanecía resguardado en una pléyade de siglas y organizaciones alegales o legales, de las que se servían para proteger el entramado que a lo largo de años había ido tejiendo. La organización terrorista logró así mantener tranquilas e impenetrables todas sus vías de apoyo y alimentación ideológica esenciales para su subsistencia, y podía sustituir, sin demasiado esfuerzo, cualquier pieza del ajedrez que fuera ganada por el jugador contrario (el Estado). ¿Por qué ocurrió esto? Realmente no lo sé. Quizá por el miedo a ver la inmensidad del monstruo que se había creado, porque se pensó que la democracia podía doblegar con medidas políticas a la banda criminal o porque se consideró que el frente militar de ETA era distinto al mundo político que le apoyaba. No obstante, si era capaz de poner en jaque a todo un Estado, apuntando al núcleo de sus instituciones e intentando acabar incluso con el jefe del Estado, ¿cómo iba a dejar ni un solo cabo sin atar? ¿Cómo iba a permitir que se le abrieran varios frentes?

Sin embargo, su cambio de estrategia para forzar la respuesta del Estado o su quiebra, a partir de 1988-1991, con la actividad de otras formas de lucha (grupos «Y» o violencia callejera), supuso el principio del fin. Era cuestión de tiempo que alguien analizara la documentación intervenida –ETA, como organización rígida, lo tenía todo escrito– y que relacionara los datos e hiciera el esfuerzo de entender que ante todo era una organización netamente política, aunque sus métodos fueran violentos, que perseguía cambios políticos, según su planteamiento soberanista sobre una parte del territorio español.

Otro momento importante, en esta breve historia judicial de ETA, tuvo lugar en 1989, cuando el gobierno negoció con el grupo terrorista en Argel. También cuando se detuvo, el 30 de marzo de 1992, a la cúpula de ETA en Francia (Francisco Múgica, José Luis Álvarez Santacristina y José Antonio Arregi). Esta detención fue posible gracias a la colaboración de un huido del comando Eibar, desarticulado en abril de 1989, que fue controlado en el país galo hasta que murió por un cáncer.

Mi iniciación en el mundo de la investigación del terrorismo tuvo lugar, como ya sabéis, el 16 de febrero de 1988. Mis investigaciones sobre los GAL a lo largo de los años 1988 y 1989 me enfrentaron con la propia estructura del Ministerio del Interior, pero he de decir que en las investigaciones sobre ETA siempre encontré la respuesta necesaria por parte de los cuerpos y fuerzas de seguridad del Estado. A pesar de que era un novato, me di cuenta de que existía una importante descoordinación y dispersión de investigaciones. Por ello me propuse abordar este problema con decisión y, de acuerdo con el fiscal, comencé a marcar las pautas y a dirigir las investigaciones. En esta labor participó mi colega Carlos Bueren, que desde 1995 se dedica al ejercicio privado del derecho. Compartíamos una misma visión, que no era aceptada por la mayoría de los compañeros porque significaba asumir un protagonismo que antes se había rechazado, ya que los jueces eran meros receptores de atestados (investigaciones policiales).

La respuesta de la policía fue entusiasta. Mi buen amigo Juan Felices, por aquella época jefe del servicio central operativo y hoy jubilado, me dijo, con su inconfundible acento sevillano: «Nozotros lo que queremos es que alguien nos dirija, ¡cojones!». Efectivamente, faltaba dirección. Todo el ámbito de actuación se había dejado a los cuerpos y fuerzas de seguridad del Estado. Los agentes, por ese retraimiento y falta de confianza en los jueces, les sustraían toda la información sobre las investigaciones policiales. Esa situación, que por un lado resultaba cómoda, podía ser muy peligrosa, ya que los funcionarios policiales sentían que tenían las manos libres. Esa sensación les llevó, en algunas ocasiones, a invadir esferas que claramente estaban fuera de la legalidad.

Otro elemento preocupante en aquella época, y que todavía no se ha solucionado totalmente, era la separación de las actuaciones de la policía y de la Guardia Civil, de modo que unos no conocían ni sabían lo que los otros hacían. Esta descoordinación absoluta se extendía no sólo al ámbito del terrorismo, sino también al del tráfico de drogas, lo que unido a la falta de control judicial de las investigaciones ofrecía un panorama bastante grave y desalentador.

Durante mucho tiempo los responsables de los cuerpos y fuerzas de seguridad del Estado y los responsables políticos ocultaron a los jueces cualquier información previa a una operación antiterrorista. Se les tenía o se les veía como enemigos y como personas que no entendían la trascendencia de lo que se estaba haciendo y podían frustrar las operaciones por mera desidia o dejadez, ya que al informar de la redada a los funcionarios del juzgado y éstos a sus compañeros del País Vasco, el círculo de conocimiento se ampliaba y las filtraciones podían producirse y poner en peligro las operaciones. Es cierto que ese peligro se hizo realidad en alguna ocasión. Sin embargo, no justificaba que se marginara al juez y al fiscal y que sólo fueran una especie de comodín policial para cuando hiciera falta.

En mi caso esta situación cambió rápidamente. Procuré transmitir a los agentes mi firme decisión de asumir en primera persona los riesgos de cualquier investigación, pero, a cambio, exigí conocer todos y cada uno de los extremos de las investigaciones para que se acomodaran estrictamente a la ley. Eso sí, apliqué una interpretación racional y avanzada que diera cobertura a las nuevas técnicas de investigación y de auxilio que ya estaban en la legislación internacional y no eran contrarias a la española si se hacían correctamente (agentes encubiertos, interceptaciones telefónicas y de comunicaciones, grabaciones de vídeo y circulación controlada de sustancias explosivas). Los funcionarios aceptaron mi propuesta, salvo algunas reticencias, y pudimos trabajar a pleno rendimiento.

Baltasar, hijo, si alguna vez decides seguir el camino de la carrera judicial, ten siempre presente una cosa: ejercer el poder judicial supone importantísimos sacrificios. Tú eres el responsable máximo de las investigaciones y no puedes delegar esa obligación en ninguna otra persona. Tampoco puedes escudarte en que no habías sido informado, porque si esto ocurre, habrá sido por tu falta de diligencia y de decisión a la hora de exigir responsabilidades.

La falta de coordinación entre las fuerzas policiales y entre jueces y fiscales ha hecho que la eficacia contra el terrorismo sea menor. La falta de una visión de conjunto del fenómeno ha provocado que la forma de afrontarlo haya sido parcial y fraccionada.

Han sido múltiples las veces en las que he tenido que reunir en mi despacho a miembros y responsables de los diferentes cuerpos y fuerzas de seguridad para exigirles esa cooperación y coordinación en operaciones conjuntas. La verdad es que la falta de confianza entre los diferentes cuerpos policiales era evidente y casi insalvable, y el afán por interferir en las investigaciones de los otros era una constante. Ademas, la información obtenida en una investigación no se comunicaba a los demás cuerpos ni se compartían las bases de información. Las mesas de coordinación en el seno del Ministerio del Interior podían servir para tomar café pero no para la finalidad real para las que fueron creadas. Cada cuerpo policial quería conseguir la confianza política del que mandaba a costa del otro. La policía autónoma actuaba más como una policía de partido que como policía judicial. Los servicios de inteligencia obtenían su información en la fiscalía de la Audiencia Nacional y no de manos de los responsables policiales. En la cooperación internacional también se reproducían estos enfrentamientos.

Toda esta situación ha llevado, a veces, a resultados poco satisfactorios, y por ello debería haber sido resuelta. No es de recibo que los investigadores, aunque sean de cuerpos diferentes, y los jueces y fiscales actúen sin comunicación entre ellos, como reinos de taifas. Esa actuación no garantiza mayor efectividad en cada uno de los cuerpos policiales ni incrementa la independencia judicial. La lucha contra el terrorismo y contra la criminalidad organizada es una labor de conjunto. Si consiguiéramos salvar los obstáculos burocráticos y conseguir que los cuerpos y fuerzas de seguridad actuaran como un solo organismo, con una verdadera dirección operativa conjunta, la efectividad contra la delincuencia organizada y terrorista sería impresionante.

Os hablaba también de la falta de comunicación y coordinación entre jueces. No es posible trabajar con efectividad contra fenómenos tan complejos mientras no exista una fluidez de información y una puesta en común de los datos entre los jueces de instrucción y entre los fiscales. No creo que sea tan difícil entender que los jueces y los fiscales debemos conocer en profundidad el fenómeno al que nos enfrentamos, y para ello no podemos confundir independencia con aislamiento, ni actuación concertada con acción coordinada y conjunta. Cada miembro de una organización criminal está milimétricamente coordinado con los demás. ¿Cómo es posible que aquellos que tenemos que hacerle frente no actuemos igual?

En fin, volvamos a los momentos clave de la lucha judicial contra ETA. Me había quedado en 1992. Cuando estuve en Francia, en el mes de mayo de aquel año, para recibir declaración a los tres altos responsables de la organización terrorista, me di cuenta de que la documentación intervenida contenía elementos suficientes para cambiar toda la estrategia de investigación contra ETA. Por primera vez comenzaba a ver, con la ayuda del equipo de Juan Felices, la estructuración de los grupos «Y» como un proyecto de la banda criminal. Tras mi paréntesis político (mayo del 93-mayo del 94) retomé la investigación de esos grupos.

Otro de esos momentos importantes en la actividad judicial contra ETA tuvo lugar pocos días después del asesinato de Francisco Tomás y Valiente el 14 de febrero de 1996, en plena precampaña electoral de las elecciones generales convocadas para marzo que fueron ganadas por el Partido Popular. La organización terrorista también había asesinado el día 5 de ese mes al dirigente socialista Fernando Múgica.

Pues bien, HB, en esa campaña, cedió su espacio electoral a ETA a través de un vídeo en el que varios encapuchados defendían la llamada alternativa abertzale. Por eso ordené la detención del entonces portavoz de HB, Jon Idígoras. Después remití la investigación al Tribunal Supremo, al figurar en la causa varios aforados. En diciembre de 1997, el alto tribunal condenó a los veintitrés miembros de la mesa nacional de HB por un delito de colaboración con banda armada. ¡Por fin el Tribunal Supremo tomaba la decisión valiente de afrontar la realidad de múltiples rostros que mostraba la organización terrorista y que utilizaba según le convenía! Desgraciadamente, el Tribunal Constitucional retorció la interpretación de la ley y anuló, en 1999, el mayor esfuerzo que se había hecho desde el ámbito judicial contra la banda criminal. Los magistrados del Constitucional, desde mi punto de vista, no fueron capaces de ver el trasfondo de la cuestión. De nuevo, los violentos consiguieron burlarse del Estado de derecho.

Era evidente que había muchos, quizá por la complejidad de las investigaciones, que no percibían que estábamos enfrentándonos por primera vez, desde el asesinato de Miguel Ángel Blanco el 12 de julio de 1997, a todos los frentes del entramado terrorista. Se trataba de demostrar que una organización terrorista era algo más complejo que un mero conjunto de personas que mata, pone bombas, secuestra y extorsiona para conseguir sus objetivos políticos, tal como ella misma se nos presentaba en su tarjeta de visita. ETA sabía que esta nueva estrategia podía ser letal para ella, como finalmente se ha demostrado. Por ello trató a toda costa de impedirla.

Nuestra primera actuación fue atacar las estructuras financieras de apoyo del entramado terrorista. Es decir, destruir sus canales de suministro y bucear en sus fuentes de mantenimiento. Lo que se pensaba era que ETA, si se quedaba sin dinero, abandonaría su habitual prudencia y nos mostraría sus cartas y sus debilidades. Así ocurrió, y con el tiempo, esa asfixia económica del núcleo político y social abriría las puertas, tanto en Francia como en España, al asalto final de la financiación por extorsión («impuesto revolucionario») de la organización terrorista.

Para que esta estrategia alcanzara el éxito, se tuvo que iniciar, entre 1995 y 1997, el combate contra el terrorismo urbano o de baja intensidad, la *kale borroka*, que se caracterizaba por una acción constante que provocaba una especie de sensación de guerra en las calles. Los grupos actuaban en pandillas y los autores iban con el rostro encapuchado. Utilizaban como explosivos los llamados cócteles molotov y obedecían las consignas de ETA. Esa investigación nos permitió avanzar hacia el núcleo militar de la organización terrorista, ya que una parte de los detenidos por *kale borroka* se integraron, años después, en los comandos, y hacia el núcleo político y estratégico que ejercía ETA-KAS, la codirección del entramado terrorista.

En esa lucha contra la *kale borroka* es preciso que os resalte algunas circunstancias para que comprendáis el alcance de lo que se pretendía hacer. Por ejemplo, la situación de Navarra era caótica, sobre todo su capital, en la que se vivía una situación de máxima conflictividad que ni las detenciones ni los refuerzos policiales en la zona eran capaces de reducir. A esto se unía la envergadura o fortaleza de algunos grupos de *kale borroka* en Guipúzcoa y en concreto en localidades como Rentería y Hernani, frente a los cuales la Ertzaintza presentaba poca efectividad. Ese terrorismo urbano se atrevía con todo: personas, trenes, autobuses, cajeros automáticos, y ocasionó unas pérdidas económicas próximas a los seis millones de euros.

La comisaría general de Información dirigida por Jesús de la Morena bajo mi dirección y el fiscal Enrique Molina decidimos atacar las bases de la *kale borroka* como semillero de ETA. Es decir, pusimos en práctica el modelo de coordinación que defendía desde hace años, aunque algunos me descalificaron al decir que me había convertido en un supercomisario de policía. Lo cierto es que, aunque respeto las opiniones discrepantes, pienso que este modelo de control a pie de obra que, poco a poco, establecimos en la Audiencia Nacional es correcto para estas y otras investigaciones.

Un segundo objetivo fue hacer frente al mal denominado entramado político-social o conglomerado de apoyo de ETA y que en realidad constituía el núcleo político de la propia organización terrorista. Como veis, hago muchas aclaraciones con algunos nombres y expresiones utilizadas por ETA. La organización terrorista, en su estrategia de aparecer como el líder de un movimiento político, utiliza perversamente el lenguaje para presentarse como un contrapoder auténtico. Esta perversión llega a tales extremos que para identificar determinadas estructuras ilegales se le confieren nombres de otras legales, pero con un significado en clave para que disponga del argumento de que la persecución es política y no para sancionar un delito.

Hasta tal punto llega la confusión que para evitarlo ordené que se confeccionara una especie de diccionario con el fin de que la manipulación del lenguaje no incidiera negativamente en las propias investigaciones. Por ejemplo, el terrorista es un militante, como si se tratara de una organización política. Los asesinatos consumados, los intentados, los secuestros y las extorsiones son *ekintzas* (acciones). Los zulos (lugares donde se esconde a los secuestrados) son «cárceles del pueblo». La perversión también le obliga a invertir los términos de la legalidad cuando sostiene que la actuación legítima del Estado es una acción contra el pueblo vasco y cuando defiende que su movimiento busca la liberación del pueblo. Hasta un total de casi trescientos términos han sido empleados por ETA para presentar su cara amable dentro y fuera de España, y en muchos sitios han conseguido su efecto.

Entre los años 1998 y 2000, continuamos la investigación intensiva de la *kale borroka*. También abordamos otros frentes del complejo terrorista. La actuación judicial no estuvo exenta de dificultades tanto logísticas como jurídicas. Por eso, esa etapa resultó apasionante desde el punto de vista jurídico. En aquel momento, no todas las opiniones doctrinales coincidían, ni siquiera en la Audiencia Nacional. Así, en ese período se tomaron algunas medidas drásticas, como la clausura temporal del periódico *Egin*. El escepticismo por parte de muchos fue llamativo, mientras que otros querían que la actuación judicial fuera un fiasco. Además, la utilización que algunos líderes políticos quisieron hacer de las actuaciones judiciales supuso un problema añadido y provocó tensiones profesionales y personales. De nuevo, la fuerza mediática del lenguaje que tan metódicamente había desarrollado la organización terrorista para autoprotegerse estuvo a punto de triunfar. Sin embargo, fue decisiva la actuación enérgica de la Audiencia Nacional, con su presidente, Clemente Auger, y el presidente de la Sala de lo Penal, Siro García, a la cabeza, y la práctica totalidad de los magistrados que apoyaron mi decisión y colaboraron para que la investigación avanzara. La idea de que la organización terrorista era algo mucho más complejo se iba abriendo paso.

De todas las investigaciones que impulsé contra el entramado de ETA destacaría, por su importancia estratégica, cuatro. La que afectó a KAS-EKIN, que acreditó, al menos en la fase provisional del sumario, la coordinación y codirección entre las estructuras legales, las alegales (según su terminología) y la ilegal (ETA). La segunda fue la desarticulación de la estructura alegal conocida como Gestoras Proamnistía, que asumía la dirección del denominado frente de *makos* (prisiones). Presuntamente es una de las principales estructuras de la organización terrorista y también la más sensible, ya que en torno a ella se aglutinaba el colectivo de los abogados. Algunos de esos letrados podrían actuar más allá de lo que establece el derecho de defensa, y habrían pasado a ser en una especie de comisarios políticos de la organización, aunque esto será algo que tendrá que decidir el tribunal en juicio. Curiosamente y para sorpresa de casi todos, cuando se llevaron a cabo las detenciones de esos letrados no se produjeron reuniones de personas alrededor de los lugares y sedes registrados de esa estructura. En ese momento, lo interpreté como un signo de que estábamos mermando y erosionando seriamente la estrategia y la moral de ETA.

La tercera operación fue dirigida contra Jarrai-Haika y su sucesora Segi. En esas organizaciones se concentraba supuestamente la dirección de la *kale borroka* en directa dependencia de EKIN-ETA. Debía de ser así porque tras las detenciones ordenadas prácticamente desapareció ese tipo de terrorismo. La cuarta operación que quiero resaltar fue la intervención de las *herriko tabernas* como posible instrumento de financiación de la estructura presuntamente controlada desde la Mesa Nacional de Batasuna. Decreté el embargo de bienes, cuentas y sedes de Herri Batasuna-EB-Batasuna en los procedimientos relacionados con Jarrai-Haika-Segi y en el de las *herriko*. El 2 de agosto de 2002 resolví el recurso contra el auto de embargo de bienes de Batasuna, a la que había declarado responsable solidaria para indemnizar de todos los daños de la *kale borroka*. Y ya sólo restaba el último paso, que se produciría el día 26 de agosto, a la vuelta de mis vacaciones.

Paralelamente, el 4 de agosto tuvo lugar un nuevo atentado de ETA en Santa Pola (Alicante), en el que murieron un hombre y una niña de seis años. Este hecho puso en marcha la aplicación de la Ley de Partidos aprobada el día 25 de junio para ilegalizar a HB-EH-Batasuna. Por ello se simultanearon las dos acciones, la penal y la administrativo-judicial, contra esa formación política que desde el punto de vista penal estaría integrada en la estructura terrorista liderada por ETA.

El día 23 de agosto se celebró la comparecencia preceptiva previa a la decisión de la suspensión de Batasuna. Después de seis años estaba llegando al final y creo que la organización terrorista estaba mucho más débil. El día 26 de agosto firmé el auto de suspensión del partido político HB-EH-Batasuna como parte integrante del entramado terrorista dirigido por ETA-EKIN. Para llegar hasta aquí tuvieron que invertirse muchos esfuerzos y sobre todo elaborar una posición jurídica firme y apoyada en suficientes indicios que demostraran el verdadero alcance y sentido de la organización terrorista, a la que por fin se le estaba haciendo frente en todos los ámbitos y con todas las armas que ofrecía el Estado de derecho. Por fin, las distintas instituciones del Estado estaban funcionando de forma coordinada.

La resolución estaba compuesta por 375 folios y fue inmediatamente ejecutiva en Pamplona (Navarra) y en las demás ciudades del País Vasco. Por la tarde, el Congreso de los Diputados aprobó la remisión al gobierno de la petición de declaración de ilegalidad de Batasuna con los votos favorables de PP, PSOE, Partido Andalucista y Coalición Canaria, las abstenciones de CiU e IU y el voto en contra del PNV. Después vendrían otras dificultades, otras contiendas jurídicas, como las impugnaciones y las confirmaciones de mis resoluciones por la Sala de lo Penal de la Audiencia Nacional. Además, durante 2002 y 2003 conseguimos llegar al primer escalón de afiliación a ETA y neutralizar todo el sistema de captación antes de que hubieran conseguido actuar tras la desarticulación del aparato de captación (los llamados «pianistas») gracias a los papeles intervenidos a Ibon Fernández Iradi, «Susper», jefe militar de ETA. El último golpe tuvo lugar en octubre de 2004. La dirección militar de ETA cayó en Francia y el debilitamiento de la organización se puso de manifiesto.

En fin, hijos, no sé si es porque he vivido todos estos años el problema en primera persona o porque ya se acerca el fin de esta organización, pero me preocupa que actuemos de forma triunfalista. Tenemos que aprender de los errores. Es necesario que evitemos que la banda criminal se recupere porque, si ello ocurriera, probablemente ya no estaríamos anímicamente preparados para hacerle frente. El mal nunca se detiene porque no come ni bebe ni asiste a sesiones parlamentarias, sólo destruye si se le da la mínima oportunidad.

Siempre que una organización terrorista actúa por la propia dinámica de terror que imprime en la sociedad y las instituciones, llega un momento en que, por la incapacidad del Estado para acabar con ella o porque esa organización ve que no va a conseguir sus objetivos, se plantea la posibilidad de una negociación. Es el último acto de la escenificación de la organización frente al Estado, al que, de esta forma, trata de igual a igual. Es decir, firmar la paz, como si de una guerra se tratara. Así, en este escenario final ganan los terroristas por muy sanguinarios que sean, con el reconocimiento oficial de que son algo diferentes de otros criminales.

Los terroristas se postulan como guerreros por la libertad, aunque sus móviles no sean tan dignos de defensa y respeto. Pero para que exista el diálogo y una posible negociación, como ha sucedido, por ejemplo, con el IRA y el Sinn Fein, así como con los grupos radicales protestantes en el Ulster (Irlanda del Norte), tiene que existir una voluntad de trabajar por una solución viable. Es decir, la organización terrorista tiene que partir de la base de que negocia su rendición. No puede existir paridad entre el Estado y un grupo criminal. Resulta inverosímil, como siempre ha pretendido ETA, la imposición de unas condiciones que en nada se diferencian de aquellas que postula desde su fundación.

Dialogar significa que debe existir voluntad de encuentro. Ese diálogo no puede sobrevivir indefinidamente durante el tiempo en el que la organización terrorista, a la vez que discute y negocia, está matando a personas o cometiendo actos delictivos. Desde luego, no es comparable esa actividad delictiva con la del Estado que, a través de la justicia, debe continuar cumpliendo con las normas del Estado de derecho.

Por eso, nunca he sido partidario de una negociación abierta entre el gobierno y ETA mientras la organización terrorista no renunciara expresamente a la violencia. De no hacerse así, considero que esa negociación es una trampa, ya que no se establecen reglas ni normas y se permite que el grupo criminal concluya las conversaciones en el momento que le interese.

En el caso del IRA, la situación fue distinta tras los

acuerdos de paz de Viernes Santo de 1998. Lo que quedó claro fue la firme voluntad de superar todas las barreras y hacerlo gradualmente y sin atentados, hasta el punto de condenar firmemente cualquier desviación, como lo fue el atentado de Omagh el 15 de agosto de ese año, que costó la vida a veintinueve personas.

En España hemos tenido varios ejemplos históricos en los que la negociación ha sido una excusa estratégica por parte de ETA para hacerse más fuerte. Creo que en ninguna de las dos ocasiones clave (Argel 1989 y España-Suiza 1998) existió verdadera voluntad de acabar con la violencia por parte de los terroristas. Tanto en un encuentro como en otro, ETA acudió con unos planteamientos máximos preestablecidos de los que no se apeó. En ambos casos, el gobierno del Partido Popular se vio embarcado en el laberinto trazado por la organización terrorista y no fue lo suficientemente audaz para ganarle la partida o para dejarla, todavía más, sin argumentos.

También critico que en esas negociaciones se haya prescindido sistemáticamente de las víctimas. Mientras las armas no callen y la coacción y la amenaza sean la norma, será muy difícil aceptar el diálogo y, por tanto, encontrar una solución negociada que, en todo caso, deberá tener acomodo en el ordenamiento jurídico. Además, será necesario que la respuesta penal sea compatible con los principios de oportunidad para que el acuerdo no vaya en contra de la esencia del Estado de derecho.

La primera tregua de ETA la viví junto a Carmen Tagle y casi estuvimos a punto de abortarla. La segunda la seguí también de cerca, al menos en parte. Por razones que no vienen al caso, en abril de 1998 me enteré de que ETA, a través de Fidel Castro, había hecho una oferta al ex presidente del gobierno Adolfo Suárez para que actuara de mediador en una tregua que tenía intención de declarar. Sin embargo, Suárez, aparte de sus reticencias con este planteamiento y condiciones exigidas, no pudo participar en ese proceso por el agravamiento de la enfermedad que padecía su mujer, Amparo, fallecida en mayo de 2001.

El 16 de septiembre de 1998, la organización terrorista decretó, de forma unilateral, una tregua indefinida. El mediador designado y aceptado por ambas partes fue monseñor Juan María Uriarte, por aquel entonces obispo de Zamora y luego de San Sebastián. La presencia de la Iglesia en el mundo de ETA ha sido constante. Oficialmente su postura era de rechazo, pero en privado, al menos en el País Vasco, era de comprensión e incluso de apoyo político a las tesis presentadas por los partidos nacionalistas y abertzales.

La primera reunión se celebró en diciembre de 1998 en una localidad de Burgos. El termómetro marcaba varios grados bajo cero y dos esforzados policías tuvieron que calentar la estancia, donde se desarrolló el encuentro, con radiadores eléctricos porque la calefacción se estropeó el día antes. En nombre del gobierno acudieron el ex secretario de Estado de Seguridad Ricardo Martín Fluxá, el ex secretario general de la Presidencia Javier Zarzalejos y el asesor del presidente Aznar, Pedro Arriola. Por parte de ETA se presentaron Arnaldo Otegi, Íñigo Iruín, Pernando Barrena y Rafael Díez de Usabiaga, y como mediador, monseñor Uriarte. El gobierno exigió el fin de la violencia y ofreció un progresivo acercamiento de los presos a Euskadi. Durante la tregua trasladó a un centenar de ellos a cárceles vascas. Los representantes de la organización terrorista reclamaron la autodeterminación. La segunda reunión se celebró en Suiza en mayo de 1999. Los interlocutores del gobierno fueron los mismos, aunque en nombre de ETA actuaron Mikel Albizu («Mikel Antza») y Belén González Peñalba. No hubo acuerdo. ETA rompió la tregua en diciembre de 1999. Además, aprovechó ese período para reorganizarse. Pocos días después, la Guardia Civil interceptó dos furgonetas, cargadas con 1.600 kilos de explosivos, cuando se dirigían a Madrid. El 21 de enero de 2000, la organización terrorista asesinó en la capital de España al militar Pedro Antonio Blanco. El gobierno respondió redoblando la lucha policial. Por mi parte, confirmé las iniciativas comenzadas en mayo de 1998, si bien no se pudieron subsanar los errores de algunos colegas que, guiados por un espíritu de generosidad, habían liberado a presos de la organización. El tiempo demostró que esas decisiones judiciales fueron un error.

La historia del terrorismo en nuestro país no está completa si no os hablo de otras organizaciones. Ahora están casi acabadas, pero durante años fueron muy activas. Me refiero al GRAPO (Grupos de Resistencia Antifascista Primero de Octubre). Esa organización se ha caracterizado por su fanatismo. Sus miembros eran captados en ambientes marginales y mantenían relaciones endogámicas. La mayoría tenían vínculos familiares entre ellos. Para subsistir recurrían a la delincuencia común. Además, hacían gala de una capacidad de resistencia extrema. Varios de sus militantes llevaron hasta las últimas consecuencias una huelga de hambre en las cárceles. Apenas tenían infraestructura y actuaban de forma aleatoria. Una de sus actuaciones más llamativas fue el secuestro del empresario zaragozano Publio Cordón, que desapareció el 25 de junio de 1995. Nada se ha vuelto a saber de él. Los autores de ese secuestro dijeron que le liberaron después de que su familia pagara 400 millones de las antiguas pesetas (2,4 millones de euros).

El día 16 de julio de 2002 dirigí una operación que culminó con la detención de catorce grapos en Francia y España. La novedad en esta investigación es que autoricé la infiltración de un agente encubierto de la Guardia Civil. Su trabajo permitió la desarticulación de esa organización y de la estructura con la que operaba. A partir de entonces, no ha vuelto a actuar.

La misma situación se vivió en 1992, cuando dirigí una investigación contra Terra Lliure. Las primeras detenciones se produjeron en junio de ese año, un mes antes de la inauguración de los Juegos Olímpicos de Barcelona. Aquella operación fue duramente criticada por el sector nacionalista catalán y por otras fuerzas políticas al tacharla de oportunista. Sin embargo, esas acusaciones no eran ciertas. La operación policial y judicial se desencadenó cuando ese grupo iba a colocar un artefacto explosivo. La segunda tanda de arrestos, en septiembre de ese año, se apoyó en las declaraciones judiciales de los primeros detenidos. Puedo afirmar que nadie me presionó para que tomara estas decisiones. Sabía que iban a disgustar a muchos. Sin embargo, era mi obligación cumplir con mi condición de juez. Todavía hoy, algunos sectores nacionalistas y republicanos de Cataluña no me han perdonado esa actuación. Parece que no tienen en cuenta que, a consecuencia de esa investigación, esa organización terrorista ha desaparecido y hoy Cataluña es más segura y más libre. Las acusaciones de malos tratos contra la Guardia Civil no se probaron ni se reconocieron judicialmente. El Tribunal de Estrasburgo condenó a España, en noviembre de 2004, porque los juzgados de Madrid no investigaron judicialmente esas denuncias, pero expresó sus dudas sobre la existencia de malos tratos. Los jueces centrales de instrucción de la Audiencia Nacional no tenemos competencias para investigar torturas o malos tratos. Esa investigación corresponde al juzgado del lugar donde presuntamente se cometieron. De este modo, se garantiza la imparcialidad y la independencia judicial.

Queridos hijos, en este relato del horror, me faltan palabras para explicaros mis sensaciones y sentimientos de la todavía próxima mañana del 11 de marzo de 2004 en Madrid. Era jueves y la capital amaneció soleada. Era un día cualquiera, como tantos otros. Con la fecha de las elecciones a la vuelta de la esquina –estaban convocadas para el 14 de marzo–, los líderes políticos afilaban sus armas para la traca final de su campaña. Los ciudadanos, al menos yo, estábamos bastante cansados de oír las mismas promesas repetidas en los cientos de mítines que se repartían por toda la geografía española. La verdad es que desde que viví la campaña electoral de 1993 me quedé bastante escarmentado. Siempre he creído que sólo sirven para manipular y engañar a los votantes.

El día 11, como todos los días, cuando sonó el despertador a las 6.40 horas ya llevaba un buen rato despierto. Alrededor de las 8.00 horas oí a través de la emisora policial de mi vehículo que se había producido una explosión en la estación de Atocha. La confusión era horrorosa y los gritos de los policías a través de las emisoras se atropellaban unos con otros. Gracias a la información del entonces subdirector general de la Policía, Pedro Díaz-Pintado, supe del alcance de la tragedia: «Baltasar, son varios atentados y hay muchos muertos, nos vemos en el escenario de los crímenes». Me fui a Atocha, no sin antes hablar con el juez en funciones de guardia, mi colega Juan del Olmo.

Cuando entré en la estación de Atocha los heridos ya habían sido evacuados. Sin embargo, los signos de la barbarie aún se hallaban presentes. Varios vagones del tren estaban destrozados. Había hierros retorcidos con cuerpos humanos incrustados y en las posturas más grotescas imaginables. Cabezas seccionadas, manos cortadas, piernas separadas del tronco, personas reventadas. No pude evitar las lágrimas. En mis veinticuatro años de experiencia judicial no me había enfrentado hasta entonces con la irracionalidad en estado puro. La escena se repitió en cada uno de los escenarios: calle Téllez, estación del Pozo del Tío Raimundo y Santa Eugenia.

En los primeros momentos la autoría del atentado me hizo dudar. Por un lado, recordé que el jefe de al-Qaida, Osama Bin Laden, ya nos había amenazado en un vídeo difundido en octubre de 2001, una amenaza que reiteró dos años después al incluirnos en su lista negra de países enemigos por haber participado en la guerra de Irak. Por otro, pensé que si ETA estaba detrás de esa matanza nos habíamos equivocado estrepitosamente en nuestra estrategia y que todo nuestro esfuerzo había caído en saco roto. Con un golpe de esas características, ETA nos habría vencido a todos. Si era la autora de ese atentado volvíamos al peor escenario de los posibles en el País Vasco. Pero la otra opción, el terrorismo islamista, también era muy inquietante. España se convertiría en el primer país de Europa atacado por ese nuevo terrorismo internacional. Es decir, habríamos pasado de ser un país de células durmientes y de logística a un territorio de acción operativa.

Así que opté por analizar las pruebas. Las primeras impresiones de los investigadores se inclinaron por la hipótesis de ETA. Un funcionario de policía se equivocó al identificar el explosivo de las bombas. Su primera valoración fue que los artefactos estaban compuestos por Titadyne, marca utilizada habitualmente por ETA desde 2001. Sin embargo, otros datos desvanecían esa posibilidad. Esa misma mañana, un agente me informó de un hallazgo que dio un giro a la investigación.

—Don Baltasar, ha aparecido una furgoneta en Alcalá de Henares.

—¿Había bomba trampa?

—No.

—¿Tenía las matrículas dobladas?

—No.

—¿Dónde y cuándo fue robada?

—Parece ser que en Madrid. El 27 o 28 de febrero de 2004.

Con esa información mis dudas aumentaron. No me cuadraba la situación. No tenía sentido que si ETA había utilizado el explosivo Titadyne no hubiera respetado ninguna otra de sus normas o reglas de seguridad. Esa organización terrorista no improvisa sus acciones. Por eso no tenía mucho sentido que hubiera dejado tantos cabos sueltos. Por ejemplo, no era lógico que hubieran dejado una bolsa con explosivo en la estación del Pozo sin dispositivo de activación con trampa para matar a los funcionarios que se acercaran. Tampoco que la furgoneta se hubiera robado en Madrid y se utilizara con tan escaso margen de días (las sustracciones de vehículos de ETA suelen producirse con una media de meses y no de días antes de su uso). Además, el ex portavoz de Batasuna Arnaldo Otegi había descartado la participación de la organización terrorista en la matanza.

Sin embargo, la insistencia del gobierno de José María Aznar en atribuir la matanza a ETA me hacía dudar. No obstante, lo tuve claro desde que se supo que en la furgoneta hallada en Alcalá de Henares se había encontrado una cinta con versos coránicos. Además, ya se sabía que el explosivo empleado era Goma 2, un material que la organización terrorista no utilizaba desde hacía veinte años.

Asimismo, tuve en cuenta otros datos. En contra de lo que mantenían desde el Ministerio del Interior, ETA no había preparado un atentado con mochilas bomba en la estación de esquí de Baqueira Beret en las navidades de 2003. Los únicos datos de esa posible acción se limitaban a la declaración de un etarra en dependencias policiales. Tampoco buscó una carnicería en la estación de Chamartín (Madrid) durante la Nochebuena de 2003. La intención de los terroristas, según consta en los informes policiales, era hacer estallar el explosivo cuando el tren estuviera fuera de servicio. Por último, también era incierto que la organización terrorista quisiera cometer una matanza en la capital con los explosivos que iban a colocar a primeros de marzo, ya que iban a hacerlos explotar de madrugada, cuando los edificios industriales estuvieran desalojados. Por eso, empezaron mis dudas sobre la actuación del gobierno de José María Aznar. Me costaba creer que el Ejecutivo, que tan eficaz había resultado en la lucha contra ETA, hubiera iniciado una fuga hacia delante para evitar que se supiera, antes de las elecciones, que el terrorismo internacional islamista era el autor de la matanza y no ETA.

Lo cierto es que ese ataque terrorista nos sorprendió con las puertas abiertas y las torres sin vigilancia. La mayoría de los ciudadanos desconocían que podíamos ser víctimas de un terrorismo diferente al de ETA. Pero al-Qaida ya nos había lanzado muchos mensajes. Por ello, considero muy grave que desde algunos sectores se intente atribuir la matanza de Madrid a una alianza entre ambos terrorismos por intereses meramente políticos o, incluso peor, nada democráticos.

Osama Bin Laden, en un vídeo difundido en los primeros días de octubre de 2001, mencionaba a al-Andalus (España) como parte y límite exterior del Gran Califato por el que demencialmente lucha. Bin Laden inició su peculiar carrera terrorista entre 1989 y 1991, pero fue en 1998 cuando lanzó el Frente Islámico Internacional para la Yihad contra los Judíos y los Cruzados. En esa organización se fueron integrando otros grupos que actuaban, entre otros países, en Filipinas, Indonesia, Marruecos, India, Egipto, Turquía, Arabia Saudí, Argelia, Libia y el norte liberado de Irak.

Esas amenazas se intensificaron por la presencia de nuestro gobierno en la guerra de Irak. El líder de al-Qaida lanzó un mensaje el 11 de febrero de 2003, a través de la cadena de televisión al-Yazira, en el que pidió a los musulmanes del mundo que se unieran frente a un posible ataque a Irak. Por su parte, el número dos de esa organización, Ayman Zawahiri, dijo el 21 de mayo de 2003, en otra grabación, que había que seguir el ejemplo de los diecinueve hermanos que atacaron Nueva York y Washington, e instaba a los musulmanes a expulsar a los americanos y a sus aliados de sus respectivos países.

Posteriormente, el 18 de octubre de 2003, al-Qaida anunció, en otra cinta de vídeo emitida por al-Yazira, que se reservaba el derecho a responder en el momento y en el lugar oportunos a todos los países que participaran en esta guerra injusta con Irak, en particular Reino Unido, España, Australia, Polonia, Japón e Italia, además de a Estados Unidos. También advirtió de que seguirían combatiendo y que proseguirían las operaciones de martirio (suicidas) en el interior y en el exterior de Estados Unidos. Esas amenazas continuaron con la emisión de más comunicados. El 4 de enero de 2004, Bin Laden ordenó luchar contra las fuerzas de ocupación en Irak. También mencionó la detención de Sadam Husein invocando la bandera de la *yihad* (guerra santa).

Además de estas grabaciones, en Gaza y Cisjordania circularon, en marzo de 2003, panfletos en los que se instaba a la población a atacar intereses de Estados Unidos, Reino Unido, España, Holanda y Australia en Palestina. Esa actuación, no obstante, fue desautorizada por el jeque Ahmed Yasin, de Hamas, que después fue asesinado por orden del gobierno de Israel. La amenaza no parecía muy consistente. Posteriormente, el 9 de junio de 2003, se recibió una carta en árabe en la embajada española en El Cairo. En la misiva se advertía de la comisión de futuras acciones terroristas contra personas y otros intereses estadounidenses, así como de cualquier otro Estado que hubiera participado o hubiera apoyado la intervención militar contra Irak en la península Arábiga, Oriente Próximo y Norte de África (desde Arabia Saudí a Kuwait, de Qatar a Marruecos y de Egipto a Jordania). La carta la firmaba un desconocido grupo de al-Qaida de Yihad Islámica. Previamente, el 16 de mayo de 2003 habían tenido lugar en Casablanca (Marruecos) los atentados contra la Casa de España y otros edificios que costaron la vida a cuarenta y cuatro personas.

A finales de junio de 2003, en una dependencia policial española, de manera anónima, se recibió una información relativa a la posibilidad de que tres personas de origen argelino, próximas al Grupo Salafista para la Predicación y el Combate, se hubieran establecido en Europa con la misión de crear células terroristas islámicas de carácter operativo con el fin de cometer atentados en los próximos meses en el Reino Unido, España e Italia en coordinación con al-Qaida. Esta amenaza parecía más seria.

Las redes de terrorismo islamista existían en nuestro país desde hacía varios años. Durante ese período se fueron gestando con una amalgama de ciudadanos españoles y extranjeros de las más variadas nacionalidades, como jordanos, palestinos, sirios, egipcios, argelinos, tunecinos, ingleses, alemanes y turcos. Esas personas fueron entrenadas en Afganistán y se aprovecharon de las ventajas del sistema. Por ejemplo, les favoreció la supresión de las fronteras y el escaso control sobre los lugares de culto en los que se les inoculaba doctrinas radicales. Pero también en Marruecos existen bastantes grupos radicales. Un informe reciente indica que en ese país más de mil jóvenes están dispuestos a convertirse en terroristas suicidas. Además, esos grupos mantienen buenos contactos con criminales organizados o desarrollan ese tipo de criminalidad (tráfico de drogas, de armas, de vehículos, de personas, robos, extorsiones y falsificaciones) para financiarse. Cualquier vía es buena y todas ellas están permitidas para conseguir el objetivo final. Ya no se hacen discriminaciones a la hora de utilizar fuentes de financiación. La unión, aun meramente coyuntural, de crimen organizado y terrorismo pasa a ser letal.

Tras los atentados del 11-M, al-Qaida declaró una tregua a los países que dejaran de atacar sus intereses. Es decir, cambió su estrategia por la técnica del divide y vencerás. Con ello, pretendía que cesara la presión contra su organización. Tras la victoria de José Luis Rodríguez Zapatero en las elecciones del 14 de marzo, las tropas españolas salieron de Irak. Ya sabéis que nunca apoyé el envío de tropas a ese país. Mi postura es bien conocida. La guerra de Irak fue una guerra ilegal porque fue declarada unilateralmente por Estados Unidos y el Reino Unido y apoyada por otros países como España, Australia y Polonia fuera del marco del Derecho Internacional. El único organismo que podía hacer esa declaración era el Consejo de Seguridad de las Naciones Unidas, y no lo hizo en la resolución 1441, en la que se instaba a usar todos los medios para verificar si Irak disponía de armas de destrucción masiva antes de recurrir al uso de la fuerza militar.

El derecho internacional prohíbe el recurso unilateral a la fuerza armada salvo que constituya un acto de legítima defensa frente a un ataque armado previo. Sin embargo, en esta ocasión, esa declaración de guerra se escenificó en la cumbre de las Azores que protagonizaron George Bush, Tony Blair y José María Aznar. El entonces presidente español no consultó con su gabinete la postura del gobierno español, no escuchó la opinión del Parlamento español y desoyó la voluntad de los ciudadanos que masivamente se habían pronunciado en contra de la guerra.

El estatuto de la Corte Penal Internacional establece como crimen de guerra los ataques dirigidos contra civiles o bienes provocados por una guerra ilegal. Ese delito puede ser perseguido por ese tribunal al tener jurisdicción universal, al menos en los países que lo integran.

Pero, además, esta guerra ha sido inmoral, ya que estuvo motivada por intereses económicos y buscaba un cambio de régimen político en ese país y una reorganización estratégica de la zona. Además, ha ofrecido una justificación al terrorismo islamista.

Por eso apoyé, sin reparos, la retirada de las tropas españolas en Irak. Hacer cesar una situación irregular como ésta era una obligación. Decir que la decisión fue una claudicación frente al terror es desconocer la idiosincrasia del pueblo español y una ofensa a éste, que jamás se ha humillado frente a la violencia terrorista ejercida durante casi treinta y cinco años, como lo demostró el 12 de marzo de 2004 al salir masivamente a la calle. Afirmar que el pueblo español cambió su voto por el miedo producido por los atentados terroristas es, nuevamente, desconocer la historia y el presente de los españoles. Lo que sí produjeron los atentados fue la mayor repulsa que se ha visto jamás contra un acto violento y un compromiso definitivo con la democracia acudiendo masivamente a las urnas. Hacer valoraciones tales como que por esa mayor afluencia y por ende menor abstención se votó más al Partido Socialista es una afirmación esencialmente antidemocrática y quien la sostiene está muy lejos de ser ecuánime y respetar a los ciudadanos.

Sin duda lo que sí influyó en esos días fueron los sucesivos errores de información y la poca claridad, aunque no hubiese sido guiada por la mala fe, con la que se facilitó. Es probable que si el entonces ministro del Interior, Ángel Acebes, en vez de asumir personalmente la labor de informador oficial cumpliendo órdenes y consignas de Presidencia de Gobierno, hubiera convocado a los líderes de la oposición y hubiera encomendado a la comisaría de información la misión de informar de los avances que se iban produciendo en las investigaciones, no hubiera habido ninguna polémica ni los ciudadanos hubieran tenido la sensación de que se les estaba ocultando algo. El exceso de control de la información y la insistencia del presidente del gobierno, que incluso llamó a los directores y responsables de los principales medios de comunicación para asegurarles solemnemente que ETA era la autora de los atentados, fue una temeridad y una torpeza.

Proponer, como también postulan algunos, que debería aprobarse una norma que previera la suspensión de unas elecciones si hubiera un atentado terrorista en las proximidades de su celebración, es tanto como invitar a las organizaciones de ese carácter a que tomen la iniciativa y actúen, aparte de que sería reconocer el triunfo de su acción.

Como ya os he contado antes, al-Qaida surgió en 1989. Hasta ahora, se ha identificado, con excesiva ligereza, a este terrorismo con organizaciones fundamentalistas y/o integristas islámicas. Pues bien, para que tengáis una idea aproximada voy a procurar aclararos un poco la terminología para evitar confusiones y ser fieles a los conceptos.

El término «fundamentalismo» hace referencia a una corriente religiosa conservadora que estuvo vigente de 1900 a 1920 dentro del protestantismo en Estados Unidos y el término «integrismo» se aplicó a los católicos que rechazaban las reformas emprendidas por el Vaticano o en proceso de elaboración en el seno de la Iglesia, entre 1950 a 1980 (Concilio Vaticano II).

Como dice Meddeb Abdel Wahab (*La enfermedad del Islam*), en el mundo musulmán, el concepto de fundamentalismo se adapta perfectamente al espíritu del salafismo, que evoca la modernización y a la vez el retorno a los *salaf* (los piadosos antepasados del primer islam) y que se debe distinguir del integrismo que se aplica a los movimientos iniciados en 1928 con la fundación de los Hermanos Musulmanes que aglutinan todas las actuales desviaciones islamistas y terroristas bajo el signo del sufismo. El islamista es integrista cuando afirma la integridad de su ley, su pureza, y la impone en forma íntegra, lo que elimina cualquier discrepancia. Entre las dos palabras, fundamentalismo e integrismo, hay una diferencia de intensidad. La coerción se transforma en terror y el combate, en guerra. Hacer equivalente integrismo e islamismo no es aceptable o al menos es dudoso, pero designar a los integristas como *islamistas* es aceptable, porque esta equiparación los distingue de los musulmanes (*muslimin*) e incorpora la manera como se les designa en árabe hoy (*islamiyun*).

Los integristas también pueden ser sufíes o wahabíes (corriente ideológica fundada por Mohamed Ibn Abd al-Wahab, 1703-1792). El salafí realiza la *yihad* (guerra santa) contra los enemigos, no contra sí mismo ni contra Satán; por ello recurre a la lucha armada. Cuando en 1998 Osama Bin Laden declaró la *yihad* mundial, la corriente salafí estaba ya estructurada y reforzada en países en los que las organizaciones locales eran operativas, desde la vuelta de los denominados «árabes afganos», a partir de 1991-1992.

Ése es el caso del denominado Grupo Islámico Combatiente Marroquí (GICM) o el Grupo Islámico Combatiente Libio (GICL), formados por combatientes marroquíes en Afganistán y que se conectaron a la estrategia de Osama Bin Laden tras la subida de los talibanes al poder. A partir de 1998, estos grupos asumieron el papel de agentes ejecutivos de Bin Laden tras recibir cursillos de entrenamiento en Afganistán e integrarse en el denominado emirato islámico. No obstante, hasta 2001, el GICM no fue operativo. A partir de ese momento realizó tareas de mero apoyo logístico, al igual que las células durmientes europeas, ya que se limitó a ofrecer hospedaje, facilitar documentos falsos, suministrar fondos y organizar matrimonios de ciudadanas marroquíes con miembros de al-Qaida como medio de protección y camuflaje.

Después de los atentados del 11 de septiembre de 2001 en Nueva York y Washington, ese grupo terrorista comenzó a realizar atentados. Tras la detención, en 2002, de uno de sus líderes, Zakariya El Miludi, iniciaron el diseño de acciones suicidas. Para ello entraron en contacto con militantes de al-Qaida. Éste sería el germen de los ulteriores atentados de Casablanca.

No sé si os he contado en alguna ocasión, supongo que sí, que en diciembre de 1995, cuando intervine en la George Washington University y en el JINSA (Instituto de Seguridad Judío), compartí con mis interlocutores mi preocupación por los cambios que se estaban operando en el terrorismo islamista. El terrorismo clásico, de la naturaleza que yo había conocido a finales de los años ochenta y en el primer lustro de la década de los noventa, tenía un denominador común: la lucha contra el Estado de Israel y la liberación del pueblo palestino. En este terrorismo el componente religioso prácticamente no existía, hasta el punto de que organizaciones de marcada ideología marxista-leninista actuaban violentamente en nombre del pueblo palestino. Existían tres o cuatro líderes que controlaban a estos grupos. Con ellos se podía hablar, incluso negociar, porque se sabía a quién dirigirse y éstos estaban en disposición. Incluso los Hermanos Musulmanes, organización que históricamente había sido la madre del islamismo revolucionario, se prestaba al diálogo. Sin embargo, los nuevos grupos, como el GIA, eran violentos y fanáticos.

La base de esta preocupación se remontaba al inicio de la guerra civil en Afganistán en 1992, así como a la sucesión de atentados entre 1992 y 1998 en Yemen, Somalia, Egipto y Arabia Saudí. La diseminación por el mundo de más de veinte mil muyahidines que se habían quedado sin trabajo en Afganistán era especialmente preocupante, por lo que solicité a la Comisaría General de Información la elaboración de informes, lo más exhaustivos posibles, para conocer el verdadero alcance de la situación. Su contenido no me dejó muy tranquilo. La mezcla de fanatismo religioso, ideología radical y víctimas indiscriminadas auguraba el inicio, en el caso de que estas formas de violencia se exportaran a otros países no islámicos, de una escalada mundial preocupante. ¿Cuándo se había visto luchar juntos a un argelino, un marroquí, un tunecino o un libio?

En aquellas sesiones de estudio, transmití mi intuición a los expertos de que algunos gobiernos árabes estaban favoreciendo a estos movimientos o, en todo caso, la situación comenzaba a escapárseles definitivamente de las manos. Mi preocupación llegó a un límite máximo cuando lo que eran sospechas, intuiciones o meros análisis de datos se convirtieron en realidad: de forma reservada, tuve conocimiento del resultado de una entrevista entre un representante del GIA y un enviado de la policía española en un lugar no concretado de la antigua Checoslovaquia. El representante del GIA pidió al funcionario español que un destacado dirigente de su organización, bajo arresto domiciliario en Hamburgo, fuera autorizado por el gobierno español para trasladarse e instalarse en España. Nuestro clima y el hecho de poder rezar casi junto a su tierra, decía el representante, le daría la vida. A cambio, el GIA jamás perjudicaría a España, refiriéndose al gas argelino y a las instalaciones que permiten su suministro a nuestro país; sin embargo, otros países, como Francia, sufrirían represalias por la ayuda que prestaban a la represión del GIA.

Para demostrar la veracidad de la propuesta el representante del GIA relató al funcionario español la campaña de atentados que de forma inminente tenían decidido llevar a cabo en París. Un informe detallado de esta conversación fue entregado a los franceses por la entonces secretaria de Estado de Interior, Margarita Robles. Las autoridades francesas no dieron credibilidad a estas informaciones hasta que unos meses más tarde, en París, comenzó a suceder lo que se les había advertido.

Lo delicado de la cuestión es que en dicha reunión, según supe después, el terrorista, cuyo nombre nunca llegué a conocer, hablaba de una nueva *yihad* con organizaciones en casi todo el mundo musulmán, y la incorporación de grupos salafíes hasta entonces prácticamente desconocidos.

Desde luego, mi decisión, que ya estaba claramente perfilada, se reafirmó en la necesidad de prestar una especial atención a estas manifestaciones nuevas del terrorismo, a cuyo frente aparecía ya la figura inquietante de Osama Bin Laden, y el GIA. En 1997 se produjeron las primeras detenciones de esta organización en España, entonces utilizada como campo de aprovechamiento logístico (pasaportes, tarjetas de crédito, viajes, financiación, lugar de descanso de muyahidines) y de infraestructuras para operaciones exteriores.

Ahora y para romper un poco el tono teórico de esta carta, os quiero contar una breve historia en homenaje a un gran hombre. Fue en ese viaje a Washington cuando oí por primera vez el nombre de John O'Neill, un agente del FBI de origen irlandés, responsable en Nueva York de la lucha contra la Mafia. Durante seis años persiguió al responsable de la familia Gambino, John Goti, hasta conseguir que ingresara en prisión. Poco tiempo después fue designado dentro del FBI como uno de los máximos responsables para la investigación del terrorismo islamista. En el desempeño de esta responsabilidad asumió la investigación de los atentados ocurridos el 6 de agosto de 1998 contra las embajadas norteamericanas en Kenia y Tanzania, cuyo resultado fue de doscientos treinta y cuatro muertos, doce de ellos americanos, y más de cinco mil heridos. Los atentados fueron responsabilidad de al-Qaida. John O'Neill quedó muy impresionado y advirtió del peligro que acechaba a Occidente y en especial a Estados Unidos.

En represalia por los coches bomba colocados en Kenia y Tanzania, el presidente Bill Clinton ordenó el bombardeo con misiles de las bases de al-Qaida en Afganistán y una supuesta fábrica química en Sudán, que después resultó que no guardaba relación aparente con aquella organización. Y se aprobó una enmienda a la Orden Ejecutiva presidencial que permitía bloquear cualquier propiedad o interés económico o bancario de Osama Bin Laden.

Como consecuencia de haber vivido en directo el primer ataque contra el World Trade Center en 1993, John O'Neill conoció cómo se preparó y quién lo instigó. Quizá por ello, según contaba a los funcionarios españoles desplazados a Nueva York para una investigación de falsificación internacional de dólares, se había entrevistado varias veces en la cárcel con el jeque Abdul Rahman «El Ciego». Después de cada visita, decía que se mostraba más convencido de que su país era el principal objetivo de esa extraña (todavía) organización llamada al-Qaida. Trató de explicar a sus superiores que la política antiterrorista no era la correcta, ya que se dependía casi exclusivamente de las informaciones de la NSA (Agencia Nacional de Seguridad), pero sin fuentes dentro de la organización. Así, sus enfados eran mayúsculos, y advertía y aconsejaba a sus amigos españoles que no cometieran el mismo error. Ellos no tenían ni un solo colaborador en el núcleo dirigente de al-Qaida, con lo cual el desconocimiento sobre las intenciones, motivaciones e impulsos de sus miembros eran desconocidos.

Richard Clarke, antiguo zar antiterrorista con Bill Clinton y asesor del presidente Bush, define a John O'Neill en su libro *Contra todos los enemigos* como una persona clave que tenía ideas propias dentro del FBI en la lucha antiterrorista integrista, lo que no debía gustar a alguno de sus superiores (como veis, en todos los sitios es la misma historia).

Como consecuencia de esa buena amistad que O'Neill mantenía con varios policías españoles, su vinculación con España era constante, ya que alguna de sus investigaciones apuntaba hacia nuestro país en el ámbito del terrorismo islamista que yo también estaba investigando. Con ocasión de uno de sus viajes a España, me citaron para mantener el encuentro que teníamos pendiente. Sería en el mes de julio de 2001, fecha en la que llegaría a Madrid, procedente de Yemen, a donde se había trasladado al mando de cincuenta agentes para investigar el atentado contra el destructor *USS Cole*. A su llegada a la capital española el encuentro no pudo tener lugar porque mi agenda de trabajo estaba muy cargada. Por tanto, aplazamos la cita hasta el 13 de septiembre. Tampoco pudo ser. El agente especial John O'Neill causó baja en el FBI en el mes de agosto de 2001, después de un fuerte enfrentamiento con sus superiores. John recibió, paradojas del destino, una oferta para hacerse cargo de la seguridad de las Torres Gemelas, oferta que aceptó.

El 11 de septiembre no podía imaginarme que John O'Neill, a quien debía llamar para reunirnos dos días después en San Diego (Estados Unidos), fuera una de las víctimas de aquella matanza. Pero así fue, y el ya ex agente especial O'Neill, uno de los mejores especialistas en al-Qaida, caía asesinado cuando coordinaba un equipo de salvamento compuesto por agentes del FBI y la policía.

Dos meses después, y como colofón de las investigaciones previas, se iniciaron en España las detenciones de personas posiblemente relacionadas con al-Qaida, algunas de las cuales quizá también lo estuvieran con el 11-S. Pero ¿en qué se ha quedado convertida al-Qaida? Toda organización terrorista evoluciona y en función de las circunstancias se acomoda a la realidad sobre la que tiene que actuar. Tras los ataques contra Afganistán y la presión permanente sobre sus bases y grupos asociados a lo largo y ancho de todo el mundo, al-Qaida ha evolucionado en el sentido de pasar a ser una especie de franquicia que es utilizada por todos aquellos grupos que de forma autónoma realizan la *yihad*. Es decir, Afganistán ya no es el país clave para la distribución del terrorismo internacional, ni Bin Laden es imprescindible para que el terrorismo continúe su dinámica expansiva a modo de metástasis.

La semilla está plantada, los objetivos son claros y su estructura horizontal y difusa hace que ni siquiera la detención de sus líderes carismáticos detendría la acción criminal de estos grupos que actúan de forma coordinada o autónoma e incluso con una visión crítica respecto a al-Qaida. Además, cuentan con sus propias redes de financiación o, ayudados por los musulmanes de diversas nacionalidades, a través de los más diversos medios fuera de todo control, desvían la aplicación de instituciones básicas del islam, como el *zarat* (limosna). Y realizan acciones conjuntas con la criminalidad organizada. Frente a esta situación, sólo una acción verdaderamente concertada y no meramente dialéctica, en la que se incluya el análisis de las causas, podría acabar con todas las cabezas de la hidra. Un ejemplo está en Irak. De la ausencia de organizaciones terroristas se ha pasado a la proliferación más llamativa y su acción está generando unos resultados terribles.

¿Cómo abordar la lucha contra el terrorismo desde el ámbito judicial? ¿Cuáles son las dificultades y las perspectivas de futuro en este campo? Son preguntas difíciles de responder, pero voy a intentarlo.

La respuesta cuando se trata de terrorismo nunca es sencilla ni simple. En ella desempeñan un papel destacado los espacios políticos y legislativos y sobre todo el diplomático. Sin una política exterior de diálogo y confianza mutuos, y sin unos instrumentos legales adecuados se dificulta, cuando no se hace inútil, la respuesta policial y judicial. Por ejemplo, si como dicen algunos, el fenómeno de ETA es exclusivamente español o sólo afecta al País Vasco, no sería necesaria una respuesta internacional. Sin embargo, esta solución olvida que la propia organización terrorista ha internacionalizado el conflicto al actuar fuera del territorio español, que utiliza mecanismos de financiación y reciclaje de sus beneficios fuera de España, que se nutre de armas en los mercados clandestinos internacionales, que tiene sus bases en otros países, que emplea medios propagandísticos en ámbitos internacionales y que trata de destruir el sistema democrático de un país de la Unión Europea. Como se ve, el fenómeno terrorista representado por ETA no es local ni nacional, es internacional, como hoy en día lo es todo tipo de terrorismo.

Con respecto al terrorismo internacional islamista, la solución es más compleja, ya que su erradicación no sólo depende de la aplicación de leyes y actuaciones de un país sino de convenios regionales (Unión Europea) y normas internacionales (ONU) y de la cooperación bilateral entre países. Por ejemplo, el estatuto de Roma de julio de 1998, que dio vida a la Corte Penal Internacional (CPI), entró en vigor después de que dicho estatuto fuera ratificado por sesenta de los ciento treinta y nueve países firmantes el 7 de julio de 2002. Algunos países, como España, tuvieron que modificar su legislación interna, ya que nuestro Código Penal no incluía los crímenes de lesa humanidad. Éste es un buen ejemplo de lo que debe ser una respuesta penal global a crímenes gravísimos como la guerra, el genocidio y la agresión. Sin embargo, la CPI no persigue los delitos de terrorismo salvo que sean complementarios a esos crímenes o que se les pueda considerar como crimen contra la humanidad en alguna de las modalidades del artículo 7 del estatuto de Roma. En cualquier caso, el estatuto sólo es aplicable en los países que lo han ratificado, entre los que no están Estados Unidos, Rusia, China, Japón, India, Pakistán e Israel.

Otro ejemplo podría ser el del Convenio Europeo sobre terrorismo de 1999, cuya ratificación estaba prácticamente paralizada hasta que se perpetraron los atentados del 11-S. Tras esa matanza, se aceleraron los trabajos, pero se perdió una oportunidad histórica para elaborar una respuesta común. Aún son excesivas y casi insalvables las dificultades para poder neutralizar las fuentes de financiación y la persecución internacional del dinero que genera y del que se nutre el terror para desarrollarse e implantarse. Y sin embargo, hasta que ello no se consiga será casi imposible combatir con eficacia este fenómeno. Por ejemplo, el bloqueo de fondos de actividades vinculadas al terrorismo internacional no ha sobrepasado los 130 millones de dólares.

En este sentido, el informe de la ONU de 2004 sobre el poco éxito de estas medidas es categórico, a pesar de que algunos avances se han producido. Así, Europa ha optado por perseguir el terrorismo desde el Estado de derecho y ofrece una respuesta policial y judicial que intenta conjugar la protección con las normas garantistas de nuestros sistemas, pero todavía está lejos de conseguirse el grado de eficacia que, además de permitir el descubrimiento de los autores de los crímenes, evite que éstos se produzcan y así otorgar una verdadera tranquilidad y protección a los ciudadanos. Desde luego, apoyo esa vía frente a la política unilateral de la administración Bush en Estados Unidos. Ese país aprobó una legislación exorbitante (Patriot Act, la ley antiterrorista) que le otorgaba patente de corso para luchar contra el terrorismo militarizando en gran medida la respuesta al terror, lo que ha hecho casi imposible la cooperación judicial. Aunque, poco a poco, los jueces estadounidenses han ido adoptando medidas que en algún momento conseguirán neutralizar el efecto de esas normas, especialmente después de la resolución del Tribunal Supremo de junio de 2004 en la que se descalifica el sistema de indefensión y de posibilidad de acudir a la jurisdicción ordinaria en demanda de los derechos básicos de cualquier persona privada de libertad. Lo cierto es que el modelo estadounidense no ha tenido demasiado éxito. Las detenciones de algunos líderes de al-Qaida no sirven a efectos judiciales por estar viciadas las pruebas obtenidas. En todo caso, la guerra de Irak no ha terminado con el terrorismo, sino más bien al contrario.

Los avances en la lucha por los derechos civiles nunca pueden convertirse en regresiones. Constituyen la base inamovible sobre la que se apoya todo el edificio de la democracia. Nunca se debe ceder espacio de libertad en aras de una seguridad mal entendida, porque en tal caso, como decía

Benjamin Franklin, no se tiene derecho ni a la una ni a la otra.

Una regresión en esos derechos constituye el primer triunfo del terrorismo sobre la democracia. Hacer frente al terror con la fuerza de la ley y el derecho constituye la mayor garantía de éxito. No obstante, esa respuesta judicial exige una alta preparación científica por parte de quienes asumen la misión de investigación y análisis del fenómeno y una coordinación entre las instancias judiciales, nacionales e internacionales, que la agilicen.

La respuesta judicial desgraciadamente suele ser lenta por el cúmulo de trámites que todo proceso judicial conlleva para dotar de garantías y posibilidades de defensa y ataque, con igualdad de armas, a los imputados y acusadores. Pero esos trámites no pueden convertirse en obstáculos insalvables que impidan dar la respuesta que la sociedad demanda. Es aquí cuando se confunde formalidades con formalismos. No tienen ninguna justificación los interminables trámites de la extradición, la falta de confianza en el sistema procesal del país demandante, ni la reticencia sospechosa a la aplicación de la Orden de Detención Europea que ha puesto fin al reinado de la extradición.

Cuando estas u otras disfunciones se producen, se deben exigir responsabilidades y abogar por una solución que coordine las garantías con la eficacia. Si continuamos con la actual inercia, las organizaciones terroristas se harán más invulnerables a la acción policial o judicial en los diferentes países. En España, tras los atentados del 11 de marzo, habréis visto en los medios de comunicación y a los responsables políticos discutir sobre si ha existido o no imprevisión, es decir, si se podían o no haber evitado. No sé cuál va a ser el resultado de los debates de la comisión de investigación del Congreso de los Diputados, pero sí quiero deciros que no estábamos preparados para un atentado de esta naturaleza; nadie lo había previsto y a los pocos que lo intuyeron no se les hizo caso. Ésta es la realidad de la que hay que partir. Durante muchos años, políticos, juristas, jueces, fiscales y policías cometieron el error de no captar el alcance de la realidad de estos grupos de personas que ya entonces, a partir de 1995, comenzaban a formarse. Sus actividades eran consideradas como mero ejemplo de actos de delincuencia ordinaria y se discutía su naturaleza terrorista. Ahora, después de la matanza del 11-M, pocos dudan de que el fenómeno era distinto y de que este nuevo tipo de terrorismo es diferente, pero todavía presentan reticencias sobre lo que se debe exigir para que sea una organización terrorista. Olvidan que en estos casos lo importante es el momento en el que se produce el adoctrinamiento y la preparación ideológica para que el sujeto asuma el papel que le corresponde en la *yihad*.

Por eso, queridos hijos, quiero compartir con vosotros una serie de propuestas para hacer más eficaz la lucha contra esa lacra. Contra el terrorismo, ya os lo he dicho antes, no caben atajos ni restricción de derechos. Por el contrario, existe una receta muy simple y eficaz: ponerse a trabajar. No son necesarias más leyes ni más burocracia.

Una de las mayores dificultades en las investigaciones de casos de terrorismo y de crimen organizado se produce con las intervenciones telefónicas. El secreto de las comunicaciones es un derecho fundamental que sólo puede vulnerarse cuando existen indicios de delito, es decir, no se pueden hacer para ver si se pesca algo. El Tribunal Supremo español estableció en 1992 unas reglas muy estrictas para ordenar esas intervenciones al obligar a los jueces a exponer detalladamente los motivos de esa vulneración de derechos y al exigirles un control exhaustivo de las grabaciones. Hasta ese momento, la policía seleccionaba el contenido de las conversaciones.

Pues bien, los jueces no pueden ejercer personalmente ese control, sobre todo por las mejoras tecnológicas. El convenio europeo de asistencia judicial en materia penal del año 2000 establece la posibilidad de interceptación de comunicaciones internacionales y por internet. Sin embargo, el control judicial, en su exigencia actual, se hace inviable cuando el que comunica un mensaje está en un país, el que lo recibe en otro y el servidor en un tercero, o bien por el volumen de las intervenciones cuando se trata de crímenes organizados o terrorismo. Además, cada país aplica su legislación. Por eso, es necesario que la normativa europea se unifique para hacer efectiva y real la medida y el control.

Pero además es necesario redefinir el papel de la policía judicial. Considero que ya ha llegado el momento de que dejemos de tratar a la policía como un cuerpo represor, y del mismo modo que, bajo la tutela del juez, practica detenciones, registros y bucea en cuentas bancarias, también pueda controlar por muestreo conversaciones telefónicas.

Es necesario que dejemos de engañarnos durante más tiempo. Este mecanismo de investigación exige una reformulación si queremos que sea operativo. También pienso que es necesario aumentar los mecanismos para impedir que las organizaciones terroristas, como ETA, intenten atacar el proceso al denunciar sistemáticamente que han sufrido torturas en dependencias policiales. La ley permite a los jueces ampliar durante cuarenta y ocho horas la detención incomunicada de un imputado por terrorismo después de haber superado el plazo máximo de las setenta y dos horas de detención. La incomunicación implica que no puede tener ninguna relación durante su detención, salvo con el letrado que le designa el Colegio de Abogados. Esas limitaciones se justifican para evitar que en esas horas decisivas de cualquier operación policial se frustre la investigación si se permite que los imputados puedan coordinar sus declaraciones o utilizar a sus abogados para pasarse consignas. No obstante, bajo ningún concepto puede ampararse, ni siquiera por omisión, la práctica de la tortura o los malos tratos, porque deslegitima al sistema. Ello no impide que se persigan las falsas denuncias que obedecen a planteamientos políticos. Para evitar esto creo que debería eliminarse la prórroga de la detención y que ésta fuera controlada con medios técnicos audiovisuales por el juez y el fiscal.

También sería oportuno que la información entre los jueces fuera permanente. Deberíamos, día a día, semana a semana, conocer la evolución de los diferentes casos, con las limitaciones y secretos que fueran necesarios. Prácticamente desde mi llegada a la Audiencia Nacional he pedido que se establezcan sistemas que reúnan todos los datos policiales y judiciales de las personas vinculadas a organizaciones terroristas y criminales y que esa información fuera permanentemente actualizada. Por ello, propuse en la Audiencia Nacional el diseño de un programa informático que incluyera a todas las personas condenadas o no por delitos terroristas. Hasta ahora no se ha hecho. Ya sé que no es la panacea, pero mejoraría la respuesta y se evitarían casos como el de un imputado que fue detenido gracias a la eficacia de uno de mis funcionarios que le vio salir del edificio cuando otro juez le había dejado en libertad.

Pero no es suficiente. La lucha contra el terrorismo sería más eficaz con una mayor especialización por parte de las estructuras judiciales, fiscales y de los organismos que trabajan en este ámbito. Por eso, cuando algunos hablan de la desaparición de la Audiencia Nacional en su vertiente penal, no deja de sorprenderme el desconocimiento desde el que hablan. Estoy de acuerdo en que este organismo judicial puede y debe modificar su estructura y competencias. El actual diseño orgánico y la falta de exigencia de requisitos diferentes al de la simple antigüedad en el escalafón perjudican de manera muy grave la función que pretende desarrollar. La ampliación a otras esferas de competencia, como la criminalidad organizada, cada vez más próxima al terrorismo internacional, hace necesario replantearse esa modificación.

Por último, me gustaría hablaros de otro mecanismo que ha resultado muy eficaz contra el terrorismo y el crimen organizado, pero que se utiliza poco: las declaraciones de los arrepentidos. No se puede aplicar en todos los casos y sólo funciona si el juez logra que el imputado reflexione sobre las ventajas que le aportará su colaboración después de ofrecerle garantías de seguridad para él y su familia.

Esta técnica ha funcionado con organizaciones terroristas de extrema derecha, así como con los GAL, Terra Lliure, ETA y grupos terroristas internacionales. ¿Por qué algunos terroristas deciden dar ese paso que les puede perjudicar? No lo sé. Unas veces lo hacen para recibir un mejor trato legal. Otras para protegerse porque se han enfrentado a miembros destacados de su organización. En cualquier caso, en todas las colaboraciones se establece una relación entre el juez y el terrorista. En cada encuentro, el diálogo sirve para conocer sus preocupaciones, darle confianza y explicarle detalladamente su situación y sus posibilidades, tras exponerle la inutilidad de la violencia. Pues bien, depende del carácter del arrepentido, pero muchas veces he logrado que me facilitara información que me permitió imputar a otros miembros de la organización, localizar sus escondites de armas, explosivos o lugares de entrenamiento.

El arrepentido exige respeto y confía en que no se le hayan realizado falsas promesas después de haberle demostrado que no le tienes miedo y que no le desprecias. Sin embargo, esa relación no significa que hayas ganado la partida. Esas personas pueden retractarse de sus declaraciones en el juicio. Así pasó, por ejemplo, con Ángel Duce. En el juzgado admitió que él y otras personas habían asesinado al parlamentario de HB Josu Muguruza el 20 de noviembre de 1989 cuando cenaba junto a los otros parlamentarios de esa formación en el hotel Alcalá de Madrid antes de jurar el cargo en el Congreso de los Diputados. En sus declaraciones judiciales implicó a Ricardo Sáenz de Ynestrillas, hijo de un militar asesinado por ETA en 1986, que finalmente fue absuelto. Tras la sentencia, Duce me visitó en mi despacho. Me pidió perdón por haber mentido en el juicio. En 1997, murió en un accidente de circulación durante un permiso carcelario.

En ocasiones, esos testimonios no se reflejan como actos de cooperación judicial por miedo a las represalias de la organización a la que pertenecen. Las declaraciones de los arrepentidos no son, a veces, suficientes para condenar a otros. También hay que tener cuidado, ya que esos testimonios pueden estar manipulados o buscan manipular al juez. Aunque lo cierto es que, cuando se lucha contra organizaciones terroristas o grupos de criminalidad organizada, esos testimonios pueden ser las únicas pruebas que se logren. Por eso, las declaraciones han de ser muy detalladas y se deben complementar con las denominadas pruebas indirectas o pruebas de indicios. Así pasó, por ejemplo, con la investigación contra los GAL.

El principal desafío del siglo XXI es buscar una respuesta firme, coherente y definitiva contra el terrorismo. Por ello, será necesario contar con materiales que aguanten el paso del tiempo, como los que usaron los romanos; que sean imaginativos, como los que emplearon los artistas del Renacimiento, y sobrios como los neoclásicos. De ahí que piense que estamos obligados a encontrar la solución, a trabajar creativamente por la esperanza en un mundo sin miedo. Debemos luchar hasta encontrar una respuesta global y vencer la resistencia de la sociedad para que, poco a poco, todos aceptemos, con naturalidad, valores tan humanos como la discrepancia, la diversidad, la igualdad de creencias, la tolerancia y la paz.

La construcción de un país como España, conjunto de nacionalidades, debe ser una tarea común. La erradicación de la violencia debe constituir la base sobre la que se construya el edificio común de un Estado. Aunque, sin el respeto y la protección de los que son perseguidos y acosados por los violentos, sean éstos terroristas o comparsas de ellos, no existe solución posible. Pero una solución impuesta por la fuerza ni es conveniente, ni justa, ni aceptable. El espíritu de Ermua, que surgió como un grito de repudio a ETA, y el espíritu del 12 de marzo tras la matanza de Madrid en 2004, demuestran día tras día que la rebelión democrática del pueblo es posible, que el enfrentamiento pacífico acobarda a los terroristas y nos da legitimidad para continuar el combate legal hasta acabar con estas lacras. Éste debe ser nuestro compromiso.

Deberíamos aprender del pasado. Si algo ha quedado claro tras el 11-S en Estados Unidos es que no se tomó en serio la amenaza terrorista. En España, el 11-M ha demostrado fallos de coordinación y dispersión de información que hacen ineludible una reforma a fondo de los servicios de inteligencia y de información del Estado si no se quiere asistir a otro ataque de características similares. En la práctica totalidad de los países de nuestro entorno político y cultural existe una clara diferenciación entre los servicios secretos de inteligencia que actúan en el exterior de sus propios países y los servicios de seguridad del Estado que operan en el interior bajo el mando del ministro del ramo respectivo.

En España no existe un servicio de seguridad del Estado propiamente dicho, si bien la ley que regula las actividades del Centro Nacional de Inteligencia le atribuye tareas y responsabilidades propias de un servicio de seguridad interior, aunque adscrito al Ministerio de Defensa. Esto provoca conflictos con los servicios de información de la policía, de la Guardia Civil y de las policías autonómicas.

En fin, vivimos unos tiempos muy interesantes pero inciertos. Por eso creo que ha llegado el momento de que los reproches entre los líderes políticos, las actuaciones insolidarias, la manipulación informativa y la falta de respeto a las instituciones democráticas, como el Parlamento y la justicia, desaparezcan y seamos conscientes de lo que nos jugamos. Olvidar esto es fortalecer a los terroristas y menospreciar a los ciudadanos.

Ahora, después de haber asistido al último gran golpe contra ETA, observo con tristeza cómo algunos de ese entorno no dan la talla histórica que se les exige; de ahí que siga pensando que la justicia es el mejor medio para resolver los conflictos pacíficamente y el instrumento adecuado para poner fin a la violencia terrorista y a las guerras injustificadas. No podemos tener miedo al futuro ni al resultado de nuestros esfuerzos, porque con toda seguridad ganaremos la partida.

Para iniciar mi nueva etapa profesional os necesito a mi lado. Lo cierto es que, ahora que os escribo estas impresiones sobre un tema tan delicado como el terrorismo, os confieso que os echo de menos. Siento que se me han ido tantas oportunidades que apenas os he dejado compartir las cosas que podían unirnos. Ahora hago examen de conciencia y la balanza se inclina mucho más hacia el debe que hacia el haber. Estoy a punto de entrar en la década de los cincuenta años y todavía no sé si he dado la talla como padre o si me queda tiempo para hacerlo.

Muchas veces he pensado que aquello que hacía era algo imprescindible, vital, que yo sabía o podía hacer. Sin embargo, aparte del tic soberbio que este planteamiento comporta, comprendo ahora que estaba equivocado porque el trabajo, por importante que sea, siempre lo puede hacer otro. Sin embargo, en mi labor como padre nadie puede sustituirme. Nadie, aunque yo no viviera con vosotros, podría sustituirme. Sin lugar a dudas he sido demasiado egoísta al hacer recaer sobre mamá todo el peso de la casa y vuestro cuidado. Por eso ha llegado el tiempo de que me ocupe de mi labor como padre. No sé si seré capaz de hacerlo, pero merece la pena intentarlo. Todos los que, como yo, damos preferencia al trabajo y nos escudamos en él para no asumir otras responsabilidades, deberíamos reflexionar e iniciar el camino de vuelta a casa, deshacernos de la armadura oxidada y recuperar ese contacto íntimo que ofrece el hogar, ese calor único que se desprende de la armonía y la camaradería de una auténtica familia. Estoy convencido de que este reciclaje nos ayudará a afrontar el trabajo profesional con más ilusión. En definitiva, lo poco o mucho que podamos hacer lo es en función de que sea beneficioso para la sociedad. Me siento con energías renovadas para continuar, pero ahora contando con los tres y por supuesto con vuestra madre. Siempre existe una posibilidad. Como os he dicho muchas veces, es mejor ver el vaso medio lleno que medio vacío, porque, aun en la peor de las situaciones posibles, siempre habrá un punto de apoyo, una mano amiga, alguien en quien confiar, algo por lo que luchar. Aunque temporalmente tengas que aprender y recorrer horizontes nuevos.

Y diréis: ¿por qué nuestro padre, que siempre se comporta de forma optimista, apunta ahora algunos signos de pesimismo? La respuesta es sencilla: después de describir tantas calamidades, y de hacer durante los últimos años el mismo discurso, hay veces que casi estás a punto de tirar la toalla. Al recordar a John O'Neill me han venido a la mente otros muchos ejemplos que me hacen decir aquello de que siempre se marchan los mejores, aunque a veces prácticamente les echan a pesar de tener razón, o quizá se prescinda de ellos por ese motivo. Su trabajo no se valora hasta que su ausencia demuestra que eran casi imprescindibles. Pues bien, vuestro padre, sin ser ni mucho menos imprescindible, está en esa disposición en estos momentos. Pero quizá por ello es por lo que de nuevo vosotros me hacéis sacar fuerzas de flaqueza y continuar. No podéis imaginaros la dicha que siento cuando hablamos de estas o de cualesquiera otras cosas. Me gusta observaros cuando no os dais cuenta, me siento orgulloso de los tres y veo cómo poco a poco os vais formando. Me gusta vuestra independencia, me veo a mí mismo cuando creía que lo sabía todo y quería comerme el mundo, y me gusta que seáis personas solidarias, con sensibilidad por los problemas de los demás. Ahí radica nuestro éxito, en sentirnos y ser parte de los demás y en particular de sus problemas y tratar de solucionarlos. Es una forma de ser, y pienso que a estas alturas de la vida, al menos en mi caso, es muy difícil que cambie de filosofía. Y, además, no me apetece.

DEL MIEDO A LA ESPERANZA

Queridos María y Baltasar:

Un mundo sin miedo. ¿Es sólo una utopía? ¿Un sueño inalcanzable? Sinceramente pienso que es posible construir un mundo sin miedo o, mejor dicho, un mundo más justo. A lo largo de estas páginas he expuesto los peligros a los que nos enfrentamos. Y a pesar de que los enemigos son muchos, estoy seguro de que entre todos podemos cambiar la situación. Espero que a lo largo de este relato haya sido capaz de transmitiros mi pasión por el derecho, no sólo porque sea mi oficio, sino porque estoy convencido de que si aplicamos normas jurídicas justas lograremos que el mundo sea más seguro. Ése debería ser nuestro compromiso y nuestra meta.

Pero no empezamos de cero. Después de los crímenes y horrores cometidos en la Segunda Guerra Mundial se ha buscado un nuevo sistema de justicia internacional. Los procesos de Nuremberg y de Tokio fueron los precedentes de ese sistema. Sin embargo, la andadura de un tribunal penal internacional no ha sido fácil. En 1948, Naciones Unidas definió el término «genocidio» como crimen internacional que pretende la destrucción de una nación, etnia, religión o grupo racial. Dos años después, la Comisión de Legislación Internacional de la Asamblea General de la ONU se encargó de codificar los principios de Nuremberg y de preparar el estatuto preliminar de la Corte Penal Internacional. Sin embargo, los trabajos se paralizaron por la guerra fría hasta 1989. Ese año se reactivó la creación de ese tribunal y la propuesta de Trinidad y Tobago recibió más apoyo después de que terminara la guerra fría y tras el estallido de la guerra en la antigua Yugoslavia.

A partir de ese momento, los trabajos para la puesta en marcha de ese tribunal se aceleraron. En 1993, el Consejo de Seguridad de la ONU estableció tribunales para juzgar crímenes de genocidio, de lesa humanidad y de guerra cometidos en la antigua Yugoslavia y Ruanda. En 1994 se presentó la versión final del estatuto de la Corte Penal Internacional, que fue firmado el 17 de julio de 1998 en Roma por ciento treinta y nueve países y, a día de hoy, ha sido ratificado por noventa y cuatro, entre ellos España.

La jurisdicción de este nuevo tribunal no tiene más límites geográficos que los derivados de aquellos que comprenden los Estados parte o la extensión decidida fuera de éstos por el Consejo de Seguridad. También posee carácter permanente. No obstante, las normas de su Estatuto no son de aplicación retroactiva, ya que sólo podrá juzgar los crímenes que se hayan cometido a partir del 1 de julio de 2002. Enjuiciará conductas individuales y actuará en delitos de genocidio, incluidos los conflictos internos, lesa humanidad, que incluyen los de carácter sexual como la violación, los de esclavitud sexual, desaparición forzada y los de carácter racial como el apartheid. De momento no se ha alcanzado un acuerdo sobre actos terroristas, que sólo podrán ser enjuiciados por la Corte Penal Internacional si se catalogan como crímenes de lesa humanidad al amparo del artículo 7 del estatuto. Sería muy interesante, y demostraría la auténtica talla de los líderes mundiales, que éstos fueran capaces de alcanzar un acuerdo en este sentido y que las manifestaciones más graves de esta lacra internacional se incluyeran en su jurisdicción.

Los países miembros han elegido en votación secreta al fiscal. El tribunal está integrado por dieciocho magistrados que tienen un mandato de nueve años. Los procesos pueden ser instados por un Estado miembro, el fiscal o el Consejo de Seguridad de la ONU. Y sólo actuará cuando el Estado competente no lleve a cabo la investigación o cuando el tribunal considere que los procesos celebrados en los tribunales nacionales no han cumplido las garantías del derecho internacional o no han podido celebrarse. La Corte Penal Internacional no puede imponer la pena de muerte, pero sí prisiones perpetuas que, en el caso de España, no podrían rebasar los treinta años de prisión. La Corte Penal Internacional es un organismo independiente de las Naciones Unidas, complementario y subsidiario de los tribunales nacionales. Por ello, algunos países se han visto obligados a cambiar sus legislaciones nacionales para adecuarlas al Estatuto del tribunal.

Pues bien, esta iniciativa de paz ya ha sufrido su primera derrota por la actitud de Estados Unidos, que se ha negado a reconocer su jurisdicción. Rusia, China y la mayoría de los países árabes tampoco han ratificado el estatuto. Por el contrario, Estados Unidos ha suscrito varias decenas de acuerdos bilaterales para garantizar la inmunidad de sus ciudadanos y ha logrado que Naciones Unidas apruebe la resolución 1422, que protege a sus soldados de tal forma que no puedan ser juzgados por la Corte Penal Internacional. De este modo, la administración norteamericana protege dos de sus formas de defensa que podrían ser consideradas como un crimen de agresión: el bombardeo de países extranjeros y los embargos. Además, Estados Unidos alega que su Constitución es la norma suprema y que ningún otro reglamento puede estar por encima de su articulado. Los detractores de este nuevo sistema de justicia internacional en Estados Unidos critican que un acusado pueda ser juzgado dos veces por el mismo hecho –en el caso de que la Corte Penal Internacional considere que el juicio en su país no fue correcto– y que se proteja a los testigos que declaran contra los imputados por esos crímenes.

Desde mi punto de vista, la Corte Penal Internacional es una herramienta eficaz para establecer un orden mundial más justo para todos. Además, es un mecanismo necesario para poner fin a la impunidad que, de forma aislada, fue combatida en el proceso de Nuremberg, en los tribunales penales internacionales para los crímenes cometidos en la ex Yugoslavia (TPIEY) y Ruanda (TPIR), y en la actuación de la justicia española y británica contra el general chileno Augusto Pinochet y los militares argentinos y guatemaltecos, que fueron perseguidos por tribunales extranjeros al ser sus delitos definidos como crímenes internacionales.

Hasta que estas iniciativas tuvieron lugar, la impunidad más rampante fue la norma. Durante el siglo XX, más de ciento ochenta millones de personas murieron en guerras, genocidios y crímenes contra la humanidad. En ese período, veinticuatro millones de personas fallecieron por causas naturales, como huracanes u otras catástrofes. Queda claro que la fuerza destructora del ser humano es mucho más letal que la de la naturaleza.

Como requisito de credibilidad, la Corte Penal Internacional debe actuar con rapidez y eficacia, por ejemplo, en la investigación sobre las matanzas tribales del Congo. Esa celeridad dotará de credibilidad al organismo judicial. De lo contrario, puede dar la impresión de que se ha creado un macroorganismo con un procedimiento complejísimo que no sirve para nada. El perjuicio, por tanto, sería enorme, ya que desde la existencia de ese organismo se están reduciendo las legislaciones nacionales que reconocen el principio de justicia universal y se corre el riesgo de que el aparente avance contra la impunidad se convierta en un lastre para luchar contra ella.

La posición de Estados Unidos, y la claudicación de la

Unión Europea, que cedió a las exigencias de la administración de Bush de: «Yo ayudo, pero vosotros no me fiscalicéis», se ha traducido en una renuncia a ejercer todo tipo de control sobre Estados Unidos. La administración de ese país ha sembrado la semilla de la impunidad y la Unión Europea lo ha permitido. La desconfianza de la administración norteamericana hacia la Corte Penal Internacional no puede basarse más que en un desconocimiento profundo de la propia institución. También en criterios políticos que buscan el control de ese tribunal. Con esa actitud patrocinan, en cierto modo, la impunidad de las agresiones a los derechos humanos. De ahí que no resulte sorprendente que Estados Unidos afirme que la Corte Penal Internacional es un enemigo de la administración norteamericana, ya que amenaza su cruzada internacional contra el terrorismo. Esa posición ha sido aceptada por otros países, como la Gran Bretaña de Blair, la Italia de Berlusconi y la España del gobierno de José María Aznar.

Por eso pienso que debería exigirse a la administración de Bush, y al resto de los países que no lo han hecho, que se incorporen a la Corte Penal Internacional a cambio del apoyo que la comunidad internacional les presta para salir del callejón sin salida de sus injustas decisiones. Lo más probable es que las reticencias norteamericanas se basen en el miedo que sienten algunos responsables políticos de ese país por las posibles cuentas que deberían rendir por sus actuaciones en la guerra de Irak o en otros conflictos similares.

Defender la Corte Penal Internacional es una obligación

ética. Sobre todo después de la crisis abierta por la guerra de Irak. Tras los atentados del 11 de septiembre en Nueva York y Washington, la administración norteamericana ha optado por una política belicista para resolver la nueva amenaza del siglo XXI: el terrorismo internacional. Ubicada en un exacerbado concepto de seguridad nacional ha respondido a esos atentados con las armas. Sin embargo, el terrorismo no nació el 11-S. Desgraciadamente, era ya una realidad en muchos países, pero como consecuencia de aquellos atentados, se inició una guerra contra el terror brutal e ineficaz.

—¿Siempre ha sido así? —me pregunta mi hijo Baltasar.

—No. Sin embargo, ahora la administración norteamericana de George Bush sacrifica vidas y libertades bajo el paraguas de la defensa de los derechos humanos. Así ha pasado con la guerra de Irak, una guerra ilegal e injusta. No es demasiado difícil manipular a las colectividades a través de los medios de comunicación. Cuando el poder es hegemónico o pretende serlo, lo que no se dice o no se da como noticia, no existe. Por tanto, si una información se magnifica o se desnaturaliza, contamina a todas las demás, como ocurrió con las armas de destrucción masiva que supuestamente tenía el régimen de Sadam Husein y que justificaron el uso de la fuerza militar en ese país. No obstante, también se han producido y se siguen produciendo actitudes heroicas y claramente comprometidas con la legalidad. El mundo de la cultura, de las organizaciones humanitarias y de algunos medios de comunicación han demostrado que la resistencia frente al ejercicio despótico del poder es posible. Esta actitud ha hecho que la justicia reaccione también, aunque un poco tarde, para no permitir la consumación de espacios sin derecho, aunque todavía perduren los ejemplos de Guantánamo o el de miles de presos en Irak, en los que la práctica de la tortura está siendo denunciada, aunque justo es reconocer que en un principio y durante los dos primeros años el silencio fue la regla general. No hacía falta que surgieran las fotos de Abu Ghraib o los correos electrónicos de miembros del FBI sobre Guantánamo, para saber que el sistema elegido daba por hecho e incluso se basaba en la práctica de la tortura y en la permisividad del abuso.

—Papá —interrumpe María—, en algún texto he leído que las relaciones internacionales se han basado tradicionalmente en la seguridad de los estados que integran la comunidad internacional.

—Así es, María. Pero esta seguridad debe ser colectiva. Sin embargo, la administración de Bush ha entendido la seguridad desde una perspectiva unilateral que no sólo ha aplicado a su nación sino también a los países amigos y a los que estaban sometidos a su dirección política. Con este planteamiento ha desnaturalizado el concepto de seguridad que se recoge en la Carta de Naciones Unidas. Además, ha optado por la cultura del NO a cualquier forma de cooperación multilateral, de la que habla el profesor Ramiro Brotons: el NO al convenio de minas antipersona; al convenio de Kioto sobre control de emisión de gas; al convenio de prohibición de armas biológicas; al estatuto de la Corte

Penal Internacional; al protocolo para la verificación de la convención sobre prohibición de armas biológicas y a los protocolos de prohibición de la pena de muerte, siquiera para los menores de dieciocho años, en tiempos de guerra.

—¿No es más peligroso e incluso fundamentalista este sistema? —pregunta Baltasar.

—La defensa de este tipo concreto de seguridad exclusivista ha dado paso a una especie de club de élite política. Sólo los que pertenecían al club eran considerados países fieles y por tanto fiables, pero sin derecho a discrepar so pena de retirarles apoyo económico o militar. Tampoco ha importado que esos países vulneraran los derechos humanos o que fueran regímenes autoritarios en los que la corrupción campaba a sus anchas. Así ha ocurrido, por ejemplo, en Pakistán o los países del golfo Pérsico.

—Entonces —aventura María—, esa política de falsa seguridad individual patrocinada por la administración de Bush tiene efectos todavía más perversos para sus ciudadanos a medio o largo plazo.

—Así es. Debido a la amenaza constante, por parte de los que dirigen el país, de la posible existencia de atentados terroristas, la mayoría de ellos inexistentes, incluso en la mente de los responsables de las organizaciones de ese signo, los ciudadanos han vivido coaccionados, asustados y en cierta forma sumisos. Aunque la jugada ha sido descubierta después de los informes del Congreso y del Senado sobre la ausencia de armas de destrucción masiva en Irak, los efectos ya se habían producido. Los ciudadanos, en vez de tomar buena cuenta y actuar en consecuencia, han consentido y aceptado que, nuevamente, se consume la gran mentira. En gran medida estoy convencido de que miles e incluso millones de norteamericanos fueron a votar el 2 de noviembre de 2004 movidos por el miedo a la amenaza terrorista propalada adecuada y certeramente por el equipo electoral republicano que, dicho sea de paso, lo ha hecho a la perfección para sus intereses. Ha conseguido anular en la mente de los electores todas las transgresiones cometidas por la administración contra el derecho internacional, la ausencia de armas de destrucción masiva, la situación generada en Irak y la desorganización mundial en el combate contra el terrorismo. Y para concluir y consumar el pánico escénico al cambio político que se pedía, la aparición de Osama Bin Laden en la televisión los días antes de la elección sirvió para retroalimentar la situación de miedo injustificado y de colofón a un discurso en el que la hiperseguridad y el fundamentalismo religioso se han impuesto sobre todos los demás valores.

—Y, si esto es así —pregunta Baltasar—, ¿qué se puede hacer?

—Frente a este caos, el ciudadano se queda sin posibilidad de reaccionar. Se genera así una sociedad cobarde, conformista y dispuesta a aceptar cualquier propuesta o imposición que se le haga. Sólo de esta forma se puede entender que, bajo la excusa de los atentados terroristas del

11 de septiembre, se permitan y se patrocinen políticas claramente represivas y retrógradas de los derechos fundamentales de los ciudadanos, que éstos aceptan para evitar la «inseguridad» en la que se encuentran. Posteriormente, cuando, poco a poco, se vayan restaurando esas garantías, se presentará como una conquista lo que ya estaba acrisolado en el anterior sistema de derechos. Por tanto, lo que podemos hacer es denunciar esta situación. Los ciudadanos estadounidenses no están ni más ni menos seguros que antes. La descoordinación de los servicios de inteligencia de las diferentes agencias y de las instituciones era algo tan evidente que debería haber dado lugar a las máximas responsabilidades. La descoordinación no ha sido consecuencia de los ataques terroristas, pero esos ataques se han podido perpetrar por esa falta de coordinación. Así lo ha visto claramente la comisión mixta del Congreso y del Senado sobre el 11-S, tal y como se comprueba en su demoledor informe.

—Eso quiere decir —propone María— que son precisas nuevas normas.

—No necesariamente. En todo caso, se debe establecer por qué fallaron todos los dispositivos y por qué causas se desatendieron las alarmas y advertencias que indicaban que esos ataques u otros similares podían producirse.

—Pero combatir el terrorismo es sumamente complejo y pueden darse fallos —afirma Baltasar.

—¡Balti!, para combatir cualquier fenómeno no sólo se precisa hacer frente a los efectos, sino, lo que es más esencial, tratar de identificar y erradicar las causas. A veces esto será casi imposible por el grado de penetración de ese fenómeno en la vida y costumbres de una sociedad, por ejemplo, con el cultivo y comercialización de sustancias estupefacientes. Pero resulta imprescindible la identificación de las raíces del fenómeno para tratar de paliar su incidencia.

—¡Pero, papá, con leyes como la Patriot Act la seguridad de los estadounidenses es mayor!

—Radicalmente no, Baltasar. Eso es lo que las autoridades estadounidenses dicen. Sin embargo, lo cierto es que, o se han desvelado ineficaces, o, como en el caso de Guantánamo con los denominados enemigos no combatientes talibanes, son contrarias al derecho internacional y a los derechos humanos. En este sentido el Comité de Justicia de la Cámara de los Lores británica ha declarado nula la legislación que al modo norteamericano restringía los derechos de los detenidos en diciembre de 2004. Poco a poco la justicia va situando las cosas en su sitio. De las más de mil personas inicialmente detenidas en aquella base militar, sólo quedan 580 y únicamente a catorce se les ha iniciado un simulacro de juicio que se desarrolla ante una comisión que puede imponer cadena perpetua o decretar la pena de muerte, sin posibilidad de recurso ante la justicia ordinaria y sin tener acceso a todas las pruebas. Sólo el presidente tiene la posibilidad de decidir. Incluso si hubiera absolución, dependerá de él ponerles o no en libertad. ¿Esto es justicia? ¿Acaso es respetar los derechos humanos de los acusados? Evidentemente, no. Más bien parece una farsa.

—Sí, papá, pero esa situación ya ha cesado, al menos en parte, a partir de junio de 2004 —interviene María.

—¡Afortunadamente! Aunque deja un sabor agridulce, ya que el Tribunal Supremo de Estados Unidos ha ratificado los principios que formaban parte de nuestro acervo cultural, jurídico y político democrático: el derecho a la tutela judicial efectiva por parte de los tribunales. Aunque rápidamente la administración ha inventado los Tribunales de Revisión del Estatuto de Combatiente Enemigo, de carácter administrativo, para compensar la posible acción de los jueces federales contra la administración al estimar los hábeas corpus. De esta forma, se trata de evitar los principios básicos de igualdad de armas en el proceso y aburrir a cualquier organismo o persona que intente litigar de nuevo para conseguir que tal postura triunfe. Con esta actuación oficial se consiguen dos efectos: que los detenidos puedan seguir siéndolo y que las reclamaciones tengan que dilucidarse en el marco interno de la autoridad militar y con limitaciones graves de defensa por parte de los ciudadanos afectados.

—Dices —apunta Baltasar— que esta legislación es ineficaz, pero se han producido muchas detenciones, dentro y fuera de Estados Unidos, y el mundo parece más seguro. En Irak ya existe un nuevo gobierno iraquí.

—No, hijo, sinceramente no creo que el mundo y Estados Unidos sean más seguros tras las acciones bélicas del ejército norteamericano contra un país derrotado de antemano como Irak, y al que ahora se le ha sembrado de organizaciones terroristas y de muertes, por ejemplo en Faluya en los últimos ataques contra los insurgentes, o porque se recluyeran en Guantánamo a más de mil personas. Es evidente que un Estado de derecho no debe caer en la arbitrariedad porque entonces deja de proteger a los ciudadanos, que, sin esas garantías, podrían verse en cualquier momento acusados o detenidos, como sucedió, a finales del verano de 2004, en Estados Unidos con un ciudadano de rasgos árabes. A un policía le pareció sospechoso que estuviera filmando un edificio de una entidad bancaria y fue detenido sin posibilidad de defenderse.

—¿Puedes explicarme un poco más lo que quieres decir, papá? —pregunta Baltasar.

—Los demás países, principalmente los europeos, han decidido hacer frente a la amenaza terrorista desde la legalidad mediante medidas legislativas, políticas, diplomáticas, policiales y judiciales. Sin embargo, el resultado no es óptimo por la falta de compatibilidad del sistema de guerra estadounidense con el sistema de paz del resto del mundo. La cuestión se centra entonces en acercar los dos modelos.

—Papá —insiste María—, ¿en algún caso podría estar justificada la acción militar estadounidense si se considera que ha respondido a un ataque previo?

—Es un tema delicado. Si aceptamos ese planteamiento, Estados Unidos pasaría de ser agresor a agredido. Sin embargo, no es así. No lo fue en Afganistán a pesar de que el Consejo de Seguridad de la ONU reconoció a Estados

Unidos el derecho a atacar ese país, ni mucho menos en Irak, en el que expresamente lo denegó. Sólo una interpretación parcial y arbitraria de la resolución 1441 del Consejo de Seguridad permitió la invasión ilegal de Irak. Nuestra obligación, como profesionales del derecho, pero esencialmente como miembros de esa comunidad internacional, debe consistir en proclamar de todas las formas posibles lo erróneo y falso de esta postura de la administración estadounidense, que dividió el mundo en buenos y malos, según le interesaba. Y que fue fruto de una especie de desconfianza hacia todo lo externo. De esta forma ha convertido al pueblo americano, al que dice defender, en el objetivo internacional de los terroristas reales o supuestos.

Sin embargo, no debemos perder la esperanza. Como tú dices, María, todos sabemos lo que ha pasado. El «no a la guerra» no fue sólo un grito para intentar detener una guerra ya inevitable, sino una filosofía de vida. Una apuesta definitiva por la legalidad. Ese movimiento sigue vivo. La sociedad empieza a despertarse y a exigir a los políticos que cumplan lo que nos prometen. Recuerda la comparecencia-denuncia de las víctimas del 11-M ante la Comisión del Congreso en España. Lo cierto es que sólo si se aplica la legalidad internacional se puede construir un futuro más justo, porque realmente no hay verdadera paz sin justicia.

—¿La revolución por la paz? —dice María.

—Sí, hija, una revolución por la paz que enarbole como banderas la tolerancia y la solidaridad. Ése será un mundo sin miedo construido desde el derecho y por el derecho, al que tanto vosotros como yo, y como la inmensa mayoría de los humanos, aspiramos. Si la libertad es la sustancia a la que la moral da forma, tal y como lo proclamó Kant, la paz no debe quedarse en una idea pura, sino convertirse en una obligación y una esperanza. Las terribles matanzas, genocidios y crímenes contra la humanidad, así como los ataques terroristas, junto con la posibilidad de una guerra preventiva, y ya hecha realidad, han sacudido nuestra conciencia. La rebelión democrática desde la sociedad y la lucha por la libertad es una obligación para cualquier pueblo. Ése fue el mensaje final de José Saramago, premio Nobel de Literatura, en el manifiesto de la protesta contra la guerra convocada en Madrid el 15 de marzo de 2003: no hay ninguna exageración en decir que la opinión pública mundial contra la guerra se ha convertido en una potencia con la cual el poder tiene que contar.

»También fue el mensaje que leíste conmigo en la Puerta de Alcalá un mes más tarde. En aquella ocasión nos preguntábamos dónde estaba la paz después de los partes de guerra, de las bombas y las matanzas. Y contestábamos que estaba entre todos los que habíamos gritado "No a la guerra" en las decenas de manifestaciones que se habían celebrado a lo largo del mundo. Ya advertimos entonces que la revolución por la paz había comenzado y que nadie la iba a acallar. El no a la guerra, añadimos, se había convertido en un grito de paz frente a los que matan u ordenan matar. María, quiero que recuerdes también que en ese acto exigimos responsabilidades para los culpables de esos hechos y nos comprometimos a luchar por la paz, a ser solidarios con los que sufren y a combatir la guerra y la corrupción.

»Oírte pronunciar ese discurso junto a mí y ante miles de personas me conmovió. Fue un orgullo para mí acompañarte, aunque sabía que mi participación en ese acto iba a tener consecuencias. El Consejo General del Poder Judicial ya había intentado buscarme las vueltas por haber criticado el apoyo del entonces presidente del gobierno José María Aznar a la guerra de Irak, en un artículo publicado en un medio de comunicación. Entonces las cosas fueron un poco más lejos, pero al final no se me expedientó, aunque aún pago las consecuencias. El PP no me ha perdonado mi posición crítica con su política de gobierno y ya me ha castigado cuando pedí la plaza de presidente de la Sala de lo Penal de la Audiencia Nacional. Creo que algunos, desde dentro, están intentando lastrar la administración de justicia en forma grave. Quien tendría que defenderla la ataca.

»Pero volvamos a este nuevo movimiento social. La revolución por la paz surge en todo el mundo sin distinción de razas, sexos o religiones. La información y el conocimiento nos han hecho más valientes o, al menos, más decididos y más libres para decirles a los que nos gobiernan que frente a temas esenciales no pueden utilizar el aval electoral como un cheque en blanco, porque ello constituye una verdadera violación de las reglas democráticas.

»La gran diferencia entre esta actitud nueva y revolucionaria, de la que nosotros y todos los que quieran sumarse forman parte, de otras anteriores, en las que también se protestó en contra de la guerra y se gritó a favor de la paz, es que esas manifestaciones siempre se hicieron a posteriori, después de que la confrontación se hubiera iniciado. Sin embargo, en esta ocasión el clamor por la paz fue anterior a los ataques. La guerra en estas condiciones nació moralmente derrotada y los que la defendieron perdieron la credibilidad y el respeto de los ciudadanos y la legitimidad que obtuvieron en las urnas.

»Entre todos hemos demostrado que la sociedad está viva y exige un cambio en el modelo político de participación, una mayor presencia en las decisiones que tomen las instituciones. Asimismo, los ciudadanos reclaman a los políticos una visión mucho más completa de la paz como valor integral. Esta revolución por la paz ha saltado a la calle, a los periódicos, a internet. Se ha aliado en íntima complicidad con el lado positivo de la globalización. A pesar de los momentos tan graves que estamos viviendo no podemos perder el derecho a la esperanza, la libertad y la paz, como valores integradores del ser humano y superar la frustración anterior. Debemos, en definitiva, pasar del miedo a la esperanza.

—Yo creo, papá, que la comunidad internacional necesita un líder —afirma María.

—No creo que nadie discuta que el liderazgo mundial debe existir, ante la complejidad de los intereses políticos, económicos y sociales, pero ese liderazgo, en el ámbito político, debería desempeñarlo, no Estados Unidos sino la ONU, y dentro de ésta, y por tanto dentro de la legalidad internacional, no existiría inconveniente en que Estados Unidos desempeñara un papel relevante, con una política integradora, dialogante y abierta a la negociación y a compromisos en foros internacionales y multilaterales. Alguna vez se debe y se tiene que optar por un espíritu realmente internacionalista y equilibrado del mundo. Ése es el gran desafío, constituir una paz justa y equitativa, una paz integral que se imponga a los intereses económicos y estratégicos que corroen a los ciudadanos del mundo. Quizá éstos deban también asumir esa labor de liderazgo.

»El mundo necesita una dirección plural y colegiada, hoy día representada por la Organización de Naciones Unidas. Pero de una ONU renovada, ágil, libre del anquilosamiento burocrático que le ha impedido actuar con eficacia a lo largo de muchos años. No debemos olvidar que la concepción hegemónica del mundo que hoy despliega la administración de Bush parte de un principio inaceptable de superioridad que quebranta el de igualdad entre estados soberanos que voluntariamente integran esa comunidad internacional.

Mientras esa revolución por la paz se materializa, algunas comunidades, como los indígenas de Chiapas, México, son víctimas de vejaciones, explotaciones y violaciones constantes a sus derechos humanos. Mi interés por los problemas de las comunidades indígenas es ya antiguo y hago todo aquello que puedo hacer en su defensa, apoyo y desarrollo en distintos países de Latinoamérica (Colombia, Bolivia, Ecuador).

En especial, México es un país por el que siento un gran afecto. Guardo una genuina admiración por la dignidad y la calidez de sus habitantes y por la riqueza de su cultura. Me asombra el esplendor de sus paisajes y la fuerza del carácter de los mexicanos, hacia quienes tengo un especial cariño. He viajado a Chiapas en varias ocasiones, no sólo por motivos de trabajo sino por el afán de conocer ese extenso territorio selvático con escenarios paradisíacos, en el que coexisten varias culturas y se confrontan tradición y modernidad, y en especial para comprender el fenómeno indigenista en una zona en la que los indígenas chiapanecos han conservado de forma más acentuada que otros sus costumbres, así como las razones por las que manifiestan una firme renuncia a integrarse en el proceso de desarrollo de la República. Esta tensión entre aislamiento e integración de una cultura autóctona con una modernización globalizada se convirtió en un pretexto idóneo para propiciar luchas de distinto signo que han puesto en riesgo los derechos políticos y sociales de las etnias y han producido acciones al margen de la ley, en ocasiones muy próximas a las acciones terroristas.

El 1 de enero de 1994 hizo su aparición pública el Ejército Zapatista de Liberación Nacional (EZLN). Con frecuencia se ha afirmado que la rebelión zapatista no estuvo originada por la ancestral miseria de su población. Es decir, no se levantaron en armas por ser pobres sino porque Chiapas, y en particular las regiones indígenas, eran escenarios de luchas por la tierra, el transporte, los servicios y la producción. Esas demandas sirvieron como catalizadores para el surgimiento de organizaciones indígenas y campesinas que se autodefinían como independientes para diferenciarse de las oficiales.

Además, los indígenas chiapanecos recibieron el influjo de las más variadas y diversas corrientes de la izquierda mexicana, de la teología de la liberación, de la revolución centroamericana, particularmente de la guatemalteca, aunque por supuesto el detonante principal fue la política represiva, recurrente, institucionalizada y legalizada por los gobiernos locales en las últimas tres décadas del siglo XX.

Pero, además, el EZLN se nutrió, en lo que fue su primera gran metamorfosis, de la experiencia milenaria de resistencia y de lucha de los pueblos indios de la región. Por ello, pese al descalabro que sufrió la izquierda con la caída del muro de Berlín y la desaparición de la Unión Soviética, el EZLN creció e integró a aquellos que se sintieron ideológicamente huérfanos.

Es innegable que en las últimas tres décadas los pueblos indígenas han experimentado un rico florecimiento en sus expresiones culturales, artísticas, educativas, políticas, económicas y lingüísticas que le han dado un papel cada vez más protagonista en la sociedad mexicana. Chiapas es, también en este sentido, el principal bastión de ese renacimiento cultural que contribuyó a la construcción y el fortalecimiento de una identidad a partir de la etnicidad. Éste es otro elemento objetivo que alimentó las condiciones para el surgimiento, la consolidación, la expansión y la aparición pública del EZLN. Aunque se transformó, tras nueve días de combate, en un movimiento social y político que intenta –como grupo de presión– incidir en la vida nacional a través de acciones políticas y mediáticas.

El influjo del EZLN en la vida política nacional mexicana es evidente. Aceleró el proceso de democratización del país al obligar al Estado mexicano a reformas electorales más profundas, que establecieron condiciones favorables a la competencia de partidos. La derrota del PRI en las elecciones de 2000 no puede explicarse sin el papel que desempeñó el EZLN desde su aparición en 1994. Otra cosa es que la alternancia se haya reducido a un simple cambio de la persona que ocupa la presidencia y no se haya constituido en una verdadera transición de la democracia o al menos de la profundidad que se preveía y deseaba. El triunfo electoral, ya recurrente, del PRD en el Distrito Federal, en donde habita el grueso de los contingentes movilizados en torno de los zapatistas, tampoco escapa al influjo de éstos.

Los zapatistas consiguieron la reactivación del movimiento social y motivaron el surgimiento de nuevas tendencias en él. Los estudiantes, los sin tierra y sin techo, los obreros, pero sobre todo los ciudadanos, despertaron ante la hazaña de los indios de Chiapas y su peculiar portavoz. Las luchas en defensa del petróleo y la electricidad, de la educación pública, contra la globalización, en fin, contra toda expresión del neoliberalismo han tenido algún grado de articulación o inspiración en los planteamientos de los que se rebelaron en Chiapas.

Pero lo que verdaderamente ha trascendido es que los zapatistas han puesto en la agenda nacional el tema de los derechos de los pueblos indígenas (indios). Un asunto olvidado, visto sólo de reojo por la clase política mexicana, es ahora el «paraguas» de la política nacional. Es más, la paz social y política depende en gran medida de la solución que el gobierno federal, la clase política y la sociedad mexicana en su conjunto construyan para el presente y el futuro de los pueblos originarios.

Los zapatistas del EZLN vinieron a darle un nuevo aire a la desorientada izquierda mexicana. Su discurso innovador, su rechazo del poder formal, la reivindicación de lo ético y lo moral en la política, la construcción del poder desde abajo, el principio de mandar obedeciendo, de servicio (para todos todo) le devolvieron a la izquierda su sentido, su identidad y su esencia que ahora se ve amenazada por un exceso de populismo en el centro político mexicano (el Distrito Federal). Los caminos son diversos, las diferencias no son necesariamente fuente de antagonismos. En esas virtudes –la diversidad y la diferencia– radica pues la nueva fuerza de la izquierda en México. Ese nuevo modo de mirarlas es un influjo del EZLN, que, dicho sea de paso, debería ser hoy una opción exclusivamente política; en esta dinámica no debe cometer el error de asociarse o apoyar opciones terroristas que están fuera de toda legalidad y justicia, como ETA.

En diciembre de 2002, en una acción que fue calificada por todos de desesperada, el subcomandante Marcos escribió un comunicado en el que justificaba el terrorismo de ETA después de despreciar a las autoridades españolas y a las víctimas del terrorismo. Marcos formalizó una propuesta: que el grupo separatista ETA declarara una tregua unilateral de 177 días y que participara en el encuentro convocado por él bajo el nombre de «El País Vasco: caminos». ETA manifestó, el 1 de enero de 2003, «serias dudas sobre la verdadera intención de la propuesta de diálogo». La organización terrorista consideró la convocatoria del subcomandante Marcos como «una maniobra desesperada para atraer la atención internacional», al instrumentalizar la causa vasca, y calificó la forma de presentarla como una falta de respeto al pueblo vasco, por otra parte similar al que esta organización terrorista despliega.

El 24 de febrero de 2003, ante la falta de respuesta de ETA, el subcomandante Marcos escribió un largo texto en el que, entre otros asuntos, ofrecía una explicación sobre los antecedentes de su propuesta y anunciaba que, ante el fracaso de su iniciativa, los zapatistas no asistirían al encuentro con ETA y concluyó el debate con una disculpa a todos los vascos a los que pudo lastimar: «Nuestras palabras (o nuestro modo, como decimos nosotros), en lugar de convocar, hirieron a muchas personas honestas y nobles en el País Vasco. Aunque no fue nunca nuestra intención, eso ocurrió. Lo lamentamos de veras».

En esta contienda también participé, no tanto porque el líder guerrillero centrara en mí sus esfuerzos y ataques sino en defensa de la dignidad de las víctimas que han sucumbido ante la acción del terrorismo de ETA. Por eso le hice llegar el siguiente mensaje, a través de una carta pública: «Quizá usted no lo sepa o no le hayan informado bien sus amigos, o no haya oído o leído todas las noticias o textos que debería, pero los verdaderos héroes que existen en el País Vasco y los verdaderos rebeldes no son los terroristas que usted defiende sino sus víctimas, los hombres y mujeres que tratan de defender una opción democrática, consolidar las instituciones, desarrollar una libre cátedra o trabajar sin temor a sufrir extorsiones y persecuciones. Aquellos a los que usted eufemísticamente llama rebeldes vascos son seres sumisamente vinculados a la estrategia de la violencia más injusta y demencial que existe en Europa».

En la actualidad las posiciones sobre el EZLN y sus planteamientos están muy polarizadas. Algunos, como Reyes Heroles, los consideran una organización de caudillos, no democrática, que no cree en los derechos individuales sino en perpetuar formas autoritarias; que es profundamente intolerante con la diversidad, incluida la religiosa; que no quiere democratizar al Estado sino acabar con él, y que defiende la vía violenta.

Sin embargo, en los últimos tiempos el EZLN ha vuelto a enviar mensajes de su vocación política y pacifista. La creación de las Juntas de Buen Gobierno, acompañada de la autocrítica sobre el funcionamiento de los municipios autónomos, es el mejor ejemplo de la actividad política del zapatismo y su permanente búsqueda por mantener la iniciativa en un escenario político nacional donde la correlación de fuerzas no le es favorable. Es, además, una medida tendente a la consolidación de los municipios autónomos y a una separación mayor de estas instancias civiles de la estructura político militar. En este sentido, los municipios serán en adelante más autónomos frente al EZLN e instrumentos de solución de las contradicciones con los no zapatistas.

No obstante, los riesgos y los retos para el EZLN están justamente en la puesta en práctica de los municipios autónomos y ahora en las Juntas de Buen Gobierno. Aquí camina en el filo de la navaja. No puede olvidar que en la construcción de las autonomías no son los únicos y que la libre determinación no es exclusiva de los pueblos originarios.

Por otro lado, los zapatistas y sus simpatizantes no deben ignorar que en los pueblos indios la toma de decisiones autónomas es inherente a su cultura, ya que ha sido forjada a lo largo de los últimos cinco siglos de resistencia. También que la obligación de cooperar con trabajo en la construcción de obras de uso colectivo es una tradición milenaria. Y que los cargos religiosos, políticos o sociales o para otras actividades son parte de una misma tradición comunitarista. Es aquí donde el zapatismo debe hilar fino para evitar que su lucha autonómica vulnere la vida comunitaria y que la reinvención de la tradición –de los sistemas normativos– que promueve construya nuevas formas de convivencia comunitaria, que respete la tolerancia, la diversidad y los derechos humanos.

En agosto de 2003 estaba en Chiapas cuando se hizo el anuncio «oficial» de la constitución de las Juntas de Buen Gobierno. Al principio me mostré un poco escéptico con esta iniciativa, pero ahora pienso que las Juntas de Buen Gobierno y los municipios autónomos pueden ser modelos de democracia comunitaria, y que en condiciones de paz podrán llegar al grueso de las comunidades y pueblos de Chiapas. El riesgo es que la vocación autoritaria y el militarismo que caracteriza a las organizaciones político militares den al traste con la intención zapatista. Entonces la puesta en práctica de la autonomía abriría un nuevo capítulo de confrontación comunitaria. Ése es el mayor reto del EZLN.

No obstante, considero el fenómeno zapatista digno de tener en cuenta, ya que a través de sus propuestas puede encontrar una vía de desarrollo real, integral y respetuosa con los derechos de las comunidades o nacionalidades indígenas.

No olvidemos que estamos hablando de unos cuarenta millones de amerindios en toda Latinoamérica que están distribuidos en unos cuatrocientos grupos étnicos diferentes, de los cuales el 80 por ciento vive en condiciones de extrema pobreza. Según el Banco Interamericano de Desarrollo, el 25 por ciento de la pobreza en países como Bolivia, Perú, Brasil o Guatemala se debe exclusivamente a razones de raza y de origen étnico. Esta dramática realidad ha sido el resultado de las políticas indigenistas que han prescindido, como elemento esencial, del propio indígena, de su modo de vida y de su gobierno a través de sus instituciones tradicionales, tratando de imponerles modelos que anulan su propia identidad.

Nunca he estado en Ciudad Juárez. Pero eso no significa que, desde hace tiempo, cada asesinato, cada tortura, cada agresión sexual, cada desaparición de mujeres, no me duela hasta en lo más íntimo, por el hecho en sí, como jurista y juez, pero sobre todo por la inactividad que durante tanto tiempo han mantenido las autoridades competentes del estado de Chihuaha, tanto policiales como políticas o judiciales, en la investigación y persecución de estos horrendos crímenes que desde hace más de diez años se vienen cometiendo en aquella ciudad y que tienen el elemento común de la violencia contra las mujeres, actividad que en México resulta particularmente ominosa por lo que supone de agravio machista contra la mujer, a la que muchos todavía consideran un ser humano de segundo orden y en todo caso hecha para servir al macho.

Desgraciadamente, éste no es sólo un fenómeno español ni mexicano, sino que se extiende, con mayor o menor intensidad, a lo largo y ancho de todo el mundo.

No hace mucho hablaba con mi hijo Baltasar sobre diferentes aspectos de la justicia y sobre las virtudes que deben adornar a un juez, y entre los diferentes aspectos surgió el tema de la actitud despectiva que los jueces tradicionalmente habían dispensado a la violencia del hombre sobre la mujer por el hecho de serlo.

Vuelvo a retomar ahora el tema, después de haber releído múltiples informes de diferentes organismos sobre el fenómeno criminal de los homicidios de Ciudad Juárez, y en especial el que fue elaborado en noviembre de 2003 por la Comisión de Expertos Internacionales de la ONU y su oficina contra la Droga y el Delito, y me doy cuenta del camino que queda por recorrer.

El informe de Naciones Unidas sobre los crímenes de Ciudad Juárez (en cuyo número no se ponen de acuerdo las organizaciones, ya que esta misión habla de 328 mujeres asesinadas entre 1993-2003; de los que 86 homicidios lo han sido con violencia sexual; Amnistía Internacional da la cifra de 360 homicidios de mujeres en el mismo período, de los cuales, al menos 126 presentaron signos de violencia sexual) hace hincapié en la falta de reacción adecuada ante los crímenes, especialmente en los primeros años, unido a la presencia en Ciudad Juárez de grupos criminales organizados muy poderosos.

Para mí éste es el punto neurálgico de la cuestión: el crimen organizado. Es cierto que los anteriores encargados de las investigaciones han dicho que no existe una cadencia serial en los asesinatos (homicidios dolosos, en México), por lo que el crimen de este tipo se ha descartado. Ello no empece para que la actividad violenta de la que estamos hablando sea una parcela más de las acciones desarrolladas por organizaciones criminales dedicadas al narcotráfico, la prostitución, el tráfico de personas (no olvidemos que nos hallamos en una zona fronteriza), sin perjuicio de que puedan existir otros motivos. La crudeza y la brutalidad con la que se han producido y producen las muertes de estas 328-360 mujeres en Ciudad Juárez, a las que habría que añadir las que se han producido en 2004; la sistematicidad de las agresiones, y su impunidad, apuntan la realidad nada desdeñable de que estamos en presencia de una actividad criminal organizada, no necesariamente como un objetivo criminal definido, sino añadido a los de cualesquiera organizaciones que actúan en la zona y que acuden a este tipo de acciones macabras por razones varias.

Por otra parte, no debería desdeñarse tampoco la investigación sobre la posible asociación delictiva creada de forma permanente o transitoria para la comisión de estos crímenes; como tampoco puede ni debe prescindirse de la investigación del entorno económico en el que se han producido las muertes; las maquiladoras en las que trabajaban; las relaciones que tenían; quién podía estar interesado en su desaparición, a quién beneficiaba, etc.

Toda actividad necesita unos fondos y un método con los que financiarse para comprar voluntades, pagar favores y sicarios, así como conseguir silencios y sobre todo para desarrollar la actividad criminal. Por tanto, debería cubrirse ese frente en la investigación.

Acabar con la corrupción que ha rodeado a todas estas investigaciones y que va desde las corruptelas judiciales a base de omisiones, desidia y equivocaciones flagrantes, hasta los sobornos o pagos que hayan podido recibir los funcionarios policiales investigadores o aquellos que tienen que decidir; acabar con esa corrupción, digo, es tarea ardua debido a la penetración que en el sistema policial y judicial desarrolla el crimen organizado y que articula toda una trama de favores, prebendas y deudas que impiden la investigación de cualquier asunto que tenga relevancia jurídico-penal complicada. Es decir, todo aquel que se salga de la individualidad o de la «normalidad» delictiva aceptada.

A otro nivel, esta historia, con otros protagonistas y otros hechos, se vive y se ha vivido en otras ciudades y lugares del mundo en los cuales se ha podido organizar una respuesta que ha reducido la criminalidad típica de la zona (Palermo, en Italia, Galicia, en España) o que todavía no se ha podido conseguir (Ciudad Juárez, Río de Janeiro) o no se ha querido afrontar (Ciudad del Este, en Paraguay). En cualquier caso, el ejemplo es el de la primera. Allí, y ya lo he comentado en este libro, fue posible superar el miedo de la sociedad frente a los criminales. Aquí y ahora yo creo que también, porque la atención de todos está sobre Ciudad Juárez, con lo que el tiempo de la mentira y del silencio ha terminado. Ahora las víctimas claman justicia, y parte de esas víctimas somos todos.

Algo así le dije al señor presidente de la República, Vicente Fox, en presencia del fiscal general, señor Macedo de la Concha, el secretario de Gobernación, Santiago Creel, y el secretario de Presidencia, en julio de 2003, a quienes ciertamente vi muy preocupados por la situación que se estaba viviendo. Ahora, un año y medio después, sería el momento de que demostraran que se han tomado todas las medidas necesarias para que, como dice el ombudsman mexicano, no haya ni una muerte más en Ciudad Juárez, y yo suscribo este deseo. Pero para ello es necesario unir todos los esfuerzos; coordinar todas las actividades; cambiar de actitud frente a la violencia contra la mujer; perseguir con especial dureza los crímenes sexuales; garantizar la igualdad de género; desarrollar una política de seguridad amplia en la zona, que haga imposible la actividad de esas organizaciones criminales; sancionar con gravedad máxima los comportamientos corruptos y la tortura; facilitar los medios personales y materiales necesarios; cambiar el sistema procesal de investigación y enjuiciamiento; garantizar la independencia judicial; revisar las condiciones de vida laboral de las mujeres en las maquiladoras; garantizar la investigación económica con la que se financian estas actividades, etc. La tarea es difícil, pero ya se ha perdido demasiado tiempo en iniciarla.

En aquella reunión con Vicente Fox y su equipo volví a plantearle mi inquietud por la falta de ratificación del estatuto de la Corte Penal Internacional por México y me contestó que el tema seguía detenido en poder de los legisladores por cuestiones ya conocidas y porque debía estudiarse si es precisa una modificación constitucional. Pero la decisión sigue dilatándose incomprensiblemente, en especial después de que se hayan iniciado acciones penales contra los crímenes de los años setenta, entre ellos, la matanza de Tlatelolco, que desvelan la intención de que la impunidad no sea una norma absoluta en México. En la actualidad parece que la situación se ha desbloqueado. Por último, le di las gracias, como ciudadano español, por la actitud valiente, honesta y de defensa de los valores básicos que deben gobernar la comunidad internacional, en el área de la guerra de Irak, y en especial por la firme actuación en el Consejo de Seguridad de México a través del embajador Adolfo Aguilar Zinser, y que no hubiera cedido a ningún tipo de presiones, incluidas las del presidente del gobierno español. Me dio las más sinceras gracias.

Eran y son tiempos de defensa de los derechos humanos y de denuncia de sus violaciones, no sólo en México sino en cualquier país del mundo; los tiempos de decir la verdad al poder; de la justicia independiente; de la justicia universal para recomponer la cuerda rota y que une el ejercicio democrático del poder con los ciudadanos superando el ejercicio tradicional del poder a base de favores y prebendas. En definitiva, era y es tiempo de conjugar en un mismo tiempo verbal libertad, seguridad y paz; y en el que la indiferencia sea equivalente a exigencia de responsabilidad; y el tiempo, en fin, de otorgar a las víctimas, sin más adjetivaciones, el lugar que les corresponde en un Estado de derecho.

Ese mismo Estado de derecho que regula las relaciones entre países y entre los jueces para hacer más efectiva la respuesta que los ciudadanos exigen frente al crimen organizado, el tráfico de narcóticos, las muertas de Ciudad Juárez, el terrorismo, etc. Eran y son los tiempos de la cooperación para evitar que los criminales busquen refugio seguro en ningún lugar.

Es el tiempo, en definitiva, de hacer compatibles los principios de soberanía y de jurisdicción, y eliminar los componentes políticos cuando se trata de perseguir un crimen. Y, sobre todo, es el tiempo de tener muy clara la protección jurídica que se quiere ofrecer al ciudadano, no dejándose engañar por falsos planteamientos contrarios a la unión frente a las amenazas comunes.

Este último verano, mi hijo Baltasar me dijo, compungido y con el dolor a flor de piel ante las noticias de un atentado suicida en Beersheva, cerca del kibbutz en el que estuvo trabajando en el verano de 2000:

—Papá, es terrible e inaceptable lo que sucede en Israel. ¿Es que no existe nadie que pueda...?

—Hijo, tú no puedes evitarlo, aquello es una locura.

—Pero, papá, no es justo que la gente sencilla muera injustamente y que lo hagan incluso los que defienden que los palestinos tienen derecho a tener su Estado.

—Ya, pero las bombas y las granadas no identifican a las personas por sus ideas.

—¡Cómo me gustaría estar allí para hacer algo!

—Sí que puedes hacer cosas importantes. Por ejemplo, manteniendo la buena relación que os he tratado de inculcar con las dos comunidades. Reconociendo los derechos del pueblo palestino. Denunciando las atrocidades de las organizaciones terroristas, pero también las acciones ilegales del gobierno de Israel que, de forma insensata y demencial, puede acabar con toda posibilidad de solución.

—Pero ¿es que nadie va a ser capaz de ponerse al frente de toda la gente que quiere la paz?

—Hay mucha gente que está trabajando por la paz, pero es una empresa muy, muy difícil. Son muchos años los que llevan enfrentadas estas dos comunidades.

—Papá, ¿te acuerdas de la primera vez que estuvimos todos en Israel?

—Sí. Fue en 1999. Desde la infancia me atrajo la tierra de Jesús y la historia de la humanidad, en especial todo lo que se refería a los antiguos imperios (persas, medos, asirios, egipcios, griegos y romanos). Todos tenían un punto común de coincidencia: Palestina. Las tres grandes religiones monoteístas tienen una ciudad santa común: Jerusalén. Allí murió Cristo, allí debe venir el Mesías y desde allí ascendió a los cielos Mahoma.

»Israel es poco más grande que Jaén, mi tierra: 27.800 kilómetros cuadrados, con unos 450 kilómetros de largo y 135 kilómetros de ancho. El nuevo Israel fue fundado por David Ben Gurion, que dejó sentenciado que en Israel para ser realista se debe creer en los milagros.

—Papá —me dice María—, ¿qué quería decir Ben Gurion con esto?

—Supongo que quería resaltar las dificultades con las que Israel se encontraría en el futuro. En este sentido, para entender la historia milenaria de esta tierra, hay que saber lo que ha supuesto para el pueblo de Israel un tipo de esperanza al borde de lo imposible, la que permite seguir creyendo en lo que humanamente es absurdo, soñando en unos tiempos nuevos en los que «morará el lobo con el cordero, y el leopardo con el cabrito se acostará; el becerro, el león y la bestia doméstica andarán juntos y un niño los pastoreará». (Is. II, 6)

Todo viaje es una revelación, una aventura, un descubrimiento regenerador. Claudio Magris, en *El Danubio*, nos habla de que las fronteras son ídolos que exigen sacrificios humanos. Superar y cruzar las fronteras a través del viaje es superar la incomprensión y trazar puentes de comunicación. Goethe nos habló de esa nueva mirada que cada viaje instaura. En fin, el viaje, como metáfora de la existencia humana, es algo que siempre nos espera, aun cuando las velas estén ya cansadas. Es el «viaje interior» de Fernando Pessoa.

Con ese espíritu inicié mi primera visita a Tierra Santa, en compañía de mi familia, el 8 de agosto de 1999. Por unos días, dejaba atrás todas las tensiones del caso Pinochet y del entramado de ETA y otras ocupaciones profesionales que me tenían absorto. Al llegar, sentí que Israel y Palestina eran dos pueblos a los que su propia historia separa y une. Dos comunidades que se miraban con recelo pero que estaban aprendiendo a convivir. También experimenté el impacto del sentimiento religioso. Incluso a mí, que desde hace años soy un cristiano no militante, se me removieron los cimientos al tocar la piedra y besar la fría caliza sobre la que se hallaba Jesús en el momento del Prendimiento, al detenerme ante el Muro de las Lamentaciones y la llanura de las mezquitas y al recorrer la Vía Dolorosa hasta el Gólgota, lugar de la Crucifixión. Para entender la dificultad del problema entre Israel y Palestina hay que desplazarse hasta el lugar y así comprender la necesidad del acuerdo, pero también las razones de la incomprensión mutua durante siglos, que sólo el diálogo abierto y sin límite podría erradicar.

En esas fechas, Israel había decidido aprobar la práctica de la tortura como instrumento de presión para obtener información de los terroristas. Afortunadamente, el Tribunal Supremo prohibió esa práctica después. En septiembre de 2000, la entrada de Ariel Sharon en la explanada donde está la mezquita de al-Aqsa fue tomada como una provocación que dio inicio a la segunda intifada, o intifada de al-Aqsa.

Al contrario de lo que había sucedido en la primera, uno de los factores que influyeron en que los actos de protesta populares acabaran en enfrentamientos armados con las fuerzas de seguridad israelíes fue la intervención de la milicia armada de al-Fatah conocida como Tanzim, cuya estrategia y objetivos eran establecidos por Yaser Arafat. La situación se fue deteriorando hasta llegar a la suspensión de las instituciones palestinas, la inmovilidad de Arafat, la incomunicación entre Cisjordania y Gaza, los nuevos asentamientos, la suspensión de la Hoja de Ruta patrocinada por Estados Unidos y Europa, la construcción de un muro o valla de seguridad, declarada ilegal por el Tribunal Internacional de Justicia en el mes de julio de 2004, el plan de retirada parcial de Gaza propugnado por Sharon y desautorizado por los militantes del partido Likud, por el propio partido y los palestinos. Y una situación actual difícil de definir, aunque esperanzada, después de la muerte de Arafat y como consecuencia de ésta.

Viendo los Altos del Golán y, a su falda, el mar de

Galilea, se comprende la importancia estratégica de muchas zonas en esta peculiar tierra y por qué razón Israel se resiste a ceder su control a Siria, que de esta forma tendría la llave del agua que alimenta a toda la zona. Quien tiene el agua en esta tierra tiene la vida. Quizá por ello cualquier acuerdo futuro debería ir acompañado de la instauración de una administración internacional o conjunta del agua con el fin de que nadie pueda utilizarla como instrumento de presión. En todo caso, hay que prestar atención a la obra inmensa hecha por Israel para superar los desequilibrios regionales en la disponibilidad del agua. Así, la práctica totalidad de fuentes de agua dulce se han unido en una red integrada. Su arteria principal es el Acueducto Nacional, finalizado en 1964, que transporta el agua desde el norte al centro y, por medio de una red de gigantescas cañerías, acueductos, canales, reservas, túneles y estaciones de bombeo, al semiárido sur. Claro que muchos dirán que todo esto supuso la variación del curso natural de las aguas y que ahora quien tiene el control es Israel, que escatima, cuando no elimina, el suministro de este recurso básico a ciudadanos palestinos. Un análisis hecho por estudiantes de la Universidad de Belén, citado por el Comité de Coordinación de las ONG internacionales en Jerusalén, mostró que numerosas familias palestinas pasan frecuentemente cinco días por semana sin agua corriente. Las cuotas de agua restringen su uso para los palestinos que viven en Cisjordania y Gaza, mientras que los colonos israelíes tienen cantidades casi ilimitadas.

Palestina se convirtió en un país predominantemente árabe e islámico hacia fines del siglo VII. Casi inmediatamente después, sus fronteras y sus características –incluyendo su nombre en árabe, Filastin– fueron conocidas por todo el mundo islámico, tanto por su fertilidad y belleza, como por su importancia religiosa. En 1516 se convirtió en una provincia del imperio otomano. El 60 por ciento de la población estaba ocupada en la agricultura y el resto estaba dividido entre habitantes de las ciudades y un grupo nómada relativamente pequeño. Todos se consideraban pertenecientes a un país llamado Palestina, más allá de sus sentimientos de que también eran miembros de una gran nación árabe. A pesar de la llegada continua a Palestina de colonos judíos después de 1882, es importante comprender que hasta unas pocas semanas antes del establecimiento de Israel, en la primavera de 1948, la población árabe era mayoritaria, aunque luego fue disminuyendo. Posteriormente, las autoridades israelíes impusieron el exilio a más de setecientos mil palestinos.

Tres años después, cuando de nuevo regresé a Israel (enero de 2002), la situación era bastante diferente. Los atentados de las organizaciones extremistas palestinas, y los excesos del gobierno de Ariel Sharon, apenas dulcificado por los laboristas, marcaban toda la secuencia de las actividades. El turismo casi había desaparecido. Los negocios árabes estaban prácticamente vacíos. Era una situación de confrontación total. Tuve que abandonar Israel sin poder visitar Jerusalén para comprobar la diferencia entre un momento y otro, pero consciente de la grave situación que se vivía en aquellas fechas.

Frente a la ola de atentados suicidas en los primeros meses de 2002, Ariel Sharon lanzó la operación militar conocida como Muro Defensivo, que suscitó preocupación y controversia por su aparente carácter de guerra abierta. La situación podía resumirse en un intercambio incesante de ataques en los que cada bando intentaba asestar al contrario un golpe aún más mortífero, al buscar la aniquilación de su oponente. La secuencia era terrible: a cada acción terrorista se respondía con una represalia igual o mayor sobre la población civil palestina. Las decisiones unilaterales de Sharon, con el apoyo de Estados Unidos, a la retirada parcial de Gaza abren una nueva situación de resultados imprevisibles, si se desarrollan al margen de la Hoja de Ruta, que tantas expectativas levantó en 2003. De hecho, ese plan de paz ha sido incumplido prácticamente en todos sus puntos, y mucho más después de que la muerte por misil de dos niños israelíes desencadenara la operación Días de Penitencia que ha costado la vida a más de cien palestinos y más asesinatos selectivos.

La muerte del rais Yaser Arafat en noviembre de 2004 ha puesto sobre la mesa la cuestión del liderazgo palestino y las nuevas posibilidades de entendimiento con Israel. Quizá estemos en el umbral de que el problema de estos dos pueblos encuentre una solución justa, o quizá se abran de nuevo las puertas del infierno. Esperemos que, a pesar de no ser precisamente la norma que rige en la zona, la cordura se imponga y se llegue a la conclusión de que esta situación no puede ser indefinida, que ambos pueblos necesitan el respeto de sus líderes, que se tomen en cuenta ¡por fin! las iniciativas de paz que están desarrollándose por la sociedad civil, la gran olvidada en todo el desarrollo del conflicto, a pesar de ser la que está sufriendo y soportando la violencia con una dignidad incontestable.

El profesor y ex director general del Ministerio de Asuntos Exteriores israelí Shlomo Avineri ha explicado que el conflicto entre israelíes y palestinos es producto de dos visiones opuestas del adversario. Históricamente, el enfoque israelí se ha basado en una concepción nacionalista del mundo y, en su caso específico, sionista. En este sentido, ya desde fines del siglo XIX se consideraba a sí mismo como un movimiento nacional que era, a diferencia de lo que afirma la postura palestina, «un pueblo sin tierra para una tierra sin pueblo» y veía a los árabes como una nación legítima. A la visión sionista se enfrentaba la perspectiva del nacionalismo árabe, que consideraba a los diferentes grupos religiosos de Oriente Próximo (cristianos, judíos, coptos y musulmanes) como partes integrales de una nación árabe transreligiosa. Por ello, no es casualidad que muchos líderes nacionalistas árabes hayan sido y continúen siendo cristianos.

A la visión tradicional nacionalista hemos de agregar lo que ya es obvio: el integrismo islámico. Esta visión extremista del mundo, según Amos Oz, no es consecuencia –o al menos no sólo– de la desesperación. El integrismo islámico bebe básicamente de la fuente del odio. El islamismo paranoico sostiene que la modernidad, Occidente, los judíos, las superpotencias y la comunidad internacional conspiran para erradicar el islam. El islamismo paranoico se ha convertido en el peor enemigo de la civilización musulmana. Lamentablemente, parte de la sociedad palestina, y no necesariamente la más radical, sigue clamando que el lugar de los judíos está en Polonia, Alemania o Francia, y no en Oriente Próximo.

Otro punto especialmente sensible es aquel que se refiere a la justicia. Amos Oz escribió hace muchos años que el conflicto israelí-palestino no se produce entre un caso justo y un caso injusto, sino que se trata del choque entre dos casos justos: el de los judíos a crear un hogar nacional fuerte, capaz de darles cobijo, y el de los palestinos a crear el suyo propio para determinar su futuro de forma independiente. La total realización de cualquiera de ambas visiones exige que ambos estén dispuestos a ceder.

Lo cierto es que el sufrimiento existe en ambas partes. Por un lado, los palestinos continúan necesitando permiso israelí para salir de sus ciudades, visitar a su familia o salir al extranjero, todo esto en medio de una pobreza indescriptible. Por otro, los israelíes siguen siendo presa del terrorismo islamista. Y es que, como comentó Ismail Haniya, líder de Hamas, en *The Washington Post*, en septiembre de 2003, los palestinos hostigan a los israelíes porque han encontrado su punto débil. Los judíos, agregó, aman la vida más que cualquier otro pueblo y prefieren no morir. De ahí que los atacantes suicidas sean supuestamente ideales para vencerles. La depresión palestina y el miedo israelí son la mejor receta para la continuación del baño de sangre.

Además, en los últimos años, el gobierno israelí se ha limitado tristemente a una política de represalias. El tema del muro o barrera de seguridad, según la postura israelí, ha sido mal comprendido no sólo en el extranjero sino también en las filas del liderazgo palestino. El muro de separación, dicen en su defensa, ha demostrado su efectividad en la franja de Gaza y en las zonas del noroeste de Cisjordania para evitar atentados suicidas. Este muro, aunque sin duda una medida triste visto desde una Europa sin fronteras, tiene la capacidad de ahorrar vidas a ambos lados, a la vez que permite a ambas sociedades invertir en su propio desarrollo interno. Vista la situación palestina y el estrangulamiento económico al que la tiene sometida el gobierno de Israel, esto no deja de ser un planteamiento bastante eufemístico. La cuestión, como ha puesto de manifiesto la sentencia de la Corte Internacional de Justicia de La Haya de fecha 9 de julio de 2004, no es el muro en sí, sino su trazado, punto sobre el que también se ha pronunciado el Tribunal Supremo israelí quitando parte de razón al gobierno.

La Corte Internacional, cuya decisión no es vinculante pero cuyo incumplimiento puede acarrearle muchos problemas a Israel, dice que la barrera es ilegal porque crea una anexión de hecho de territorio palestino que Israel ocupa desde 1968 más allá de la llamada línea verde. El tribunal no acepta el planteamiento de que ésta sea la única forma de garantizar la seguridad de Israel frente a los ataques terroristas, sino que denuncia la política de hechos consumados «que podría convertirse en permanente y devenir en una anexión de tierra palestina». La barrera que viola la Convención de Ginebra de 1949 para los derechos civiles en tiempos de guerra, según el criterio acertado del tribunal, priva a los palestinos del derecho al trabajo, asistencia médica, educación y libertad de movimientos, impidiéndoles ejercer el derecho a la autodeterminación al aislarles tras una pared sin justificación militar.

La mencionada barrera, a lo largo de sus 730 kilómetros, usurpa un 16 por ciento de territorio palestino de forma arbitraria e ilegal, y eso es lo que pone de manifiesto esta sentencia, a la que el Tribunal Supremo israelí tendrá que dar respuesta, sin olvidar que ya ha exigido la rectificación del trazado que discurre por Jerusalén Este.

El gobierno israelí, a pesar de que ha anunciado que no acepta el fallo de la Corte, tendrá al menos que cumplir la decisión del Tribunal Supremo israelí, que al ser adversa al trazado de una parte del muro, obliga a aquel demolerlo. En todo caso, bien estaría que por una vez Ariel Sharon y su gobierno acataran las decisiones de los organismos internacionales si quieren mantenerse dentro de la comunidad internacional. Por eso el Consejo de Seguridad debería exigir ese cumplimiento para recuperar el prestigio que perdió con el conflicto de Irak, aunque previsiblemente no lo hará por el veto de Estados Unidos.

Un periodista israelí me preguntó, antes de ofrecer mi conferencia sobre la dignidad y la violencia, en el Centro Mishkenot Shaananim de Jerusalén el 12 de enero de 2004, sobre la construcción del muro.

—Señor Garzón, Israel lucha contra un terrorismo de suicidas. Si el suicida entra en el territorio israelí es imposible evitar el atentado. ¿Por qué todo lo que hace Israel para evitar esta entrada es condenado como ilegal?

—Comprendo que para Israel es un problema muy delicado. Para contestar a su pregunta invertiría la cuestión, es decir, ¿qué responsabilidad tienen los palestinos que no tienen nada que ver con el hecho terrorista y que, a pesar de ello, ven destruidas sus vidas, arrasadas sus viviendas y allanado su domicilio? Podríamos enfocarlo desde esa perspectiva y el calificativo de víctima se invertiría. Usted me pregunta qué se puede hacer. Pues bien, hay unas normas o leyes establecidas, tanto nacionales como internacionales, que deben ser respetadas. Por supuesto que alguien me puede decir: ¿y cómo va a evitar que los terroristas vuelen por los aires con sus cuerpos destrozados? Pues bien, el Estado tiene la obligación de que esto no suceda. No existe derecho cuando se actúa ilegalmente. Ésas son las reglas de un Estado democrático y de derecho. Si no fuera así, sería la ley de la selva. Hay límites. Para el terrorista no los hay, pero para el Estado sí, porque de lo contrario sería un Estado terrorista, ya que no se puede garantizar que, un día, en vez de eliminar a un supuesto terrorista acabara con la vida de quien no lo es. Así pues, el límite está en la ley. La democracia tiene que pagar un canon. Por el hecho de que existan robos de bancos no se van a suprimir los bancos, ¿verdad?

Ahora bien, la autoridad palestina también está obligada a respetar esos límites. Lo que sucede es que muchas veces la cerrazón de los políticos es de tal envergadura que no ven cuál es la salida a una situación que se ha anquilosado y que les impide analizar otras alternativas. Nosotros, como parte de la sociedad, podemos exigir respuestas y propiciar métodos y vías de solución. Ésa es la idea de «la voz del pueblo», iniciativa de paz de Sari Nasseibeh y Ami Ayalon, suscrita por más de doscientos mil israelíes y palestinos. La idea es convencer a las bases, y no tanto a los líderes, de la necesidad de un acuerdo entre las dos comunidades.

Quizá el punto más delicado de esta iniciativa es la dificultad que ambos pueblos tienen de superar el miedo y la desconfianza generados en los últimos cuatro años. Los palestinos siguen en un estado lamentable, con una ocupación que les ha sumido en una pobreza extrema y con una expectativa de futuro igual a cero. Los israelíes viven atenazados por el terror al próximo atentado. Por su parte el plan de evacuación de Gaza quizá ponga de acuerdo al Likud y al Partido Laborista, pero no va a satisfacer, ni mucho menos, a los colonos judíos ni al pueblo palestino.

Han pasado dos años desde mi último aterrizaje en el aeropuerto Ben Gurion de Tel Aviv, pero el 10 de enero de 2004 la situación era todavía más tensa que en 2002. El aeropuerto y las calles de Jerusalén estaban tomados por la policía y el ejército. La ciudad parecía desierta. Sentí una tristeza profunda. Percibí el miedo en la cara de la gente. Cuando nos acercábamos a la zona del muro, se cayó un contenedor de basura que provocó una reacción de pánico al confundirse el ruido con una explosión. Al entrar en la parte árabe de la ciudad, en la Vía Dolorosa, ninguna tienda estaba abierta, las ventanas se cerraban a nuestro paso, un joven palestino se aproximó por la calle y al pasar cerca del grupo con el que yo iba, vi cómo escupía con desprecio. Los guardias de seguridad lo siguieron con la vista hasta que se perdió por las callejuelas adyacentes. En el Santo Sepulcro, sólo un grupo de turistas japoneses se encontraba en el atrio haciéndose una foto.

Por la tarde presenté mi conferencia después de la intervención de Aharon Barak, presidente del Tribunal Supremo. En esa disertación insistí en el hecho de que, desde hace unos años, el mundo vive un período dominado por una especie de miedo colectivo generado por acciones terroristas masivas, guerras, matanzas indiscriminadas, crimen organizado, sida, violencia de género y por el rebrote de la xenofobia. Pero también por las acciones de gobiernos autoritarios que traspasan los límites de la legalidad. Cuando esto sucede, dije, no sólo se conculcan los más elementales derechos del hombre y de la mujer sino también se amenaza seriamente la dignidad del género humano.

Cuando la dignidad del hombre se dinamita y se corrompe, es preciso levantar la voz y volver a colocar la piedra angular, como Sísifo, en el quicio de la excelencia humana. Con serena indignación debemos hacer el diagnóstico. Cuando los derechos básicos han sido devastados, la dignidad se esfuma como un gas. Los derechos humanos no se pueden aplazar, hipotecar, disimular, escamotear, distorsionar, mutilar ni pervertir.

La lucha por la dignidad y la recuperación de nuestra propia ética y altura moral perdidas es una meta básica para erradicar las lacras aquí denunciadas. Se trata, por tanto, de generar una actitud nueva y positiva. Por eso hay que potenciar los sistemas educativos y la justicia. La educación debe enseñar que hay otros caminos más allá del rencor y de la falta de respeto al otro. Por su parte, la justicia debe ser real, tal y como defendió el poeta persa Umar Jayam en el siglo XI: «sin leyes se multiplican las heridas, / cuenta mis virtudes de una en una, / perdona mis pecados y no dejes que el más leve soplo atice la llama del rencor».

Hoy pretendemos dotarnos de un sistema internacional de derecho que devuelva la dignidad a las víctimas, grandes olvidadas en todos los conflictos, en los que no pasan de ser meros números estadísticos, en el mejor de los casos, o daños colaterales, en el peor. Para los violentos, como expliqué junto a las murallas de Jerusalén, la culpa siempre es de los otros.

Los defensores de la dignidad humana no protegen ni defienden a los violentos más allá de exigir que se cumpla lo que el marco legal establece. La ley es igual para todos. Ninguna razón de Estado puede anteponerse a la razón democrática de los ciudadanos porque se convierte en un «arma de destrucción masiva» de vidas, bienes, valores, derechos individuales y colectivos, y legalidad. En el conflicto de Oriente Próximo, ¿cuándo se darán cuenta los responsables de uno y otro bando de que no es posible la victoria absoluta sino que deben pactar una derrota compartida como única vía para recuperar la dignidad de ambos pueblos? El terrorismo, la violencia, el odio, la venganza y el asesinato selectivo son realidades que se retroalimentan en una espeluznante espiral hasta la consumación de la tragedia.

El fanatismo religioso o nacionalista aparece como la raíz y la cara más visible de ciertas formas de terrorismo, más allá de las condiciones de pobreza o de motivos culturales o políticos. Este fanatismo brutal y deshumanizado se da cuando se sentencia gratuitamente que el enemigo ya no es una persona sino un grupo, un grupo de inocentes. Si el antiguo terrorismo perseguía unos objetivos propagandísticos, las nuevas versiones de terrorismo poseen un carácter absolutamente destructivo e indiscriminado.

Este fanatismo religioso es contrario a la dignidad humana, esencial en algunas tradiciones, como la cristiana, la judía y la musulmana en las que la dignidad procede de Dios. Los estudiosos de la Torah y el Corán describen la dignidad humana así: «Es raro nacer como un ser humano. El número de aquellos dotados con vida humana es tan pequeño como la cantidad de tierra que cabe en una uña».

Quiero compartir una anécdota. Un artículo en el *Chicago Tribune* contaba la historia de una joven viuda palestina que sufrió un ataque al corazón después de que los misiles israelíes hubieran destrozado su casa y matado a su marido. Al principio, no entendía su situación. Su vida ya era dura antes de esa tragedia. Sin embargo, a través de la lectura del Corán transformó sus sentimientos de resentimiento y su propio dolor en la búsqueda de la paz. Así conservó su dignidad frente a sus hijos.

La comprensión de la dignidad humana está, a fin de cuentas, enraizada en la idea de que somos capaces de escoger el camino de la verdad. Cada uno de nosotros tiene una misión, un papel único. Probablemente, no haya una base más sólida para los derechos humanos que un despertar general a la dignidad humana que reside en cada uno de nosotros.

En esa labor de recuperación de valores esenciales desempeñan un papel fundamental las organizaciones humanitarias. ¿Qué pasaría si todas las ONG coordinaran sus esfuerzos y medios? Hoy día existen miles de organizaciones humanitarias cuyas actividades se solapan. Por ello, me pregunto: ¿por qué no organizar estas iniciativas de la sociedad civil? Si entre los gobiernos, no demasiado bien por cierto, se produce esa coordinación para la defensa y ataques militares, ¿por qué no iniciar esa misma coordinación en la sociedad civil para la defensa de los derechos humanos?; ¿por qué no exigir a los gobiernos que definan conjuntamente seguridad y derechos humanos como instrumentos necesarios para obtener la paz y la libertad? No se trata de sustituir la actividad de los gobiernos, sino de suplir su inactividad o ineficacia. Por ejemplo, más de mil organizaciones han desarrollado un papel fundamental en la creación de la Corte Penal Internacional. No ha sido un caso aislado. Esas organizaciones están compuestas por personas normales, padres, madres, jóvenes, viejos, políticos, apolíticos, médicos, jueces, obreros, militares, arquitectos, es decir, todo el tejido social de un país y han conseguido cambiar el curso de la historia. Es posible que la Corte Penal Internacional hubiera surgido sin el concurso de las ONG, pero serían muy distintos sus perfiles y contenidos.

La sociedad parece que despierta de su letargo de indiferencia, de su indignidad, y quiere recuperar su espacio. No son buenos tiempos para los extremistas, para los terroristas, para los fundamentalistas, pero tampoco para los indiferentes. El inmovilismo es el peor enemigo de la democracia. A lo largo de la historia, los países que han sobrevivido y los modelos que perduran son aquellos que han sabido evolucionar y respetar los principios de la dignidad, libertad y justicia atendiendo a las necesidades de los ciudadanos. En todo caso, es legítimo compartir el sentimiento que manifiesta Camus en *La peste* cuando el doctor Rieux decide poner fin a su narración sobre la plaga para testimoniar que hay en los hombres más cosas dignas de admiración que de desprecio.

En este relato de tragedias y horror, he querido mantener alejada a Aurora, mi hija pequeña. Ya tendrá tiempo de descubrir la maldad de este mundo. Pero quiero compartir este cuento que le escribí una tarde en mi despacho de la Audiencia Nacional y que resume los sentimientos frente a la injusticia de la guerra.

A veces la vida te ofrece enseñanzas difíciles de olvidar. Es la historia de una rosa que nació en el desierto iraquí. Era una flor especial, puesto que no necesitaba agua ni sombra. Sólo aspiraba a que el sol no se ocultara, y que la luz siempre estuviera en el lugar. Por eso por la noche siempre cerraba sus puertas y dormía en los brazos del desierto.

La rosa en cuestión tenía otra característica que la hacía especial. Sentía y hablaba con aquellas personas que conseguían descubrir su presencia y necesitaba que su olor impregnara todo su ser para que la recordaran siempre, porque si no irremediablemente moriría.

Pero no creáis que era difícil encontrarla. A lo largo de la historia mucha gente lo había conseguido, incluso yo lo había logrado, durante una noche especial, porque, ésta era otra característica, a pesar de estar dormida, te permitía acercarte y susurrarle cuando necesitabas su ayuda. Con un gran esfuerzo se despertaba. Abría sus pétalos nocturnos e impulsaba su fragancia hasta el último confín del mundo, hablando de paz, de concordia, de comprensión y de amor entre razas. Al fin y al cabo era una rosa y no podría ni debía hablar de otra forma.

Es cierto que toda historia es triste en alguna de sus partes, pero ésta lo es en su núcleo central porque desvela el sufrimiento de un pueblo y de unas gentes que padecen desde hace siglos la incomprensión de aquellos que roban la arena y el viento del desierto, de los que asesinan la ilusión por el hoy y el mañana, de los que desprecian la memoria y te imponen el olvido.

La historia de nuestra amiga Aira (así se llamaba) la cuento ahora porque murió, y cumpliendo sus deseos trataré de transmitir su sentido. Y, sobre todo, no ahorren lágrimas, porque quizá con ellas logremos cambiar el final triste de los hechos y recuperar el recuerdo de su aroma y con él la esperanza en un futuro más digno para todos.

Aira nació un día cualquiera. En realidad nacía todos los días, como la vida, y renovaba su energía con el paso de éstos. La noche en que la descubrí fue una noche extraña. Después del trabajo en el juzgado, cuando ya las calles de

Madrid dormían con los restos de las últimas pancartas contra la guerra esparcidas por el suelo, y con la presencia cansina de los operarios y vehículos del Ayuntamiento, me encontré con una niña de apenas trece años –ojos grandes, cara redonda, angelical, cabello rizado y rasgos pronunciados que evocaban los aires del sur–, que me preguntó la hora. Miré al cielo y vi que las nubes grises de abril ocultaban las estrellas. Seguidamente miré al frente y un golpe de calor de media noche, como aquel que nos sorprendía en agosto en Almería, me dejó algo confuso. Mientras tanto me pregunté qué hacía una niña de esa edad a esas horas en la calle. Pero antes le dije la hora exacta que marcaba mi reloj. Saqué mi reloj de bolsillo y observé que marcaba las 4 horas de la madrugada. Me extrañó, porque eran las 23 horas cuando salí del juzgado y apenas habían pasado dos minutos.

La niña me miraba pacientemente con una cara –ahora se la veía más clara– llena de bondad y con una sonrisa discreta, de esas que te otorgan paz y tranquilidad, o mejor dicho confianza, impropia de una persona de esa edad. Parecía como si le divirtiera la confusión en la que me hallaba con la hora del reloj. Después de un tiempo que me pareció demasiado largo, desistí de entender lo que le pasaba al reloj, miré a la niña y, para mi sorpresa, ya no estaba.

Me quedé no exactamente perplejo, pero si al menos sorprendido, aunque también pensé que eran cosas de niños. No obstante, su imagen –que me recordaba la de mi hija Aurora– se me quedó grabada, y sobre todo su olor.

Era un olor suave, un poco agrio pero cautivador, y su fragancia penetraba todos y cada uno de los poros de mi piel, hasta el punto de que yo mismo me asusté de la anormalidad del hecho.

Lentamente, y sudando por el repentino calor de forma copiosa, me dirigí hacia mi vehículo. Una vez más se la había jugado a los escoltas al decirles que me quedaría en casa, cuando en realidad me había marchado furtivamente a la manifestación con mis hijos Baltasar y María y mi mujer Rosario, para protestar por los bombardeos sobre Bagdad. En cierta forma el dolor por esas bombas se me palió al ver tantas manos solidarias unidas gritando «No a la guerra» y en contra de la barbarie de las armas, y tantos ojos que llorábamos por la sinrazón de los fuertes en contra de los débiles.

Cuando eché a andar me apercibí de que el maletín estaba lleno de arena y mi traje también. Al dejar el primero en el suelo para limpiarme, se deshizo y se convirtió en un pequeño montón de arena.

La sorpresa no fue grande sino absoluta, hasta el punto de que pensé que estaría soñando, por lo que hice amago de restregarme los ojos con las manos y ¡nueva sorpresa! También las manos estaban impregnadas de arena. Me abstuve, en consecuencia, de tocarme los ojos ante la segura infección que sufriría.

Aturdido, me incliné sobre el montón de arena pensando absurdamente que, al tocar los restos de mi maletín, éste cobraría de nuevo su forma material y recuperaría mis documentos.

¡Oh, Dios mío!, mis documentos, el trabajo de un mes desaparecido. El aturdimiento era total. ¡En mala hora atendí a la niña!

Al acercar más la vista al montículo de arena, algo llamó mi atención, al principio de forma imperceptible, y luego cada vez con mayor nitidez y claridad. En el mismo centro del montículo se dibujaba un nombre extraño para mí, Aira. Quizá, pensé, sean los efectos ondulados de la arena, porque nadie había estado allí para escribirlo. Yo sí lo estaba y no había visto nada. Ni siquiera la niña que me preguntó la hora podía haberlo hecho.

Sin saber bien por qué, en vez de darle una patada al extraño montecillo, introduje la mano en él para guardar un puñado de esa arena tan enigmática y extraña.

Algo me sujetó por los nudillos. Y una especie de manos invisibles estiraron de las mías hacia el centro del montículo de arena. En un momento, no más de tres segundos, entré en una especie de remolino que me arrastraba entre muros inacabables de arena del desierto, hasta que finalmente, de un golpetazo seco, caí en tierra firme o, mejor dicho, en arena firme.

Apenas conseguí sacar los pies y la mitad del cuerpo de la duna en la que estaba, alcé los ojos, y el espectáculo que se exhibía ante mí era único e irrepetible. Una sinfonía de onduladas dunas diseñaban un paisaje aparentemente inerte, pero exuberante en formas y matices a la luz tenue de la aurora.

Me senté y traté de recapitular lo que me había pasado para valorar la realidad. Me pellizqué, hasta diez veces en brazos, cara y piernas; pero, aparte del dolor de las punzadas, nada me indicó que estuviera dormido o soñando. Poco a poco mis ojos se fueron acostumbrando al lugar donde me hallaba y comencé a sentir miedo a la soledad, a lo desconocido, a no saber si podría salir de allí sin haber resuelto antes tantas cosas. Sin haber visto a mis hijos, a mi esposa; sin que los amigos me hubieran dado el abrazo fraternal de despedida; sin saber si ellos sabrían dónde me encontraba, si estaba vivo o muerto. Es decir, con ese vacío inmenso que proporciona la soledad oscura del olvido.

Con esta pesadumbre intenté incorporarme, pero extrañamente no podía levantar el cuerpo. Era como si algo o alguien no quisiera que me fuera; como si alguien o algo me estuviera hablando, con el susurro de la brisa que todavía refrescaba el ambiente triste del desierto, para convencerme de que no debía sentir miedo porque me protegían los vigilantes eternos de la arena, que buscan almas amigas de la sencillez y de la majestuosidad del silencio, y de sus gritos, y que comprenden el sufrimiento de los sin voz y los sin techo.

Fijé mi atención, no sé por qué, la verdad –quizá porque con los años me he vuelto detallista en olores, sabores, tacto y percepción, extrayendo de las cosas sus últimas esencias–, en una especie de flor con los pétalos aún cerrados para protegerse del frío de la noche. Era una flor extraña, o por lo menos rara. Su color era crema, de la misma tonalidad del desierto; sus pétalos eran ovalados —como una punta de lanza—, acabados en una coloración grisácea en figura poliédrica difícil de describir. Su tallo era más bien corto, aunque lo suficientemente alto como para mantener el núcleo de la rosa por encima de la arena.

Sin saber por qué, experimenté una sensación absurda pero intensa. Creí que esa flor sencilla, cuyas formas definitivas todavía se me ocultaban, podría prestarme ayuda. De inmediato traté de apartar de mi mente la idea absurda de hablar con una planta (aunque en ese momento recordé que mi madre hablaba con las plantas, y que decía —quizá para hacerme dormir la siesta de pequeño— que éstas le contaban sus preocupaciones y que sufrían cuando eran cortadas, pisadas o destruidas). Tal vez por esta evocación materna superé la timidez natural que me acompaña y le pregunté acerca del lugar en el que me encontraba. Era curioso que hasta ese momento no me hubiera ocupado de un tema tan esencial para mi seguridad y retorno del lugar en que me hallaba.

La pequeña flor, para mi sorpresa y estupor, me contestó preguntándome: "¿Cómo has tardado tanto tiempo en hablarme? ¿Puedes ya decirme la hora que es? Y, por cierto, lo primero que una persona debe hacer es presentarse. Yo soy Aira".

¡Aira! ¡Aira! De qué me sonaba a mí ese nombre... ¡La hora! ¡No! ¡No podía ser! ¡El nombre escrito en la arena!

¡La niña de ojos grandes y rostro angelical! ¡El maletín convertido en arena! ¡El nombre de Aira escrito en los restos de mis papeles y documentos!

—¿Aira? ¿Tú eres Aira?

—Sí, lo soy. ¿Por qué te extraña tanto? ¿Acaso no sabes que las flores del desierto en mi tierra, por la noche, se convierten en niñas inocentes, perdidas, que preguntan la hora para saber el tiempo del que disponen para que alguien les preste ayuda y no morir?

Todavía incrédulo y sin saber por qué seguía hablándole, le pregunté:

—Pero ¿de qué tierra me hablas?, ¿qué auxilio me pides? Y lo que es más, ¿qué ayuda te puedo prestar?

—Estás en Irak —dijo con una voz firme pero dulce—, la cuna de la civilización, la patria de Hammurabi; la que ahora se desangra por la muerte decidida a miles de kilómetros por señores que han pensado en salvarnos, matándonos primero, o mejor dicho causando la misma muerte que durante años la «bestia» nos ha producido. Estás en una tierra inocente, entre un pueblo inocente, que quiere libertad pero que no entiende por qué tienen que masacrarlo en aras de una supuesta cruzada de liberación que no hemos pedido, o que al menos no la queremos así.

Con un hilo de voz inseguro y hueco le dije:

—Pero por allí se dice que esto es bueno para Irak, que esta tierra será patria de todos, ahora que la bestia va a ser destruida y con ella toda su especie.

Al oír mi propia voz me reproché las palabras que había pronunciado porque no tenía argumento alguno para salir en defensa de aquellos a los que detestaba y denostaba por su acción violenta contra un país sin posibilidad de respuesta y al que su jefe inmolaría antes de rendirse; tampoco lo tenía en defensa de aquel que, en mi país, nos había metido en una guerra absurda, sin razón ni argumentos válidos para nadie, y que traería más dolor para el propio pueblo iraquí.

Aira, con voz triste, me contestó:

—Eso lo he oído otras veces y siempre se utiliza como excusa para no comprometerse, ni entender lo que aquí pasa.

Dolido, le contesté con rapidez:

—Aira, no me digas eso, porque daría mi sangre para que los débiles dejaran de serlo, para que los sátrapas, dictadores y gobernantes seudodemócratas, que pisotean a su pueblo y lo utilizan como un kleenex, desaparecieran o rindieran cuentas de sus actos. ¡No! No me imputes indiferencia; ni a mí, ni a los miles de personas que como yo sufrimos con vosotros.

A Aira se le iluminaron los pétalos con una tonalidad casi rojo violeta y con voz firme dijo:

—No, vosotros no sufrís, vosotros no sabéis lo que es el sufrimiento de la miseria, del dolor, de la incomprensión, de las injusticias de un poder despótico y de otro «liberador» y por cuyos actos pagamos los de siempre. Yo sí llevo acumulado en mí el dolor de todas las madres y los padres, de todos los maridos y las esposas, del soldado, del labrador, del caballo, de la mula, del joven y de la mujer encinta, de los niños y de las niñas y de las flores de mi tierra. Y ya no puedo con tanto sufrimiento. Por eso te he hecho venir, para que descubras la verdad y la cuentes y la grites. Y así consigas que dejemos de ser un campo de experimentos militares. Antes con las armas químicas en el norte. Ahora con los misiles y las bombas en el centro y en el sur, y mañana en el este y en el oeste. Para que se lo cuentes a Bush, a Blair, a Aznar y a todos los que tanto hablan de lo que necesitamos los iraquíes, que tantas ruedas de prensa hacen y que tan poco hacen a favor de nosotros. Grítaselo también a la ONU para que ponga fin a esta sangría.

—Aira, pero yo no puedo solo...

—¿Quién te ha dicho que lo estés? La fuerza de un hombre o de una mujer puede mover el mundo, imagínate la de miles de personas unidas para exigir la verdad, para reclamar que esto acabe, para dejarnos que labremos nuestro futuro desde la libertad, ya que nos han destruido el presente.

Sin solución de continuidad, con una energía impropia de un ser tan pequeño, Aira siguió hablando:

—¡Dolor! ¿Quieres ver el dolor? Ven conmigo.

De pronto me vi envuelto en una nube de polvo y arena; con una velocidad de meteoro, pero viendo las cosas lentamente, fui flotando por los barrios pobres de Bagdad, por las mezquitas de Nayaf, por las casas derribadas de Tikrit, por las ruinas de Basora, por los campos de prisioneros —también Hitler los llamaba así–, por los hospitales, o los edificios que así se llaman pero en los que la hediondez de los muertos se impone sobre la dosis de lejía utilizada para disimular el olor, por las fosas de kurdos asesinados, gaseados, torturados y abiertas al dolor de los familiares destrozados.

De golpe todo se borró al cerrar mis ojos ante tanta miseria e injusticia. A lo lejos oía la voz suave de Aira que decía:

–No cierres los ojos, amigo, porque la realidad seguirá existiendo.

En realidad trataba de contener las lágrimas de impotencia y frustración por el dolor de todos y cada uno de los que sufrían esta injusticia. Y a la vez por la indignación geométricamente progresiva que iban produciéndome los jerarcas de Occidente que, perdidos en mil discusiones estériles, no eran capaces de hacer algo productivo para detener esa matanza y todas sus consecuencias posteriores. Y me juré a mí mismo que denunciaría todo lo que estaba sucediendo, que lucharía para que no se olvidara lo que este pueblo estaba padeciendo y para convencer a todos los que pudiera para que no se resignaran ante lo imposible y para que lucharan por conseguir ese mundo mejor para los más olvidados, los más débiles y los parias.

La luz, definitivamente, se adueñaba del desierto, y Aira en vez de abrir sus pétalos como era lo normal bajo el cálido sol de la mañana, comenzó a cerrarlos, pero, según me percaté, sin la fuerza que tiene el núcleo de una flor. Sus pétalos comenzaron a ajarse y doblarse hacia fuera. Desesperado, traté de protegerla con mis manos para darle sombra; pero éstas no se la proporcionaban; me puse entre el sol y ella, y los rayos atravesaban mi cuerpo. Le hablé, le grité, le pedí que no se muriera, que no cerrara los ojos negros, que su boca, sus cabellos siguieran vivos, y que sus labios siguieran hablándome y guiándome en lo que sería una ardua empresa para un hombre solo como yo.

Por fin abrió los ojos, porque ahora, y después de mi invocación, Aira, la niña, era Aurora, mi hija, la que estaba a punto de expirar.

–¡Amigo! –me dijo con un hilo de voz–, ¡no olvides lo que has visto, no dejes de cumplir lo prometido! Piensa que todos morimos en Irak, en el Congo, en Argentina, en España, en Estados Unidos o en Afganistán. No dejes de pensar esto ni de actuar a favor de la paz y de la libertad, porque esa lucha es la que nos resucitará día tras día a pesar de que mi existencia se acabe. No olvides, por último, recordarme cada vez que viertas una lágrima.

Y todo terminó de golpe. De nuevo estaba en la puerta de la Audiencia Nacional con mi maletín en la mano derecha y dispuesto a marcharme a casa. Al tratar de buscar las llaves del coche en el bolsillo de la chaqueta saqué el llavero impregnado de arena que, cuidadosamente, guardé de nuevo, como una reliquia. Miré la hora; eran las 5,30 horas, exactamente aquella hora a la que, a miles de kilómetros, Aira, la flor, la niña, la madre, el padre, Irak había muerto.

Tomé el volante y con los ojos enrojecidos por el llanto, y sin poder olvidar la experiencia recién vivida, enfilé la carretera de La Coruña y llegué a casa. Tosca y Gina, mis perras, me recibieron. Entré y me dirigí inmediatamente, con el alma en vilo, a la habitación de Aurora, mi hija; al verla, la abracé de forma prolongada. Ella se despertó y me dijo mirándome a los ojos:

–¡Papá, has llorado! ¿Te pasa algo?

Sin saber qué contestarle, sólo conseguí articular la palabra «¡Aira!». Entonces, mi pequeña contestó:

–Si quieres llamarme así, ¡vale! Me gusta. ¿Acaso es el nombre de una flor?

Cerré sus ojos con mis manos, le di dos besos en los párpados y la arropé con cuidado.

Subí el último tramo de escaleras. Rosario todavía leía a la espera de mi llegada. Lentamente, ensimismado, sin decir palabra, me acosté, cerré los ojos y descansé con el sabor amargo del dolor, con la convicción de que al día siguiente todavía habría una posibilidad de que Aira no siguiera muriendo en la soledad del desierto de nuestra indiferencia.

Queridos hijos:
Es hora de concluir, aunque resulte más difícil de lo que uno se imagina. Han sido muchos meses dando forma a estas ideas y casi una vida luchando por ellas.

Pero quiero que este proyecto compartido con vosotros

concluya con un mensaje positivo. Hay que luchar siempre por lo que consideras justo. El esfuerzo personal resulta indispensable para superar las dificultades que, con más frecuencia de la conveniente, se te presentan en los momentos más diversos de la vida. A pesar de ello, no debéis olvidar que ese esfuerzo es compartido por todos los que, en cualquier parte del mundo, se sienten parte de un conjunto de seres humanos que lucha por superarse día a día. Si algo he aprendido a lo largo de todos estos años es que necesitas apoyarte en los demás y formar un equipo de personas que asuman esos postulados de servicio público para con ellos desarrollar todo el potencial positivo acumulado que, de otra forma, desaparecería.

El compromiso en lo personal, en lo profesional, en lo político, en definitiva, la responsabilidad frente a la sociedad de la que formamos parte te exige actuar y luchar para que aquélla sea, cada día, más justa, más solidaria, equilibrada y en paz.

A veces, algunos no se dan cuenta de que con sus actitudes mezquinas, faltas de perspectiva y de horizonte, o con su indiferencia pueden herir de muerte el futuro y el presente de esa sociedad a la que pertenecen. Son precisos valores democráticos firmemente asentados y planteamientos políticos definidos, no interesados y espurios, ajenos al autoritarismo, a la prepotencia y a la arbitrariedad en todos los ámbitos para dotar de credibilidad al propio sistema.

Construir sociedad y comunidad es no rehuir ninguno de los retos a los que la humanidad se enfrenta en un momento crítico para ella. Los problemas, sean de la índole que sean, deben afrontarse de cara y por derecho, sin ambigüedades, con la clara decisión de solucionarlos o al menos intentarlo. No hacerlo así es traicionarse a sí mismo y a los que han creído que ésa era la obligación. Decir la verdad al poder, así como a los que lo ejercen o se esconden cobardemente detrás de él, no es una alternativa entre muchas, sino la única posible.

Ser independientes es ser capaces de defender las propias ideas, pero también confrontarlas y ponerlas en común con los que piensan de forma diferente, pero que están dispuestos a sumar esfuerzos por conseguir una convivencia mejor y que este mundo sea más libre, más seguro y más justo.

Huid de la adulación y de la lisonja. La mayoría de las veces, o será interesada, o vendrá acompañada de algún interés espurio o turbio. Sin embargo, no rehuyáis el apoyo de los que se superan día a día y que no discriminan a los demás por razón de origen, posición social o política. Conseguir un mundo sin miedo puede ser para muchos una mera utopía; sin embargo, otros creemos que es una realidad posible y que se puede lograr si somos capaces de diseñar los mecanismos necesarios y hacer el serio esfuerzo de ponerlos en marcha y desarrollarlos. Por supuesto que es una tarea muy difícil de llevar a la práctica, pero merece la pena intentarlo. Llevar la paz a los lugares más recónditos de la tierra debe constituir una prioridad en nuestras vidas. Luchar porque el sida reduzca sus macabros efectos en todos los seres humanos, pero principalmente en los más desfavorecidos, no debe sonarnos a algo que sólo compete a las autoridades sanitarias, sino que exige un claro apoyo por parte de toda la sociedad. Combatir la pobreza y la marginación no debe ser algo que corresponde a las Iglesias, sino que debe ser una preocupación prioritaria de cualquier gobierno y es nuestra obligación exigirles que lo cumplan.

En definitiva se trata de abandonar la indolencia y la indiferencia que nos atenazan hasta asfixiarnos, y convocar una movilización permanente, masiva, de todas las voces y de todas las fuerzas que determinen la puesta en marcha de las diversas acciones por todas las gentes y los pueblos que den vida a la Revolución por la Paz en los cinco continentes.

Cada uno de nosotros desde nuestro ámbito podemos y debemos contribuir a ese esfuerzo solidario. Cualquier acción, por pequeña que sea, tiene su importancia, incluso trascendental en un momento dado.

La suma de todos esos esfuerzos debe producir una sinergia imparable en cualquier ámbito al que se refiera. El de la justicia, la independencia de los jueces, o incluso al propio compromiso del juez con los derechos humanos de las víctimas y, por supuesto de los agresores, porque conviene no olvidar que ser justo no significa ser ajeno a los problemas de la sociedad en la que vives y de la que te nutres.

Necesitamos jueces valientes, comprometidos y sensibles a los problemas y asuntos sometidos a su juicio. Nos sobran los jueces de diseño que están más preocupados por lo que se gana al final de mes que por afrontar con valentía la responsabilidad que les incumbe. Definitivamente, debemos acabar con la sensación de que somos una especie de casta de intocables a quienes nadie pone freno y nos movemos en una suerte de atrincheramiento ideológico y corporativo que busca cotas de poder en vez de la defensa de los ciudadanos.

En el contrato suscrito con la sociedad no basta con hacer lo suficiente, sino que hay que optar por lo necesario y por lo que exige la realidad compleja en la que vivimos.

La sociedad española, la europea y la mundial necesitan respuestas y sobre todo necesitan acciones que nazcan del consenso y del derecho. Son demasiados los errores y las transgresiones del orden jurídico internacional, y excesivo el dolor que destilan los ríos de violencia e injusticia que lo recorren, para que de una vez por todas nos detengamos a reflexionar sobre el mundo que estamos destruyendo y firmemos el gran acuerdo para salvarlo y salvarnos. No es ya una cuestión moral o ética, ni siquiera lo es jurídica, sino de simple supervivencia.

Opino que todos somos corresponsables de los desastres que han asolado y todavía destruyen la convivencia de millones de personas, unos por acción y otros por omisión. Aquí no se salva nadie y, por ello, es nuestro problema y nuestro deber hacer lo necesario para remediarlo y conseguir cambiar la inercia de las cosas. Pienso, por ello, que la única respuesta ha de venir de la mano del derecho; a partir de ahí, todo lo demás irá cobrando sentido y perspectiva.

Creedme si os digo, como he intentado hacerlo a lo largo de estas páginas, que es posible un mundo diferente; que si hemos contribuido a formar éste, podemos conseguir cambiarlo para mejor tanto en lo institucional como en lo social, en lo público y en lo privado, en lo nacional y en lo internacional. Sin atajos, sin concesiones a la arbitrariedad, el nepotismo o la corrupción. Con una denuncia firme y constante de los comportamientos que quebrantan el pacto suscrito con el pueblo. Nadie puede ampararse en la sociedad para traicionarla o para exigir impunidad, escudarse en ella cuando la causa de tal situación está en la agresión desplegada en contra de esa misma sociedad a través de las mil caras del terror y de la injusticia (corrupción, genocidios, guerras, terrorismo…).

A lo largo de la historia de la humanidad se han producido demasiados ejemplos negativos de los que podemos aprender para no fracasar de nuevo. No se trata de olvidar, sino de construir, sobre los cimientos hundidos en la memoria colectiva de los pueblos y en la firmeza democrática de sus instituciones, esa nueva realidad por la que luchamos.

Así, antes o después, países como Estados Unidos, Rusia, Israel, India, entre otros, deberán entender que formar parte de la comunidad internacional es asumir compromisos solidarios, aunque se tenga una posición de privilegio y de poder, y apoyar a las instituciones que, desde la legalidad internacional están tratando de dar forma a una justicia universal independiente, como acontece con la Corte Penal Internacional. Y asumir por parte de todos que el terrorismo que nos asola debe tener un tratamiento y una respuesta globales, racionalmente elaborados, que exigen su inclusión en el catálogo de delitos competencia de ese organismo judicial, una definición común, comprensiva de todos los terrorismos y una acción coordinada a todos los niveles. Sólo así podremos hacer realidad el compromiso asumido con la sociedad, a la que no podemos traicionar de nuevo.

Siento, queridos hijos, que estamos ante un momento de cambios profundos y a vosotros os va a tocar vivirlo en primera persona. Como parte integrante de esta sociedad global, universal, tenemos la obligación, no sólo de asistir sino, lo que es más importante, de participar en la elaboración de las respuestas. De cómo consigamos unir los esfuerzos, las acciones y los resultados, se derivará una suerte u otra. Ahora no podemos volver a equivocarnos, nuestra dignidad como seres humanos lo impide. Es el momento de enarbolar una vez más la bandera de los derechos humanos para demostrar que el mundo puede ser más seguro sin necesidad de acabar con las libertades y los derechos ya conseguidos, ni siquiera restringirlos. Los indicadores nos ponen alerta contra los peligros de la impunidad, el autoritarismo, la violación de los derechos humanos en demasiadas partes del mundo, pero también apuntan que hoy día la justicia va ganando terreno, y ya abrió sus puertas para que se imparta la que se negó durante mucho tiempo en países como Argentina, Chile, España o Italia, frente a los que en forma torpe e interesada han intentado acabar con la propia estructura judicial de juzgar y hacer ejecutar lo juzgado. En esta lucha desigual, en estos casos, se ha ganado la partida gracias a una sociedad firmemente decidida a no permitir que otra vez se abran las puertas del infierno y que nos engulla a todos. Por ello, porque se ha revelado eficaz, debemos consolidar esas estructuras sociales en aquellas partes del mundo en las que no existen o no han sido capaces de formarse. La cooperación humanitaria y la ayuda internacional deben ir dirigidas hacia esa vertebración económica y humanista en la que la defensa de los derechos humanos sea algo más que meros enunciados en un papel o en una norma. En este ámbito, los gobiernos tienen un papel importantísimo, pero también la sociedad civil. Ambas, de forma coordinada y organizada pueden y deben conseguir, sin imposiciones y con respeto a la propia iniciativa, que se forme una humanidad común, unida en la diversidad y en el respeto.

Éste es el futuro de un mundo sin miedo y en paz, que definitivamente recupere la propia dignidad de los millones de víctimas masacradas y olvidadas.

Éste es el futuro que quiero para vosotros los jóvenes, y éste es el mundo al que he dedicado, y seguiré dedicando, todos mis esfuerzos, sin olvidar cada una de las tragedias y de los horrores que nos han obligado a vivir.